Heide Wilts

Wo Berge segeln

Mit der ›Freydis‹ in die Arktis

Delius Klasing Verlag

ISBN 3-7688-0605-7
© 1988 Verlag Delius Klasing & Co, Bielefeld
Fotos: Folkmar Ukena (3), Alfons Gastl (1), Uli Zeller (3), Erich Wilts (41)
Printed in Germany 1988
Gesamtherstellung: Ebner Ulm

Heide Wilts

Wo Berge segeln

MEINER LIEBEN MUTTER

Inhalt

Zu diesem Buch   *10*

Einführung   *12*

Diesmal in den hohen Norden   *16*
Von Borkum nach Neufundland: die ersten Etappen – Unser „Pferd
für den Ritt über die Meere" – Eine Mannschaft mit Rückgrat –
Sommer der fünf Inseln – Bücherwurm kriegt Gänsehaut

Neufundland: Seefahrt heißt Fischfang   *26*
In der ältesten Stadt Nordamerikas – Universität mit Fischfakultät –
Bei Elchen, Ottern und Rassehunden – Waghalsige Ballonfahrer,
ehrenwerte Piraten

Rauschefahrt zur größten Insel der Erde   *38*
Auftakt mit Nebel und Flaute – Sturm am Kap Farewell – Achtung,
Gegenverkehr: Eisberge! – Ruderbruch vor Julianehaab – Weitgerei-
stes Treibholz

Grönland ist eine andere Welt   *49*
Die Stadt, aus der keine Straße führt – Mehrzweckdämonen – Hans
Egede, Apostel der Inuit – Gemeinwohl geht vor Profit

Auf den Spuren der Freydis   *54*
Per Hubschrauber zur „großen Ebene" – In der Residenz Eriks des
Roten – Eispaläste und Wikinger-Ruinen – Von der Heimat vergessen –
Grönlands letzte Kajakfahrer: zwei Bayern aus München

Durch Südgrönlands Fjorde   *64*
Urtümliche Landschaft aus Eis und Fels – Wo Berge segeln – Lichtenau
und die Herrnhuter Mission – Alkohol, die morsche Krücke der Inuit

Der Atem der Gletscher   75
Prozession der Eisriesen – Ankern zwischen Growlern – Roter Spi vor
weißen Monstern – Faszinierendes Polarlicht

Segeln wie durchs Hochgebirge   84
Paradies der Kinder – In der Urweltkulisse des Iluafjords – Motorschaden im Eisfeld – Die FKK-Scholle – Wale im Prins-Christian-Sund

Alpinistische Akrobatik am Berg aus Eis   91
„Wenn es dem Esel zu wohl wird . . .“ – Ein Matterhorn kentert –
Erholung im Höllen-Eck

Die Bergkönigin mit dem Eisdiadem: Island   105
Streß in der Dänemark-Straße – Vom Ein- zum Zweischiff-Unter-
nehmen – Flug über der Erde jüngstes Kind – Mit Vulkanen leben –
Kraterbesteigung auf Surtsey – Beim Großvater der Geysire – Thingplatz und Richtstätte – Drei Schiffe, drei Welten

Abenteuer zu Lande   122
Gletscherläufe und Sandwüsten – Wo heiße Asche den Himmel be-
leckt – Feuer unter dem Eis – Die Lagune der Singschwäne – Erde im
Rohzustand – Bericht der Ballonfahrer

Jenseits des Polarkreises   132
Wettfahrt rund Kap Nord – Härtetest für die LAGA-Crew – Aufbruch
nach Ostgrönland – Schreck in der Mitternachtsstunde

Im Fjord der Fjorde: Scoresbysund   139
Eispreß-Gefahr – Zweisprachiges Schulleben – Auch heute noch:
kurze Lebenserwartung der Inuit – Jäger und Hunde an der Kette –
Flucht vor dem Packeis

Jan Mayen lüftet die Nebelkappe   150
Schlemmen hilft gegen Flautenfrust – Die zweimal entdeckte Insel –
Eine Hochburg des Walfangs – Zu Gast in der Wetterküche – Der
höchste Vulkankegel der Arktis

Auf zum kalten Ende der Welt!   159
Schnee, Sturm und immer wieder Flautendümpelei – Was heißt hier
„Seekrankheit“! – Spitzbergen oder Svalbard? – LAGA und FREYDIS,
zwei ungleiche Schwestern – Gefährliche Schiffsvereisungen

Geisterstadt Ny Ålesund 177
Vielseitige Forschungsstation – Aus nassen Kojen ins Nordpolhotel –
Warnung vor dem Bär – Spitzbergen-Tourismus gestern und heute –
Früher Wintereinbruch

Vorstoß zur Packeisgrenze 188
Der Wal und seine Jäger – Wohlstand zum Schaden der Natur – „Up
Moord un Doodschlag . . .“ – Unter einem Leichentuch aus Schnee:
Smeerenburg – Das arktische Galapagos

Auf 80 Grad Nord 198
Andrées tragischer Ballonflug – Die Drift der FRAM – Sverdrups
prophetische Warnung – Heikle Öko-Balance – Polarparty auf der
Eisscholle

Erstmals wieder auf Südkurs 210
Pastellfarbene Flaute, grellweiße Stürme – Bäreninsel: unerreichbar
hinter Brandungsmauern – Feuer an Bord – Ein Schlachthaus für
Walrosse

Einmal ist nicht genug 219
Sturmstaffette und Knüppelkreuz – Tromsö, das Tor zur Arktis –
Bilanz der ersten Reise – Svalbard, wir kommen wieder!

Segeln im Schein der Mitternachtssonne 226
Hack in der Barentssee – Hungrige Bären auf Hopen – In der Eismühle der Tausend Inseln – Walroß-Szene, nicht Walroß-Zähne

Rund Spitzbergen 240
Fallböen im Freemansund – Lebensfeindliche Eiswüste Ostküste –
Der Bär bleibt Sieger – Wundergärten der Natur – Arktische Taufe
in warmen Quellen – Naturschutzgebiet Moffen

Über den Tanzboden des Teufels 256
Eiland der Toten – Eroberung eines Luxusliners – Krabben satt in
Longyearbyen – Komfort unter dem Sowjetstern – Antennenwald
über Kohlegruben – Ein Dakapo auf der Bäreninsel – Als Abschiedsgruß des Nordens: ein Himmelsfeuerwerk

Dank und Gedenken 267

Zu diesem Buch

Obwohl wir schon 16 Jahre miteinander verheiratet und im Urlaub jedes Jahr – bis auf wenige Ausnahmen – gemeinsam über die Meere geschippert sind, kann mich meine Heidi doch noch gelegentlich überraschen.

Als wir unsere eigenwillige Atlantiküberquerung von Neufundland nach Tromsö („zur lückenlosen Überwachung der Packeisgrenze", wie es unser Freund Jürgen Griese umschrieb) im Oktober 1986 abgeschlossen hatten, war ich fest überzeugt, daß nicht nur mein eigener Bedarf an Kälte, Nebel, Sturm und Eis für eine Weile gedeckt sei, sondern auch der Heidis. Deshalb schlug ich vor, mit der Detailplanung für die im folgenden Jahr konzipierte Karibikreise zu beginnen. Wie man sich doch irren kann! Es war ausgerechnet Heidi, die vorher noch einmal in die eisigen Gewässer um Spitzbergen wollte: „Und bitte nicht nur in die Gewässer und nicht nur segeln!"

Ihre Forderung wird verständlich, wenn man weiß, daß jeder von uns beiden einen eigenen Beitrag für die Vorbereitung unserer Reisen leistet. Während ich mich bei der Törnplanung mehr mit Winden, Strömungen, Entfernungen und Kursen, also mit der eigentlichen Navigation befasse, bereitet sich Heidi mehr auf unsere Ziele vor, auf Land und Leute, Tier- und Pflanzenwelt, auf geschichtliche Hintergründe und sozialpolitische Gegenwart. Und diese ihre Vorbereitungen hatten für Neufundland, Südgrönland, Island, Ostgrönland und Jan Mayen reiche Früchte getragen, nicht jedoch für unser letztes Etappenziel Spitzbergen.

Wegen des frühen Wintereinbruchs lagen die Gestade Spitzbergens unter Eis und Schnee. Die Fjorde froren schon zu, von Norden rückte das Packeis heran, die Winterstürme hatten eingesetzt. Nur drei ganz

10

kurze Landgänge im Kongsfjord, in Smeerenburg und auf der Bäreninsel waren uns möglich. Das war Heidi und uns viel zu wenig. Aber
während wir sechs Männer uns durch sportliches Segeln unter extremen, nie erlebten Bedingungen entschädigt fühlten, blieb bei Heidi
eine große Lücke.

Also begannen wir im Jahr darauf wieder dort, wo wir im letzten
Oktober aufgehört hatten: in Tromsö, dem Ausgangs- und Zielhafen
für viele Generationen von Eismeerskippern. Und diesmal wurde es
eine Reise in den arktischen Sommer. Endlich hatten wir genug Zeit
für das geschichtsträchtige Svalbard und seine wenigen Bewohner;
Heidis Wunsch nach der Begegnung mit Eisbären und Walrossen ging
in Erfüllung, und vor allem gelang uns die Umrundung Spitzbergens
durch die nicht nur für kleine Yachten gefährliche Hinlopenstraße.

So erzählt Heidi in diesem Buch von der zehnten und elften Reise
der FREYDIS in den Jahren 1986/87, die eigentlich eine einzige, zu-
sammengehörende Reise ist. Sie erklärt, warum es uns immer wieder
in diese extremen, lebensfeindlichen Gebiete zieht, und warum eine
Frau dafür den Mangel an Komfort, die anstrengenden Wachen und
manche anderen Probleme in einer sieben- bis achtköpfigen, sonst
ausschließlich männlichen Crew in Kauf nimmt.

Unsere Reisen – und besonders die hier beschriebenen – haben
Heidi und mich zusammengeschweißt. Wir sind ein Team geworden,
das sich ergänzt und den Härtetest in der Arktis bestanden hat. Dafür
danke ich meiner Bordfrau.

Erich Wilts
im Dezember 1987

11

Einführung

Es gibt eine ganz bestimmte Frage, die wir mit schöner Regelmäßigkeit von Freunden und Bekannten zu hören bekommen, wenn wir wieder einmal Pläne schmieden für eine Reise in extreme Breitengrade. Sie wird uns, wie wir zugeben müssen, nicht ganz zu Unrecht gestellt: „Was wollt ihr denn schon wieder da oben (oder unten) in der Saukälte? Ist doch kein Urlaub! Sportlich segeln könnt ihr auch dort, wo's Spaß macht, zum Beispiel im Mittelmeer, in der Karibik, in der Südsee. Was wollt ihr euch eigentlich beweisen?"

Was soll man auf all diese berechtigten Fragen antworten? Das ist gar nicht so einfach. Vielleicht kann ich die Antwort über Umwege finden, indem ich die Frage nicht auf uns und unsere Zeit beschränke, sondern versuche, einen Bogen in die Vergangenheit zu schlagen. Das sollte in diesem Fall erlaubt sein und nicht als Anmaßung mißverstanden werden.

Was also treibt den Menschen dazu, in so unzugängliche und unwirtliche Gebiete wie Arktis und Antarktis einzudringen? Sich einer lebensfeindlichen Welt zu stellen, in der ihn Nebel, Kälte, Stürme und Eis ständig bedrohen? Was lockt den Menschen aus der Bequemlichkeit und Sicherheit einer zivilisierten Welt in Regionen, wo Angst und Entbehrungen seine ständigen Begleiter sind? Vergegenwärtigt man sich die Geschichte der Polar-Regionen, so müssen zunächst die Beweggründe für ihre Erforschung auseinandergehalten werden, denn sie haben sich im Lauf der Zeit verändert. Am besten läßt sich am Beispiel der arktischen Gebiete, von denen hier die Rede ist, erkennen, wie sich die im Vordergrund stehenden Motivationen im Lauf der Jahrhunderte gewandelt haben.

Die erste Triebfeder war sicher ökonomischer Natur: Eskimovölker (um 2000 v. Chr.) und Wikinger (3000 Jahre später) suchten durch Landnahme ihre Existenz zu sichern. Abgesehen von einigen Missionsbestrebungen dominierten auch noch im 15. und 16. Jahrhundert die wirtschaftlichen Gesichtspunkte. Jetzt ging es jedoch nicht mehr allein um die bloße Existenzsicherung. Die Arktis wurde mehr und mehr Teil der Interessengebiete europäischer Kaufleute, die einen möglichst kurzen Seeweg zu den Gewürzen und anderen Schätzen des Fernen Ostens zu finden hofften – die Nordwest- bzw. die Nordost-Passage. In dieser Zeit wurde Grönland von dem britischen Leutnant Frobisher erneut entdeckt. Sein Landsmann John Davis ging als erster daran, Westgrönland und Baffinland zu vermessen, und der Holländer Barents gilt als der erste Europäer, der Spitzbergen sah.

Zwar blieb den frühen Entdeckern der ursprünglich gewünschte Erfolg versagt, wirtschaftlich erwiesen sich ihre Reisen aber im Nachhinein als höchst profitabel. Der von ihnen beobachtete Walreichtum gab den Impuls zum Aufbau einer bald blühenden Walfang-Industrie, die zweieinhalb Jahrhunderte lang besonders den niederländischen Kaufleuten immense Reichtümer brachte.

Nach dieser ersten, hauptsächlich ökonomisch motivierten Entdeckungsphase begann man in der zweiten Hälfte des 18. und im 19. Jahrhundert mehr und mehr, aus wissenschaftlich-geographischer Sicht Interesse an der Arktis zu finden. Der Forscherdrang wurde zusätzlich angeheizt durch die sportliche Herausforderung des „Wettlaufs zum Pol".

Für diese große Ära der Nordpolarforschung stehen auch große Namen und legendäre Unternehmungen: James Cook wollte bei seiner dritten Weltumsegelung durch die Nordwest- bzw. Nordost-Passage nach Hause kommen, mußte des Eises wegen aber umkehren. Der unglückselige Verlauf von Franklins überaus ehrgeiziger Expedition zur Auffindung der Nordwest-Passage ist in der Erforschung der Polargebiete ohne Beispiel; sie gab den Anstoß zu zahlreichen weiteren Expeditionen.

Die zweite deutsche Expedition mit GERMANIA und HANSA wollte zum Nordpol durchstoßen, blieb aber im Packeis des Ostgrönlandstroms stecken. Die lange angestrebten Ziele Nordwest- und Nordost-Passage wurden durch McClure (1850–1853) und Erik Nordenskjöld (1879) erreicht. Zu diesen Namen gehört auch der amerikanische Marineleutnant De Long, dessen gescheiterte Expedition mit der JEANNETTE Nansen zu seiner Theorie von der polaren Drift verhalf.

Die Antarktis lag nicht nur geographisch wesentlich weiter von Europa entfernt, sondern bot lange Zeit auch keinerlei Anreiz für kostendeckende Expeditionen. Bei der Erforschung des südlichen Polarraums, die erst Anfang des 19. Jahrhunderts begann, hatten deshalb wissenschaftliche Ziele Vorrang vor ökonomischen.

Seit Ende des vergangenen Jahrhunderts verschwanden nach und nach sowohl im arktischen als auch im antarktischen Raum die letzten weißen Flecken von der Landkarte. Was die großen Entdecker und Forscher begonnen hatten, wird heute extensiv weitergeführt durch die Forschungsarbeiten der Polarinstitute unterschiedlicher Nationen.

Die Frage nach unseren eigenen Beweggründen läßt sich natürlich nicht damit beantworten, daß wir die vordergründigen, am reinen Nutzeffekt orientierten Motive der Pioniere aufzählen. Denn unübersehbar stehen hinter all diesen rationalen Triebkräften, entsprechend der Natur des Menschen, auch solche, die allein verstandesmäßig nicht zu erklären sind. Es ist eine ganze Palette emotionsgefärbter Wunschassoziationen – kindliche Neugier, Abenteuerlust, Ehrgeiz, Drang nach Selbstbestätigung, Idealismus, romantische Schwärmerei –, die erst im rechten Zusammenspiel zum Nährboden für wirklich große Taten wurde.

Zwar sind wir nur kleine Yachtsegler und wollen uns nicht auf die gleiche Stufe mit den großen Entdeckern und Forschern stellen. Trotzdem wird man uns fairerweise ein ähnliches Grundmuster an Beweggründen zugestehen müssen.

„Aus Gründen mancher Art fühlen sich die Bewohner der zivilisierten Welt zu den noch immer gewaltigen Lücken im Universum hingezogen. Hier ist der Drang nach Abenteuer, dort wiederum kühner und ehrlicher Wissensdurst die treibende Kraft, während so manche Forscher den Sirenengesängen, die aus dem Märchenland der unerschlossenen Erdwinkel in die Gefilde der Kultur hinübertönen, nicht zu widerstehen vermögen."

Diese Zeilen schrieb Ernest Shakleton 1909 in seinem Buch „21 Meilen vom Südpol". Obwohl die Zeit der unerschlossenen Erdwinkel und damit auch die der Pioniere längst vorbei ist, scheinen aber ihre Motive noch immer Gültigkeit zu haben.

Mit *arctic bitten* (von der Arktis gebissen), also vom Polarbazillus befallen, umschreiben die Betroffenen jene offensichtlich unstillbare Sehnsucht, die Herz und Seele wie eine Magnetnadel auf die hohen Breitengrade ausrichtet und von der auch wir kleine Yachtsegler so stark bestimmt werden, daß wir den „Sirenengesängen, die aus dem Märchenland hinübertönen", nicht zu widerstehen vermögen.

Gerade aus unserer übervölkerten, hochtechnisierten und überzivilisierten Umwelt zieht es uns um so mehr in eine noch unverfälschte Natur, je mehr wir beobachten, daß ein Natur-„Paradies" nach dem anderen durch uns Menschen zerstört wird. Weiße Flecken wird es auf der Weltkarte schon in absehbarer Zeit keine mehr geben, falls die Ökonomie auch in Zukunft die alleinige Triebfeder menschlichen Handels bleiben sollte.

Während dieser Reise segeln wir sozusagen auf den Spuren der Entdecker und Forscher der arktischen Regionen, die mich schon seit langem gefesselt haben und über die ich – meinen Möglichkeiten entsprechend – recherchiert habe.

In diesem Buch werden sich deshalb die eigenen Erlebnisse auf See und an Land oft und dicht mit historisch überlieferten Fakten durchdringen. Es ist der Versuch einer Synthese aus subjektiv empfundenen Reiseerlebnissen und möglichst objektiv wiedergegebenen Abschnitten der Entdeckungsgeschichte der arktischen Länder und Meere. Einer Geschichte, die von Anfang an ständiger Kampf mit dem Eis war und die nur an den Orten des dramatischen Geschehens verstanden und nachempfunden werden kann.

Diesmal in den hohen Norden

Von Borkum nach Neufundland: die ersten Etappen –
Unser „Pferd für den Ritt über die Meere“ –
Eine Mannschaft mit Rückgrat – Sommer der fünf Inseln –
Bücherwurm kriegt Gänsehaut

Ich steige aus der zweimotorigen Maschine, die mich von Halifax (Neuschottland) nach St. John's (Neufundland) gebracht hat, von wo aus wir unseren Segeltörn ins nördliche Eismeer starten wollen.

Trotz des fünfstündigen Zeitgewinns beim Flug über den Atlantik von Ost nach West ist es schon dunkel, als ich am Hafen ankomme und vergeblich Ausschau nach unserer FREYDIS halte. Ist sie noch gar nicht eingetroffen? Als ich den Fahrer schon niedergeschlagen nach einem Hotel in der Nähe frage, sehe ich sie endlich in einer der äußersten Ecken des Hafens liegen. Sie schwankt im Schwell hin und her, und mir ist so, als winke sie mir zu.

Unsere FREYDIS ist ein 15-Meter-Stahlknickspanter, slupgetakelt mit über 100 Quadratmeter Segelfläche. Daß sie ein gutmütiges und vertrauenswürdiges „Pferd für den Ritt über die Meere“ ist, hat sie inzwischen auf unseren zahlreichen Vier- bis Sechs-Wochen-Hochseetörns nach Skandinavien, England, Irland, Schottland und Spanien, vor allem aber auf unserer Fahrt rund Südamerika und entlang der antarktischen Halbinsel 1981/82 bewiesen.

Bei ihrem Bau 1979 sind unsere Erfahrungen mit ihrer Vorgängerin, einer Super-Secura, erfolgreich verwertet worden. Diese erste, 11,5 Meter lange Yacht haben wir verkauft und danach bei einem befreundeten Schiffsbauer eine um ein Viertel größere Version mit einer Reihe von Verbesserungen entwerfen lassen, die den speziellen Anforderungen unseres damaligen Antarktis-Unternehmens Rechnung trugen. Den Schwenkkiel, eine Besonderheit der Super-Secura, behielten wir bei, was wir bis heute nicht bereut haben.

Und der Name FREYDIS? Er stammt aus der Wikinger-Saga. Freydis war die Tochter Eriks des Roten, des „Grönland-Entdeckers". Sie war die erste Frau, die als Haupt einer Expedition den Atlantik von Grönland nach – vermutlich – Neufundland überquert hat.

Nun, tausend Jahre später, hat sich unsere FREYDIS auf den Weg gemacht, einen Weg, der auch sie zu den Ländern führen soll, die einst ihre Namensgeberin und deren Vater unter Segeln erreicht hatten.

Nach freudiger Begrüßung erhalte ich von Folkmar, unserem langjährigen Segelfreund und Skipper auf den vorangegangenen Etappen, und von Hubert und Kalle, den für die kommenden Abenteuer übriggebliebenen Crewmitgliedern, einen ersten Lagebericht über den Verlauf der bisher gesegelten Etappen. „Nach unserem Start Anfang Juni vor Borkum hatten wir alle erst mal das Gefühl, den falschen Urlaub gebucht zu haben", erzählt Folkmar. „Ungewöhnliche Kälte und starker Dauerregen machten uns beim Segeln das Leben schwer; nur das gute Essen unseres 66jährigen Smuts Emil hielt uns einigermaßen bei Laune."

Ein stetiger Wind habe die FREYDIS durch die Straße von Dover in Richtung Kanalinseln getrieben. Als die Crew gerade begann, sich an die mit der Bordroutine einkehrende Ruhe zu gewöhnen, fiel plötzlich das achtere Toilettenventil aus. Nach einer mit Pumpen verbrachten Nacht liefen sie die kleine Insel Alderney zum Trockenfallen an und wechselten das defekte Ventil gegen ein an Bord befindliches Ersatzteil aus.

Einen Tag später seien sie dann bei 8 Beaufort (Bft) mühsam in Richtung Westausgang des englischen Kanals gekreuzt, um schließlich vor der Insel Ushant bei nahezu Flaute zum Spielball der Gezeiten zu werden. Ein ähnliches Spiel wiederholte sich an der nächsten Huk, den Klippen von Raz de Sein. Für lächerlich wenige Meilen benötigten sie zehn Stunden, dabei waren sie in pechschwarzer Nacht schweren Regenböen ausgesetzt. Prompt passierte noch ein Malheur. Ohne Vorwarnung sackte dem Rudergänger das Steuerrad unter den Händen weg. Das Kettenritzel aus der Steuerradachse hatte sich verschoben, und das Achslager war aus der Buchse gerutscht und zerbrochen. Da unsere Notpinne aber ständig einsatzbereit ist, brauchte nur der

Steuerplatz gewechselt zu werden, allerdings gestaltete sich die Reparatur dieses Schadens etwas aufwendiger.

„Als dann endlich die Biskaya vor uns lag, gab es plötzlich alles", schwärmt Folkmar, „tiefblaues Wasser, strahlenden Sonnenschein, dreißig Stunden Flaute, aber auch Segeln mit zehn Knoten Fahrt auf dem Speedometer, und zwar bei kleinster Segelfläche platt vor dem Wind."

Bei dichtem Nebel kreuzten sie an der spanischen Nordwestküste entlang nach Bayona. „Ein kurzer Landaufenthalt genügte, um uns vom spanischen Fußballfieber anläßlich der Weltmeisterschaft anstecken zu lassen", fährt Folkmar fort. „Aber noch mehr Begeisterung gab's dann beim Einsetzen des portugiesischen Norders. Mit ausgebaumter Arbeitsfock und zwei Reffs lief die Freydis wie auf Schienen durchs Wasser, nachts einen gewaltigen Schweif von Meeresleuchten nach sich ziehend. Das Rudergehen wurde bei leicht brechender See zum herrlichen Vergnügen."

Vor Lissabon mußten sie mit einbrechender Nacht immer häufiger durch Gruppen von Fischerbooten mit teilweise abenteuerlicher Lichterführung steuern. Die Ansteuerung von Lissabon selbst wurde dann für die Crew wegen eines phantastischen Sonnenaufgangs direkt über dem Tejo zum unvergeßlichen Erlebnis.

Vier Tage später liefen sie aus Lissabon mit neuer Crew wieder aus. Die erwarteten Winde, die Segelyachten normalerweise in einer knappen Woche auf Raumschotkurs nach Madeira wehen, stellten sich aber nicht ein. Die Freydis trieb in einer nicht enden wollenden Flaute. Folkmar: „Als auch die Schleppversuche unserer beiden einsatzfreudigen weiblichen Crewmitglieder Ruth und Hella scheiterten, die sich im riemenbewehrten Schlauchboot bei sengender Hitze vor unsere Yacht gehängt hatten, änderten wir enttäuscht den Kurs direkt auf die Azoren."

Die Wassertemperatur stieg dann kontinuierlich von 15 Grad Celsius auf 24 Grad und mit ihr die Lust auf Badevergnügen. Die Crew begann mit zaghaftem Abpützen auf dem Vorschiff oder sogar einem Schaumbad im seewassergefüllten Schlauchboot und steigerte sich schnell auf Wasserspiele rund ums Schiff oder Wellenreiten auf einem nachgeschleppten Rettungsfloß. Ob sie auch Wale und Tümmler gesehen hätten, wollen die neuen Crewmitglieder Bruno und Carol wissen. Folkmar: „Den Atemblas von Walen sahen wir selten. Dafür kreuzten häufiger große Tümmlerschulen unseren Kurs. Mehrere

Male begegneten wir sogar Seeschildkröten, umringt von zahllosen kleinen Sardinen, die Schutz vor Räubern suchten." Nach anfänglichen Erfolgen mit der Schleppangel, an der einige dicke Bonitos anbissen, verließ sie langsam das Anglerglück. „Unsere Köder waren in den uns ständig umgebenden Fischschwärmen wohl schon zu bekannt, als daß noch einer drauf hereingefallen wäre", lacht Kalle. „Unser Smut stand trotzdem stundenlang weit vorgebeugt an der Reling, schaute hypnotisierend ins Wasser und nahm in Gedanken schon mit beiden Händen Maß: ‚Kopf ab, Schwanz ab und ab in die Pfanne'!"

Dieses Maß reichte jedoch einige Tage später nicht mehr aus. Die FREYDIS dümpelte in der Flaute, und Folkmar nahm gerade ein erfrischendes Morgenbad im Atlantik. Emils aufgeregtem Ruf vom Achterschiff: „Schaut mal, ein ganz dicker Fisch!" folgte bald der entsetzte Schrei: „Ein Hai!"

„Glücklicherweise schwamm ich schon auf die Badeleiter zu." Folkmar wirkt beim Erzählen dieser Episode noch immer ein wenig aufgeregt. „Kurz vorher tauchte ich mit dem Kopf noch einmal unter Wasser und sah direkt vor mir schemenhaft einen großen Körper. Wohl selten bin ich so schnell an Bord geklettert! Nach Aussage der Crew war der gut zwei Meter lange Hai direkt unter mir weggetaucht – wenn ich bloß daran denke, bekomme ich noch jetzt eine Gänsehaut!"

Nach zweieinhalb Wochen auf See erreichten sie dann mit Sao Miguel die östlichste und zugleich größte Insel der Azoren. Nach ausgedehnten Landausflügen steuerten sie den bekannten Hochseesegler-Treffpunkt Horta auf Fajal an, wo wieder die Crew wechselte.

Von Fajal wurde der Kurs direkt auf Neufundland abgesteckt. „Da wir unter Spinnaker liefen, verschwand der 2300 Meter hohe Pico der gegenüberliegenden gleichnamigen Azoreninsel schnell hinter der Kimm", berichtet Folkmar. Doch nach anfänglichen Etmalen von 140 Seemeilen sackte die Tagesleistung bald wieder auf knapp 40 Seemeilen ab. Das Deck wurde glutheiß, und auch das Abpützen brachte bei 26 Grad Wassertemperatur keine große Erfrischung.

Doch nicht lange. Nach den Nachtwachen in Badehose waren allmählich wieder lange Hose und Sweatshirt angesagt, und einige Crewmitglieder begannen sogar, nach Ölzeug zu suchen. Das Barometer fiel, und bald genossen sie bei 7 bis 8 Bft knackiges Segeln auf Halbwindkurs.

„Als sich dann noch die Sonne zwischen den niedrig dahinjagenden Wolken zeigte und alles in ein vielfaches Farbenspiel tauchte, waren wir uns einig, daß Segeln in den nördlicheren Breiten doch faszinierender ist als in ständiger Hitze", meinte Folkmar. Die Stimmung war auf einem Höhepunkt, nur eines drückte noch: Obwohl sie sich dem fischreichen Flachwassergebiet vor der neufundländischen Küste näherten, wollte einfach kein Fisch anbeißen, den Emil „durch die Pfanne jagen konnte".

Auf den Grand Banks wurde der Seegang immer unangenehmer, die Wassertemperaturen fielen innerhalb weniger Stunden um fünf auf sieben Grad Celsius. Sie kamen in den Einflußbereich des kalten, eisverdächtigen Labradorstromes. Ein letztes Mal gelang noch eine Sonnenstandlinie, dann zog der berühmte Nebel auf, der immer dichter und zäher wurde. Mit verkleinerter Segelfläche und vier bis fünf Knoten Fahrt segelten sie durch eine üble kurze See. Hubert: „Obwohl wir konzentriert Ausguck gingen, saß uns immer die Angst vor einem plötzlich auftauchenden Eisberg im Nacken. In mondloser Nacht erlebten wir eine finstere und irgendwie unwirkliche Welt. Im Schein des Topplichts warfen die Stagen und Wanten ihre Schatten in die Nebelwand. Eine Kimm war nicht auszumachen. Ab und zu klatschte eine Welle wie aus dem Nichts an Deck. Alles triefte vor Nässe."

Deutliche Unruhe in der Crew und ein wachsendes Interesse für optimale Segelführung kündigten schon lange im voraus die Annäherung an die neufundländische Küste an. „In der Befürchtung, St. John's nicht mehr vor Kneipenschluß zu erreichen, brachten einige Crewmitglieder am letzten Nachmittag alle Funknavigationsempfänger zum Einsatz und lieferten ständig neue Hochrechnungen", schmunzelt Kalle. Und zum Schluß Folkmar: „Ins Deckshaus traute sich außer dem Mann am Rohr keiner mehr, weil hier der Regen waagrecht hereinpfiff. Mit der Dunkelheit kam auch eine eklige Diesigkeit auf. Erst auf 2,5 Seemeilen konnten wir das Feuer von Cape Spear als Ansteuerungshilfe ausmachen. Wenig später tauchten die ersten Landkonturen auf. Unsere Zielfahrt war gelungen, und jetzt liegen wir hier in der Ruhe eines idealen Naturhafens."

Als ich nach Folkmars anregendem Bericht endlich in der Koje liege, kann ich noch lange nicht einschlafen. Die Erzählungen der Crew, mein Reisefieber und die Vorstellungen von dem, was mich in nächster Zukunft erwartet, fesseln meine Gedanken – und vieles mehr geht mir durch den Kopf: Ideen, Pläne, Menschen. Was ist nicht alles zu bedenken und zu tun gewesen, bis diese Reise schließlich beginnen konnte! Schon bald, nachdem wir von unserer Südamerika- und Antarktisfahrt zurückgekehrt waren, schmiedete mein Mann Erich zusammen mit unserem Freund Folkmar und mir Pläne für eine nächste umfangreichere Reise. Im Gegensatz zur ersten sollte sie in den hohen Norden führen.

Erich ist Diplomkaufmann. Obwohl seit einigen Jahren in Düsseldorf tätig, ist er als gebürtiger Leeraner – also Ostfriese – seinem Steckenpferd Segeln bisher treu geblieben. Schon während des Studiums hatte er an ausgedehnten Segeltörns und Regatten teilgenommen, wobei ihm vor allem die praktischen Erfahrungen, die er als Crewmitglied auf der bekannten Oldtimer-Rennyacht ORTAC des Hamburger Vereins Seefahrt gesammelt hatte, später zugute kamen.

Ich dagegen bin als „Landratte" in Stuttgart geboren, bezeichnenderweise aber im Tierkreis des Wassermanns. Er muß seine Hand im Spiel gehabt haben, als ich nach dem Medizinstudium Erich kennenlernte und mit ihm als „Beute-Ostfriesin" an die Nordseeküste zog. Seitdem habe ich mich (neben meiner Tätigkeit als Ärztin in einem Krankenhaus in der Nähe von Leer) mit dem Segeln so stark angefreundet, daß ich es mir heute aus meinem Leben einfach nicht mehr wegdenken kann. Nach unserer ersten gemeinsamen Atlantiküberquerung war ich richtiggehend traurig, als ich wieder an Land mußte; ja, ich hatte fast ein wenig Angst davor. Das war aber nur ein Einzelfall, denn normalerweise freue ich mich nach Tagen auf See meist sehr auf einen Landfall.

Erich und ich haben zwar dasselbe Hobby, doch aus unterschiedlichen Beweggründen. Ist es bei Erich – außer einer gewissen Zivilisationsmüdigkeit – vor allem Abenteuerlust und ein kaum zu bändigender Tatendrang, so zieht es mich einfach dorthin, wo die Natur noch unverfälscht ist und Tiere artgerecht leben können. Besonders in der ersten Zeit spielte bei meiner Neigung fürs Segeln der Hauch von Romantik, der die Seefahrt seit jeher umgibt, eine große Rolle. Ich ging mit recht unbekümmerter Naivität an die Sache heran. Heute sehe ich unser Hobby nüchterner, realitätsbezogener. Schuld daran sind nicht zuletzt auch einige tragische Unglücksfälle, von denen wir zwar nicht selbst betroffen worden sind, aber doch befreundete Segler und auch ehemalige Crewmitglieder der FREYDIS. Wir sind älter geworden und erfahrener – aber nicht bequemer.

An den einzelnen Etappen dieser neuen Reise beteiligen sich insgesamt 60 Segler. Ungefähr die Hälfte ist uns bereits von gemeinsamen Segeltouren her gut bekannt. Sie kann als Rückgrat der einzelnen Crews bezeichnet werden. Aber auch die „Neuen" sind durch winterliche Probetörns in der Nordsee auf die zu erwartenden Schwierigkeiten eingestimmt und ausrüstungsmäßig vorbereitet worden.

Die erforderlichen Crewwechsel sollen nach einem vorher genau ausgearbeiteten Plan unterwegs erfolgen. Beim dritten Crewwechsel (die ersten beiden Etappen waren wie berichtet Lissabon und die Azoren) in St. John's auf Neufundland sollen dann Erich und ich an Bord kommen. Skipper Folkmar würde die FREYDIS dann schon rund zwei Monate vom ostfriesischen Heimathafen Leer über den Atlantik nach Neufundland geführt haben.

Folkmar ist seit 1981 Crewmitglied der FREYDIS und damals mit in die Antarktis gesegelt. Seitdem ist auch er vom „Polar-Bazillus" befallen. Obwohl am Wasser groß geworden, entdeckte er seine Begeisterung für den Segelsport erst ziemlich spät, nachdem er während des Studiums auf einem alten Windjammer traditionelle Seemannschaft erlebt hatte. Von da an nutzte er jede Chance zum Segeln, auch wenn das Schiff noch so klein war (mit einer 5,5-Meter-Yacht ging es nonstop zu den Shetlands). Auf vielen Charter- und Überführungsfahrten in Nord- und Ostsee und im Mittelmeer sammelte er reichlich Erfahrung und erwarb alle Segelscheine im Selbststudium. Mehrere Jahre war er Leiter der Segelausbildungskurse an der Technischen Universität Braunschweig. Nach dem Studium der Elektrotechnik und Wirtschaftswissenschaften will er nun vor Eintritt ins Berufsleben mit der FREYDIS noch einmal einen „Supertörn" machen.

Hubert und Kalle sind durch Folkmar auf die FREYDIS gekommen. Die drei kennen sich von der Segelgruppe der TU Braunschweig her. Kalle hat uns mit seinen Fachkenntnissen als Diplomingenieur bei der Ausarbeitung eines Rettungsplans geholfen, der für den Fall, daß die FREYDIS während ihres Aufenthalts in der Arktis vom Eis eingeschlossen werden sollte, ein Verholen des Schiffs aufs Eis vorsieht. Aber hoffentlich bleibt das alles nur Theorie.

Von St. John's aus wollen wir den Sprung in die arktischen Regionen wagen, zunächst nach Grönland und Island. In Island ist ein Treffen mit der LAGA geplant, einer 17 Meter langen Stahlketsch vom

Typ Suncoast 54, die ebenfalls von Leer starten und über die Faröer nach Island schippern soll. Beide Yachten wollen sich Ende August in Reykjavik treffen und dann gemeinsam weitersegeln. Island soll umrundet, der Scoresbysund an der Ostküste Grönlands angelaufen und über die Insel Jan Mayen dann der nördlichste Abschnitt der Reise – Spitzbergen – in Angriff genommen werden.

Eine besondere Schwierigkeit besteht darin, daß uns für die geplanten Unternehmungen im Polargebiet – immerhin 5000 Seemeilen sind zu bewältigen – lediglich der kurze arktische Sommer zur Verfügung steht. Nur in den Monaten August und September nämlich liegt die Packeisgrenze so weit nördlich, daß wir eine Chance haben – ein günstiges Eisjahr vorausgesetzt –, im selben Jahr den Prins-Christian-Sund im Süden Grönlands, den Scoresbysund an der Ostküste Grönlands und auch den Norden Spitzbergens zu erreichen.

Die Rückreise schließlich soll über die Bäreninsel und Tromsö wieder nach Leer führen, wo beide Schiffe voraussichtlich Ende Oktober einlaufen werden.

Erich machte sich über die Ausrüstung, die extreme Reise und die dafür notwendige Bemannung der Schiffe gründlich Gedanken und verbrachte viele freie Abende und Wochenenden mit Planung und Organisation. Sein ganzes Organisationstalent und Durchhaltevermögen wurden dabei gefordert. Meine Aufgabe war es, möglichst viel Informationsmaterial über die Meere und Länder zusammenzutragen, durch die unsere Route führen würde. Dieser Aufgabe widmete ich mich mit Energie und freudigem Optimismus, der auch dann nicht zu erschüttern war, als ich entdeckte, welche Sisyphusarbeit ich mir da aufgebürdet hatte. Was war da nicht alles geschrieben worden! In meinem Sammeleifer war mir kein Weg zu weit und kein Wochenende zu schade, um eine bestimmte Zeitschrift, ein empfohlenes Buch zu besorgen, in Antiquariaten und Bibliotheken zu stöbern oder Museen und Polarinstitute aufzusuchen. Historisches häufte sich in gleichem Maße wie Aktuelles, Reiseberichte, wahre und vielleicht auch erfundene Erlebnisbeschreibungen, objektive Forschungsergebnisse und übertriebene Abenteuer- und Walfängergeschichten.

Nach und nach bekam ich eine recht klare Vorstellung von den arktischen Ländern und Meeren, vor allem jedoch von den Gefahren, denen wir dort oben mit unserem kleinen Segelboot ausgesetzt sein würden. Ich kann nicht sagen, daß Erich begeistert war von den „Horrorstories", die ich an ihn weitergab. Er wurde – und das war eigentlich ganz in meinem Sinn – manchmal sehr nachdenklich, fügte dann oft zusätzliche Ausrüstungsgegenstände der sowieso schon langen Liste hinzu und überprüfte mehrmals die Reiseroute.

Auch was wir über Neufundland und die angrenzenden Gewässer erfuhren, war nicht gerade dazu angetan, heitere Urlaubsstimmung in uns aufkommen zu lassen. Das Seehandbuch des nordwestatlantischen Ozeans von 1964 enthielt zum Beispiel folgende Passagen, wobei ich mich wirklich auf nur wenige warnende Zitate beschränke:

„... In der Hurrikansaison von August bis Oktober können nach Norden umbiegende tropische Wirbelstürme vor allem die Küsten von Neufundland nebst benachbarten Gewässern in Mitleidenschaft ziehen ... Stürme aus entgegengesetzten Richtungen können in kurzer Zeit aufeinander folgen, wobei schwere Kreuzsee aufgeworfen wird ... Dichter, zäher Seenebel – meist 30 bis 100 m hoch, gelegentlich auch einige 100 m mächtig – bedeckt vor allem die große Neufundlandbank ... Die meisten Nebeltage gibt es nahe der großen Neufundlandbank ... Über 120 Nebeltage im Jahresmittel ... Bei jedem Aufkommen von Nebel grundsätzlich einkalkulieren, daß Eis im Nebel verborgen sein kann ... Im Sommer erreichen die besonders im Labradorstrom vor der Küste Neufundlands zahlreichen Eisberge das Maximum ihrer Verbreitung. Für die Eisbergdrift des Labradorstroms ist die Neufundlandbank von großer Bedeutung ... und wird damit zum größten Ansammlungsort von Eisbergen auf der Nordhalbkugel. Seegang und Strom setzen fast immer auf die Küste zu. Zahlreiche Strandungen haben an der Südostküste Neufundlands stattgefunden, besonders bei Nebel ... Im August können Eisberge die Hafeneinfahrt von St. John's blockieren."

Auch im Navy-Survival-Handbuch stehen nicht gerade ermutigende Geschichten über Schiffbrüchige vor den Küsten Neufundlands – und was las ich nicht alles über schwere Unglücksfälle! Der bekannteste ist sicher der Untergang des „unsinkbaren" Superdampfers TITANIC, der im April 1912 nach der Kollision mit einem Eisberg mit 1517 Menschen in den Fluten versank, und das 800 Meilen *südlich* von Neufundland!

Trotz all dieser Warnungen und Schwarzmalereien flog ich dann aber doch – wie konnte es auch anders sein – mit dem erhebenden Gefühl, wieder einmal völlig frei zu sein, bereits eine Woche vor Erich, der noch keinen Urlaub hatte, nach St. John's. Dort wollte ich mich während der verbleibenden Zeit nicht nur um Proviant und Ausrüstung kümmern, mein Interesse galt auch der Stadt und dem Land.

Im Flugzeug ließ mich eine Durchsage des Flugkapitäns aufhorchen: „Wir heißen die holländische Crew Henk und Evelien Brink sowie Willem Hagemann herzlich willkommen an Bord. Die drei werden in diesem Sommer versuchen, mit einem heliumgefüllten Ballon in einer speziell dafür entwickelten Kapsel den Atlantik zu überqueren. Bei erfolgreicher Landung werden sie die ersten Europäer sein, die den Atlantik mit dem Ballon überquerten, und Evelien Brink die erste Frau, der eine solche Überquerung gelungen ist. Wir wünschen ihnen viel Glück!"

Hatte ich richtig gehört: Start in St. John's? Nördliche Route über Grönland? Ich überwand meine Scheu vor den zahlreichen, mit Mikrophonen, Lampen und Kameras hantierenden holländischen Fernsehleuten und erfuhr von den Ballonfahrern nähere Einzelheiten über ihr außergewöhnliches Vorhaben. Darüber später mehr, da wir vor ihrem Start in St. John's noch mehrmals Kontakt mit den Holländern haben werden.

Neufundland: Seefahrt heißt Fischfang

In der ältesten Stadt Nordamerikas – Universität mit
Fischfakultät – Bei Elchen, Ottern und Rassehunden –
Waghalsige Ballonfahrer, ehrenwerte Piraten

Schon bei meinen ersten Streifzügen durch St. John's, der ältesten Stadt ganz Nordamerikas, habe ich das Gefühl, daß alle Straßen zurückführen in die Vergangenheit, an den Beginn der Geschichte eines Landes, das als Wiege der Neuen Welt gilt. Unaufhörlich stolpere ich über Erinnerungstätten, Gedenksteine, „Erstes" und „Ältestes" einer Geschichte, die bestimmt wird vom Meer, der Seefahrt und den ihr verbundenen Menschen, und die vorwiegend von Kriegen, Feuersbrünsten und Wirtschaftskrisen erzählt. Doch gingen von St. John's auch epochemachende Pioniertaten aus, zum Beispiel Alcocks erster Nonstop-Flug über den Atlantik oder der erste drahtlose Empfang von Funksignalen aus England (1901) durch einen der Väter des Radios und späteren Nobelpreisträger Guglielmo Markoni. Heute ist St. John's die Hauptstadt Neufundlands und Labradors, hat 155 000 Einwohner und besitzt alle Einrichtungen und Annehmlichkeiten einer Großstadt.

Seine geschichtsträchtige Altstadt am Hafen hat sich jedoch ihre ganz eigene Atmosphäre bewahrt. In der Dugworth und der Water Street – den ältesten Straßen Nordamerikas –, die sich am Hafen entlangziehen, haben See- und Handelsleute schon im 17. Jahrhundert ihre Geschäfte mit Waren aus aller Welt abgewickelt oder in Hafenkneipen ihren Rum- und Bierdurst gelöscht. Auch heute noch gibt es hier in der Altstadt eine Menge Kneipen, Cafés und Restaurants, und die Geschäfte der Water Street laden zum Shopping ein. So auch das alte Geschäftshaus der Hudson Bay Company, in dem es Eisbärenfelle, Artikel aus Seehundfell, Eskimoschnitzereien aus Speckstein und Walroßzähnen zu bewundern und natürlich zu kaufen gibt.

In einem Bücher-Antiquariat finde ich eine besondere Rarität: eine längst vergriffene Ausgabe des Tagebuchs von Joseph Banks, der 1766 auf einem englischen Patrouillenschiff entlang der neufundländischen Küste fuhr und ihre Flora und Fauna beschrieb. Ein Leckerbissen für meine Sammlung nordischer Reiseliteratur! In St. John's traf Banks erstmals auf Cook, der damals die Küste Neufundlands kartographierte. Hier legten sie den Grundstein zu ihrer überaus erfolgreichen Zusammenarbeit auf der Reise mit der ENDEAVOUR rund um die Welt.

Nach diesem überraschenden Bücherfund liegt natürlich nichts näher, als gleich an Ort und Stelle danach zu suchen, wie Joseph Banks meinen gegenwärtigen Aufenthaltsort beschreibt. Zu meiner Freude finde ich auch gleich einige aufschlußreiche, auf St. John's bezogene Anmerkungen über die Lage der Stadt, ihre Einwohner, deren nationale Herkunft und die wirtschaftliche Grundlage ihres Lebens: den alles dominierenden Fisch:

„Im Winter 1765/66 hatte St. John's 1100 Einwohner, 750 Männer sowie 350 Frauen und Kinder. Fischer, die sich neu ansiedelten, haben aber schon wenige Jahre später die Einwohnerzahl dieses Ortes auf 10 000 anwachsen lassen.

St. John's läßt sich mit keinem anderen Ort vergleichen, den ich kenne. Seine 200 bis 300 Häuser sind an der Flanke eines Hügels mit Blick auf den Hafen erbaut. Dazwischen stehen etwa gleich viele Gestelle zum Trocknen von Fischen, die im Sommer einen geradezu unerträglichen Gestank verbreiten.

Was Unrat und Schmutz jeder Art anbelangt, ist St. John's meiner Meinung nach unübertroffen, es stellt jeden Fischerort in England bei weitem in den Schatten.

Hier gibt es keine eigentlichen Straßen, da die Häuserreihen unmittelbar an die Fischtrocknungsgestelle grenzen; folglich existieren auch keine Bürgersteige. Fischabfälle aller Art liegen verstreut herum. An jeder Ecke werden Fische gehäutet und ausgenommen. Alles und jedes riecht hier nach Fisch, und es läßt sich nichts ohne Fischgeschmack bekommen. Auch bei größter Sorgfalt können die Schweine nicht von

Fischresten ferngehalten werden, wenn sie aber davon gefressen haben,
geben sie, genau wie das Geflügel, bei weitem das widerlichste Fleisch,
das mir je auf den Teller gekommen ist. Enten, Gänse, Hühner und
Truthähne schmecken hier entschieden mehr nach Fisch als die schlech-
teste Hausente in Lincolnshire. Selbst die Kühe fressen Fischabfälle, so
daß auch die Milch nach Fisch schmeckt."

Diese Zeiten sind allerdings vorbei; heute riecht es selbst in der
Altstadt von St. John's nicht stärker nach Fisch als in jeder anderen
Hafenstadt auch. Saubere, lustig buntlackierte Holzhäuschen drängen
sich entlang der steil zum Hafen abfallenden Straßen und wechseln ab
mit schönen, gut erhaltenen viktorianischen Herrschaftshäusern. Um
den alten Stadtkern gruppiert sich das moderne St. John's mit breiten Asphaltstraßen, Einkaufszentren, Wohnblocks, Drive-Through-
Restaurants und der weiträumig angelegten Universität, über die ich
später noch näher berichten werde. Über den Hafen schreibt zu seiner
Zeit Banks:

„Der Hafen ist bemerkenswert. 200 Segelschiffe sind in ihm sicher vor
Winden aus allen Richtungen. Am Eingang des Hafens stehen sich zwei
Felsen gegenüber, die Kettenfelsen genannt werden und die lediglich
90 Faden auseinanderliegen."

In früheren Zeiten konnte der Eingang des Hafens zwischen diesen
Felsen, den *Narrows*, zum Schutz vor Feinden mit einer eisernen
Kette geschlossen werden. Während des Zweiten Weltkriegs wurde
hier ein Stahlnetz ins Wasser gelassen, um U-Boote fernzuhalten.
    Heute liegen riesige Fischtrawler und Frachter, Küstenwachboote
und Eisbrecher im Hafen. Segelschiffe sind trotz des recht guten
Wetters nur wenige zu sehen: außer uns zunächst nur ein großer
amerikanischer Gaffelschoner und eine weitere deutsche Yacht, die
SNOWBALL, die allerdings schon kurz nach meiner Ankunft wieder
ausläuft. Folkmar hat die beiden Eigner der SNOWBALL, Rolf und
Dieter, kennengelernt. Sie waren nach ihrer Teilnahme am Two
Star Carlsberg-Transatlantic-Race von Plymouth nach Newport (bei
dem sie übrigens auf ihrer selbstgebauten 10-Meter-Stahlyacht einen
sensationellen dritten Platz belegten) über Maryland nach St. John's
gekommen. Nach einer kurzen Verschnaufpause treten sie nun den
weiten Heimweg an, der sie über Grönland und Island führen soll. Ob

wir sie dort wiedersehen werden? Folkmar erzählt mir noch von der neuseeländischen Yacht ELKOUBA mit Sarah und Lindsay an Bord. Sie sind einen Tag vor meiner Ankunft von St. John's ebenfalls in Richtung Island ausgelaufen.

Einheimische Yachten sehen wir gar keine. Gilt vielleicht immer noch, was Colin Ross schon vor 50 Jahren von einem Neufundländer hörte? Nämlich daß See und Seefahrt für die Neufundländer eine viel zu ernste und wichtige Angelegenheit seien, um sie als Sport zu betreiben. Und weiter:

„Sie alle – nicht nur die Fischer – leben mittelbar oder unmittelbar vom Meer. Es ist der Ernährer, aber auch der Gegner, mit dem es sich immer wieder zu messen gilt, um die Existenz zu sichern. Unter solchen Umständen erschien es frivol, zum Vergnügen aufs Meer hinauszufahren."

Guenter K. Sann, deutscher Honorarkonsul in St. John's, den ich danach frage und der Colin Ross noch persönlich gekannt hat, winkt ab. „Das mag früher gestimmt haben, aber schon seit 25 Jahren gibt es hier einen recht schönen und auch großen Segelverein, den Royal Yacht Club of Newfoundland in Manuels, einem Fischerdorf an der Conception Bay – nicht weit von hier." Da wir aber bereits in einigen Tagen in Richtung Grönland aufbrechen wollen, müssen wir für dieses Mal auf die Annehmlichkeiten des Königlichen Yachtklubs verzichten.

Auf der FREYDIS gibt es nach der Nordatlantikfahrt natürlich einiges zu reparieren. Ständig bleiben aber so viele Leute auf dem Kai vor der FREYDIS stehen und zeigen so lebhaftes Interesse, daß wir eigentlich unsere Tage mit Schiffsführungen und Erzählungen über unsere Reisen ausfüllen könnten. Damit wir nicht jede Arbeit an Bord ständig unterbrechen müssen, stellen wir schließlich Hubert als PR-Mann ab, der dann auch bei jedem neuen: „Oh, what a nice boat, where do you come from?" seine Arbeit niederlegt und bereitwillig alle Fragen beantwortet.

Einige Segel, die vom Sturm vor Neufundland arg mitgenommen worden sind, bringen wir zum Segelmacher nach Quidi-Vidi, einem Fischerdorf am Rand von St. John's. Als wir den schweren Segelsack beim Aussteigen in Quidi-Vidi aus dem Bus heben, bekommen wir eine erste Kostprobe neufundländischen Humors: „Für die Leiche da haben Sie auch bezahlt?" fragt uns der Busfahrer.

In jedem Buchladen und Souvenirshop liegen übrigens die gesammelten Newfies (Neufundländer Witze) zum Kauf aus, deren Pointen uns seltsam bekannt vorkommen. Ob es wohl Gemeinsamkeiten zwischen Newfie- und Ossi-Witzen (Ostfriesen-) gibt? Daß die Newfies ein ganz eigenes Völkchen sind, erklärt sich zum einen aus den geographischen Gegebenheiten – vom Festland getrennt, auf dem östlichsten Zipfel Nordamerikas wird man zwangsläufig zum Außenseiter –, zum anderen aus ihrer Abstammung. Sicherlich brauchten ihre Vorfahren zum Überleben in der Wildnis nicht nur Verstand, Kraft und Mut, sondern auch eine gehörige Portion Einfallsreichtum. Den Humor der ersten Siedler erkennt man schon an ihren Ortsbezeichnungen. Wo sonst gibt es schon eine „Bumble Bee Bight" (Hummelbucht) und eine „Ha-ha"-Bucht? Oder ein Dorf namens „Come-by-chance" (zufällig vorbeigekommen), „Blow me down" (Das haut mich um) oder Clown Cove (Clown-Bucht)? Aber trotz dieser lustigen Ortsnamen mag der melancholische Ostfriesenspruch: „Des Ersten Tod ist des Zweiten Not und des Dritten Brot" auch seine Gültigkeit für die Pioniere Neufundlands gehabt haben.

In St. John's gibt es heute – wie bereits erwähnt – auch eine Universität (zur Abwechslung aber mal nicht die älteste Nordamerikas) mit immerhin 14 000 Studenten. Die Idee, in der Mensa der Uni zu essen, stammt noch von Motorradfan Ulrich, einem Crewmitglied der letzten Etappe, der auf seinen vielen Motorradreisen um die ganze Welt in größeren Städten grundsätzlich in der Mensa aß. Das sei billig und schaffe schnell Kontakte.

Das Loblied der Crew, die bereits am Vortag dort gegessen hat, und ihr Rat, möglichst pünktlich zu sein, da die Mensa jetzt in den Semesterferien nur zwei Stunden geöffnet habe, was zum Essen äußerst knapp bemessen sei, scheinen mir reichlich übertrieben. Meine Erinnerungen an Mensa-Essen sind nicht gerade die besten. Als ich dann aber zwischen saftigen Steaks und knusprigen Hähnchen, zwischen Schinkenbraten und italienischen Nudelgerichten wählen kann und die Vielzahl knackig frischer Salate und anderer appetitlich zubereiteter Beilagen sehe, die auf langen Tischen zur Selbstbedienung bereitstehen, frage ich mich, ob wir uns tatsächlich in einer Mensa befinden. Eines ist jedenfalls sicher: in einer deutschen Mensa nicht.

Als wir endlich beim Walnußeis-Dessert angelangt sind und gerade überlegen, ob wir nicht dem neufundländischen Küchenchef unser Lob aussprechen sollen, begrüßt uns plötzlich jemand auf deutsch und setzt sich zu uns an den Tisch. Es ist Ewald, der Küchenchef – oder besser gesagt: der Leitende Angestellte einer Leasingfirma, die in Kanada Großküchen an Krankenhäuser, Universitäten und Bohrinseln vermietet. Der ehemalige Düsseldorfer lebt bereits seit zwanzig Jahren in Kanada. Er erklärt uns, daß allein schon der harte Konkurrenzdruck, unter dem die Leasingfirmen stehen, die Qualität in der Mensa zwangsläufig hebt.

Auch auf eine weitere Besonderheit dieser Universität weist er uns hin. Es ist natürlich kein Zufall, daß das an die Universität angeschlossene, supermodern ausgestattete Institut „For Fisheries and Maritime Technologies", in dem rund tausend Studenten aus aller Welt von 140 Lehrern unterrichtet werden und vom Netzeknüpfen bis zur modernen Schiffselektronik alles lernen können, gerade hier in St. John's steht. Schließlich lebt in Neufundland noch immer der größte Teil der Bevölkerung direkt oder indirekt von der Fischerei auf den Grand Banks. Diese reichen Fischgründe waren einer der Grundpfeiler, auf denen Englands Reichtum, Macht und Einfluß in den vergangenen Jahrhunderten ruhten.

Ein Fischer, der sein kleines Boot hinter der FREYDIS an die Pier legt, erklärt mir, wie er mit einem zehn Zentimeter langen Bleiköderfisch, der zwei starke Haken am Ende hat, den Dorsch aus mehreren hundert Metern Tiefe holt. Auf meine Frage, ob es auch noch mit beschwerten Körben wie einst ginge, lacht er nur: „Nein, diese Zeiten sind vorbei, dafür gibt es nicht mehr genug Fisch." Ein Grund dafür, daß der Fischbestand sich rapide verringert hat (und das nicht nur vor Neufundland), ist die enorme Verbesserung der Fangmethoden. Der moderne Fischfang bedient sich fast nur noch schwimmender Fischfabriken und begünstigt dadurch auch den Raubbau auf den Meeren. Ein weiterer Grund liegt natürlich auch darin, daß sich immer mehr Fischer unterschiedlichster Nationalität das begehrte Nahrungsmittel Fisch abzujagen versuchen. Ein Ende ist hier nicht abzusehen. Der Fischbestand geht rapide zurück und wird noch weiter schrumpfen. Ob das 1977 eingeführte Fischerei-Kontrollrecht über eine 200-Meilen-Zone und das Quotensystem eine noch stärkere Überfischung verhindern können, bleibt abzuwarten.

Aber nicht nur Fisch gibt's in Neufundland. Tierfreundin, die ich bin, will ich auch die einheimische Tierwelt kennenlernen. Die einzigen freilebenden Tiere, die ich bisher entdecken konnte, waren zwei große Ratten an der Pier, die am frühen Morgen die Freydis auf einen Sprung besuchen wollten. Aber wir haben uns vorgenommen, den berühmten Salmonier-Naturpark aufzusuchen, der alle Pflanzen und Tiere Neufundlands auf relativ kleinem Raum beherbergt, so daß man auch die Tiere, die hier sonst in den Wäldern leben, in Ruhe beobachten kann.

Dazu mieten wir uns zunächst ein Wrack. „Rent a Wrack" – ein gefälliger Slogan – bedeutet nichts anderes, als einen mehr oder weniger instandgesetzten Gebrauchtwagen zu mieten – zu einem Tarif, der weit unter dem für normale Leihwagen liegt. Unser „Wrack" ist ein Chevrolet vom Baujahr 1975, ein Schlitten, in den wir fünf Leute – Sepp, unser Crewmitglied aus Österreich, ist am Vorabend eingetroffen – mühelos hineinpassen.

Es ist eine Fahrt von 50 Kilometern auf einer breiten Asphaltstraße, die erst 1965 als östlicher Ausläufer des Trans Canada Highway fertig wurde und quer durch Neufundland führt. Sanfte Hügel, feuchte Täler mit kleinen Flüssen, weite Moore, Nadel- und Birkenwälder ziehen an uns vorüber. Mehrmals halten wir unterwegs an, waten durch die kalten, kristallklaren Bäche, pflücken Blaubeeren und bewundern im Wald versteckte Wochenend-Blockhütten.

Im Naturpark kommen wir dann voll auf unsere Kosten. Nicht nur Rentiere und Elche können wir beobachten, sondern auch Kanadagänse, Schnee-Eulen, Biber, Ottern, Luchse und Schneehasen. Während es Rentiere auf der Insel schon immer in großer Zahl gegeben hat, stammen die Elchherden alle von ein paar Tieren ab, die erst Anfang des Jahrhunderts auf Neufundland ausgesetzt wurden und sich stark vermehrten. Wie Ewald uns später erzählt, verursachen die Elche auf den Straßen viele schwere Unfälle, hauptsächlich deswegen, weil sie vor den Autos nicht weglaufen – wie etwa die scheuen Rentiere –, sondern sich ihnen mutig entgegenstellen. Die Natur hat diese urzeitlichen Tiere eben nicht für die moderne Welt programmiert, sonst hätte sie ihnen wenigstens bessere Waffen als Geweihe geben müssen.

Wenn es um die Tiere Neufundlands geht, darf natürlich das Wahrzeichen des Landes, der Neufundländerhund, nicht vergessen werden. Ich will unbedingt einige Hunde filmen und erfahre von einer Zucht ganz in der Nähe, die wir natürlich besuchen. Groß und stark wie kleine Bären, tollen sie doch so verspielt und übermütig wie eben Welpen um uns herum. Die Rasse der Neufundländer soll nach den

Worten des Züchters sehr alt und edel sein, eine Kreuzung aus Wikinger-, Indianer- und Pyrenäenhund. Auch bei weniger edlen Vorfahren hätte ich gern einen mitgenommen, aber als Bordhund ist er nun mal ein wenig zu groß für uns, und zehn Dosen Gulasch pro Tag hätten auf die Dauer zu Problemen mit unserem Proviantvorrat geführt.

An einem Abend besuchen uns die holländischen Ballonfahrer Henk und Evelien auf der FREYDIS und laden uns zu einer Besichtigung ihrer DUTCH VIKING auf dem Flughafen ein. Dort sind Ballon und Kapsel bis zum Start in einer Halle untergebracht. Gerade werden die letzten Vorbereitungen für ihre Atlantiküberquerung getroffen. Falls sie gelingt, wird sie die erste ihrer Art sein. Es ist bereits ihr zweiter Versuch, der erste im Vorjahr endete dramatisch. Ein Leck im Ventilsystem des Ballons hatte sie mitten im Atlantik hart aufschlagen lassen. Unverletzt wurden sie damals rechtzeitig von einem Schiff geborgen.

Henk, vierzig Jahre alt, ist von Beruf Fluglehrer und hat schon so ziemlich alles geflogen, was sich mit oder ohne Motor in der Luft hält. Mit der Atlantiküberquerung im Ballon will er sich nun einen lang gehegten Traum erfüllen. Die dreißigjährige Evelien teilt uneingeschränkt seine Begeisterung fürs Fliegen. Auch sie hat eine Ausbildung als Pilotin, arbeitet allerdings hauptberuflich in der Modebranche.

Ihre DUTCH VIKING, eine 6,5 m lange und 5 t schwere Kunststoffkapsel, ist die modifizierte Version eines kleinen geschlossenen Rettungsbootes, wie es auf modernen Seenotkreuzern verwendet wird. Sie hat Stehhöhe und sogar ein kleines Cockpit, in dem einige Gasflaschen untergebracht sind. Im Innern entdecke ich zwischen Höhenmessern, Barographen, Notsendern, Radios und zahlreichen anderen Geräten einen Loran-C-Navigations-Computer, wie auch wir ihn auf der FREYDIS benutzen. Sogar ein kleiner Gaskocher zum Wärmen des Essens ist an Bord, und natürlich fehlen nicht Sauerstoffflaschen und -masken.

Ich stelle mir vor, wie es wohl wäre, in dieser Kapsel über den Wolken in einigen tausend Meter Höhe den Ozean zu überqueren. Die Sonne würde scheinen, aber es wäre bitterkalt. Bis −30° C können es laut Henk werden. Die technische Ausrüstung der Kapsel haben die Ballonfahrer deshalb mehrere Tage im Kühlhaus und in der Unterdruckkammer getestet. Das Helium für den Ballon ist mit Tankwagen extra aus Texas gebracht worden: 600 000 Liter! Über Tag würde die Sonne dann den Ballon aufheizen und ihn in der gewünschten Höhe halten. Um ein Absinken am Abend zu verhindern, müssen die Gasbrenner im Cockpit gezündet werden.

Henk und Evelien sind fast ein wenig zappelig. Sie wollen möglichst bald starten, da die Anspannung der Warterei einfach zu groß ist. Aber das Startsignal wird von Radio Scheveningen gegeben, und der Zeitpunkt dafür ist abhängig von den Wetterverhältnissen. Als Startpunkt ist wie im letzten Jahr ein Fußballplatz mitten in der Stadt vorgesehen.

Am Abend trinken wir in der Kneipe „Green Sleeves" mit Ewald und den Ballonfahrern neufundländischen Screech. Wie das Bier in Bayern und der Korn in Ostfriesland zu den Grundnahrungsmitteln gehören, so ist der Screech schon lange ein wichtiger Bestandteil neufundländischer Ernährung. Er ist nichts anderes als schwarzer Rum, einst Tauschmittel Westindiens für den begehrten Trockenfisch aus Neufundland.

Die Wochenendfahrt mit Ewald entlang der Conception Bay an der Ostküste der Avalon-Halbinsel wird für uns zu einem besonderen Erlebnis. Die Küste dieser Halbinsel ist das am dichtesten besiedelte Gebiet Neufundlands. Ihr Binnenland wird von riesigen, kaum zugänglichen Urwäldern bedeckt. Wie uns Ewald erzählt, gehen darin jedes Jahr zahlreiche Menschen verloren, besonders im Winter, wenn es zu den berüchtigten plötzlichen Schnee-Einbrüchen kommt. Da Ewald sehr viel unterwegs sein muß, hat er, um gegen Gefahren gewappnet zu sein, erst kürzlich ein Wilderness Survival Training mitgemacht.

Wir kommen durch viele kleine, verträumte Fischerdörfer, die keine Hektik und auch keinen Tourismus kennen. Meist ist nur die Hauptstraße asphaltiert. Kleine Jungs, die sich Fischköpfe aus der nahen Fischfabrik geholt haben, bieten am Straßenrand „cod tongues" – Kabeljauzungen – für ein paar Pfennige an. Sie schmecken wie kleine zarte Fischfilets und gelten als delikate Vorspeise.

Daß sich um viele Orte dieser Gegend Piratengeschichten ranken, hat einen ganz besonderen historischen Hintergrund. Im 17. und 18. Jahrhundert betrieben die Briten eine strenge Antibesiedelungspolitik, wofür es mehrere Gründe gab. Zum einen fürchteten sie, daß die Fischer anderer europäischer Nationen, die im Sommer hier zum

Fang kamen, ständige Kolonien an den Küsten einrichten könnten. Zum anderen wollten sie die eigenen Leute zur jährlichen Rückkehr zwingen, da der König im Falle eines Krieges die sturmerprobten Seeleute zur Bemannung seiner Kriegsschiffe dringend in der Heimat brauchte.

1766 wurde die sogenannte Admiralsherrschaft eingeführt. Sie bedeutete, daß der Kapitän, dessen Schiff als erstes im Saisonhafen ankerte, als verantwortlicher Admiral dieser Saison dafür zu sorgen hatte, daß im Herbst alle Fischer wieder die Heimfahrt antraten. Jeder entlaufene Mann mußte mit drakonischen Strafen – selbst mit dem Galgen – rechnen. Flüchtlinge, die solchen harten Strafen entkommen waren, fristeten auf der kargen Insel ein armseliges Leben oder betätigten sich in ihrer Not eben als Piraten. Berüchtigte Piratenschiffe jener Zeit – wie HAPPY ADVENTURE, HEART'S DESIRE und HEART'S CONTENT – wurden zu Namensgebern vieler Buchten an der neufundländischen Küste.

Wir kommen auch durch Harbour Grace, ein kleines Dorf, das einst Hauptquartier Peter Eastons war, des erfolgreichsten und gefürchtetsten Piraten Neufundlands. Als junger Mann diente Peter Easton in der Royal Navy als Kommandant einer Fischerflotte vor den Küsten Neufundlands. Nachdem er sich vom englischen König nicht mehr gut genug bezahlt fühlte, wurde er Pirat, dem bald die größte private Flotte der Welt gehörte, mit der er den gesamten Englischen Kanal kontrollieren konnte. Als Kapitän Mainwaring im Auftrag der englischen Krone dem Spuk ein Ende bereiten wollte, nahm Easton seine zehn besten Schiffe und setzte sich nach Neufundland ab, das er ja schon kannte. 1610 ließ er in Harbour Grace am Hafeneingang eine Festung errichten, die er mit den Kanonen erbeuteter Schiffe bestückte. In den nächsten Jahren kaperte er Schiffe auf den Grand Banks vor Neufundland bis hin zum Äquator, ehe er sich mit seinem Reichtum die Begnadigung erkaufen konnte, einen Palast in der Gegend des heutigen Monte Carlo bezog und den Titel eines Marquis von Savoyen annahm.

Henry Mainwaring, sein früherer Feind, trat in seine Fußstapfen und wurde ebenfalls erfolgreicher Pirat. Zeitweise benutzte er sogar das von Easton verlassene Camp in Harbour Grace als Basis. Nach seiner Begnadigung wurde er ein angesehener Bürger und sogar Parlamentsmitglied. Das von ihm geschriebene Buch „Wie fängt man Piraten?" muß in der damaligen Zeit eine Art Bestseller gewesen sein.

Zu unserem neufundländischen Besichtigungsprogramm gehört auch der östlichste Punkt Nordamerikas, Cape Spear. Hier steht auf der 65 m hohen Felsklippe einer der ältesten Leuchttürme an der kanadischen Küste. In der Ferne sehen wir eine der vielen Bohrinseln, die auf den Grand Banks gebaut wurden, nachdem dort 1979 ein – wie es heißt – riesiges Ölfeld entdeckt wurde.

Auf der Nordsee sind wir schon an vielen Bohrinseln vorbeigesegelt, aber die Nordsee ist lange nicht so gefährlich wie das flache Wasser der Grand Banks. Wahre Monsterseen können sich hier auftürmen und dann brechen. Ich muß an OCEAN RANGER denken, die große Bohrinsel auf den Grand Banks, die man für unzerstörbar gehalten hatte, bis sie im Februar 1982 traurige Schlagzeilen in der Weltpresse machte, weil sie während eines schweren Sturms sank und 84 Menschen mit in die Tiefe riß.

Stürme sind aber nicht die einzigen Gefahren für die Bohrinseln auf den Grand Banks. Hunderte von Eisbergen, die von den Gletschern Grönlands und der kanadischen Arktis stammen, werden jedes Jahr vom Labradorstrom über die Grand Banks gespült. Mitten in dieser Straße der Eisberge aber stehen die Bohrinseln. Ewald, der häufiger auf Bohrinseln gearbeitet hat, erzählt uns, daß Eisberge schon mehrmals mit Spezialschiffen abgeschleppt werden mußten, damit sie nicht mit den Bohrinseln kollidierten. Möglich ist das aber nur bei Eisbergen bis zu einer gewissen Größe.

In den letzten beiden Tagen vor unserer Weiterreise nach Grönland gibt es noch eine ganze Menge Arbeit für uns an Bord. Der Proviant, den wir größtenteils aus Deutschland mitgebracht haben, muß umgestaut, Frischproviant hinzugekauft und die Wassertanks müssen gefüllt werden. Das geflickte Segel wird vom Segelmacher abgeholt, sämtliche Segel werden sauber zusammengefaltet und neu verstaut. Zu einem Problem gestaltet sich zunächst das Auffüllen der Kochgasflaschen, denn in St. John's finden wir nirgends passende Anschlüsse. Aber wozu haben wir Ingenieure an Bord? Folkmar bastelt eben einen, und bald darauf stehen die Flaschen gefüllt wieder in der Backskiste.

Als am nächsten Tag dann auch Erich und Klaus eintreffen (ihr Flug hatte sich wegen Maschinenschadens um einen Tag verzögert), ist alles bereit für die Weiterreise in die arktischen Gebiete.

Am Abend vor dem Auslaufen haben wir noch einmal Besuch. Konsul Guenter Sann und seine Frau Gisela, die sich während unseres

Aufenthalts liebenswürdig um die Freydis gekümmert haben, bringen einen Kuchen und eine Flasche Wein zum Abschied, und auch Evelien und Henk finden trotz ihrer zahlreichen Verpflichtungen noch Zeit, uns zu verabschieden. Mast- und Schotbruch wünschen sie uns. „Und was sagt man bei euch?" frage ich. „Hals- und Beinbruch? Oder etwa: Knall und Fall?"

Rauschefahrt zur größten Insel der Erde

*Auftakt mit Nebel und Flaute – Sturm am Kap Farewell –
Achtung, Gegenverkehr: Eisberge! –
Ruderbruch vor Julianehaab – Weitgereistes Treibholz*

Kurz vor dem Start suchen Erich und Folkmar noch einmal die Canadian Coast Guard auf, um die Eisverhältnisse auf unserem Weg nach Grönland in Erfahrung zu bringen und die Wettervorhersage einzuholen.

Die neuesten Nachrichten der International Ice Patrol (IIP) gehen täglich an alle Stationen der Coast Guard und an Schiffe, die über Funk eine Karte empfangen können (die International Ice Patrol, die 1913, ein Jahr nach dem TITANIC-Untergang, ins Leben gerufen wurde, überwacht die Meeresgebiete, in denen Eisberge zu einer besonderen Gefahr für die Schiffahrt werden; regelmäßige Erkundungsflüge finden alle ein bis zwei Tage statt). Leider verfügt die FREYDIS nicht über einen Kartenschreiber. Neben umfangreicher nautischer Literatur und gewaltigen Packen von Seekarten ist sie aber mit den neuesten elektronischen Navigationshilfen (Decca, Loran-C, Satelliten-Navigator) ausgerüstet. Denn bei der Häufigkeit unsichtigen Wetters in unserem Fahrtgebiet Nordatlantik schien uns der Sextant allein nicht ausreichend. Nach unseren Erfahrungen mit Eisbergen in der Antarktis verzichteten wir auf ein Radargerät. Growler – kleine, im Wasser kaum sichtbare Eisberge – lassen sich damit ohnehin nur schlecht erkennen.

„Vor der Küste liegen ausgedehnte Nebelbänke und eine Flautenzone; zudem müssen wir ständig mit Eisbergen rechnen“, ist der kurze Kommentar, als die beiden Skipper wieder an Bord eintreffen.

Aber ihre sorgenvollen Mienen sprechen für sich. Nachdem wir auf der anderen Seite des Hafens unsere Tanks mit Diesel aufgefüllt haben, werden die Leinen gegen 18 Uhr endgültig losgeworfen.

Wir fahren durch die Narrows, und bald ist die schmale Hafeneinfahrt von St. John's nicht mehr zu entdecken, gerade so, als seien die Felsen hinter uns wieder zusammengeschoben worden. St. John's hat seine Tore geschlossen. Good-bye, good-bye, Amerika! Ab 8. August sind wir auf dem Weg nach Grönland, der größten Insel unserer Erde. Mindestens 850 Seemeilen liegen vor uns. Ein weiter Weg, und noch dazu ein besonders gefährlicher.

Schon die erste Teilstrecke hat es in sich. Leichte achterliche Winde treiben uns hinaus auf die berühmt-berüchtigten Grand Banks. Auf diesen Schutthalden der einst riesigen eiszeitlichen Gletscher Neufundlands, wo sich die warmen Wasser des Golfstroms mit den kalten des Labradorstroms mischen, wird in den sauerstoffreichen Strudeln die Planktonsuppe gekocht, die eine Voraussetzung für den enormen Fischbestand dieser Gewässer ist. Aber das Aufeinandertreffen der beiden Ströme hat auch Nachteile, besonders für die Seefahrt. Wenn die wasserdampfreiche, warme Luft über das kalte Wasser streicht, entstehen hartnäckige und dichte Nebel, von denen auch wir nicht verschont bleiben.

Eine Nebelbank baut sich vor uns auf wie eine riesige Walze aus grauer Watte. Sie kommt immer näher. Als wir dann in sie eintauchen, tut sich vor uns eine trübe Dämmerung auf und läßt ein unsicheres „Vogel-Strauß-Gefühl" entstehen: Der Kopf steckt im „Sand", während rundum überall Gefahren lauern. Die Sicht beträgt knapp eine Kabellänge, der flaue Wind bläst noch ein Weilchen, bis er schließlich in der Nacht ganz einschläft. Auch am nächsten Tag dümpeln wir in der Milchsuppe. Ständig halten wir auf dem Vorschiff Ausschau nach Eisbergen und Bohrinseln und messen zudem halbstündlich die Wassertemperatur, um eine eventuelle Annäherung von Eis frühzeitig zu erkennen. Statt auf ein Radargerät verlassen wir uns also lieber auf die eigenen Sinne. Auch für uns gilt strikt und als oberste Maxime der Satz, den die IIP verbreiten läßt: „Es gibt keinen Ersatz für Wachsamkeit und umsichtiges Verhalten, besonders nicht in der Nähe von Meereis und Eisbergen."

Der Decca-Navigator zeigt, daß wir weit genug von der Küste entfernt sind. Das ist beruhigend, weil die Strömungen mit ihren sich schnell ändernden Geschwindigkeiten in die Küsteneinschnitte hineinsetzen – und das könnte uns gefährlich werden. Lotungen bringen keinen genauen Standort, denn die Werte auf der Neufundlandbank betragen ziemlich gleichmäßig 55 m. Der Wetterbericht hat am Morgen nicht viel Neues zu melden: weiterhin Nebel und leichte südwestliche Winde; Lufttemperatur 14° C, Wassertemperatur 7° C. Die Stimmung der Crew bleibt trotzdem ausgezeichnet. Unserer Erfahrung nach ist die FREYDIS mit sieben Mann auch optimal besetzt. Drei Wachen à vier Stunden werden gegangen, jeweils aus zwei Mann bestehend.

Folkmar und Erich bilden gemeinsam die Schiffsführung, wobei sie sich die Arbeiten teilen. Folkmar ist zuständig für Navigation und Elektronik, Erich für Ausrüstung, Organisation und Koordination mit der ab Island im Verbund mit uns segelnden LAGA. Beide Skipper führen jeweils eine Wache. Fragen der Schiffsführung und Crew sollen von Fall zu Fall besprochen werden.

Dieser gemeinsamen Schiffsführung liegt eine im Interesse aller Beteiligten geschaffene rechtsverbindliche Vereinbarung zugrunde, die gewährleistet, daß immer klare Entscheidungen getroffen werden können. Für den Fall, daß über Einzelfragen der Schiffsführung keine Einigung erzielt werden kann, behält im Wochenturnus jeweils einer „das letzte Wort", was im Logbuch festzuhalten ist (es spricht für das gute Einvernehmen der beiden, daß keine derartigen Logbucheintragungen gemacht werden mußten).

Und nun zum Smut und damit auch zu mir: Zwar koche ich gern, auch für sieben Mann, wenn es sein muß, aber ich habe es schon lange aufgegeben, meine Rolle traditionell zu sehen, also nur als Frau am Herd. Erfahrungen auf anderen Segeltörns haben mir gezeigt, daß es gerade unter Seglern viele Hobbyköche gibt, die gern und auch meist sehr schmackhaft kochen. Dieses Mal teile ich den Job als Smut mit Klaus aus Nürnberg, einem Feinschmecker, der als Experte für bayerische Gerichte selbst aus kargen Bordbeständen noch saftige Schweinshaxen auf Sauerkraut und Burgunderbraten mit Semmelknödeln zaubert, à la FREYDIS, versteht sich. Dieses Job-sharing ermöglicht es uns beiden, einen Teil der Wache mit zu übernehmen und somit auch von den Arbeiten an Deck nicht ausgeschlossen zu sein. Klaus, den 54jährigen Verkaufsleiter einer Firma für medizinische Geräte, haben wir durch unseren langjährigen Segelfreund Christian kennengelernt. Mit seiner ruhigen, freundlichen und ausgleichenden Art ist er ein großer Gewinn für unsere Mannschaft.

40

Erst als wir Rasmus am Abend einen tüchtigen Schluck Rotwein opfern, stellt sich langsam wieder Wind von achtern ein. Der Nebel löst sich auf – unter Blister wird wieder Strecke gemacht. Zwar nur mit vier Knoten, aber immerhin in Richtung Südgrönland. In der Nacht nimmt der Wind weiter zu. Er kommt mit 4 Bft aus ostsüdöstlicher Richtung. Wir haben gute Sicht und laufen unter Kutterbesegelung mit Großsegel, Genua und Fock. Am Morgen sind wir bereits 110 sm von der neufundländischen Küste entfernt.

Die Möwen, die uns schon lange begleiten, warten noch immer vergeblich auf Fischabfälle. Aber erstmals sehen wir Delphine. Über die Wellen tanzen kleine schwarze Sturmschwalben, und Papageientaucher spielen um die FREYDIS herum. Es nieselt ein wenig, aber wir lassen uns das Frühstück mit Rührei und Schinken im Cockpit trotzdem schmecken. Erich steht für heute auf der Backschaftliste. Daß er gern und gut Skat spielt, besonders wenn es um seine Backschaft geht, hat sich in der Crew bereits herumgesprochen. Kein Wunder, daß sein Vorschlag, eine Skatrunde auf die Beine zu stellen, heute auf taube Ohren stößt. „Beim Zusammenstellen der Crew muß ich künftig darauf achten, daß ein paar Skatspieler dabei sind, die sich auch mal was trauen", mosert er, als er sich nach dem aufwendigen Mittagsmahl aus Suppe, Spaghetti Bolognese, Gurkensalat und Pudding an den Abwasch machen muß.

Der Wind frischt noch stärker auf und dreht auf Ostnordost. Wir verkleinern die Segelfläche und liegen nur noch mit Groß und Fock I hoch am Wind. Bei einigen von uns macht sich Seekrankheit bemerkbar, nur nicht bei Kalle, der solch ein begeisterter Rudergänger ist, daß ihm seine Wache oft nicht genügt; dann steht er auch gleich die nächste noch am Ruder. Als er im Vorjahr nach einem Törn durch den Englischen Kanal die FREYDIS verließ, hieß es denn auch treffend: „Unsere Selbststeueranlage geht von Bord." Hubert, der sich mit Kalle die Wache teilt, hat sich damit abgefunden, daß er beim Rudergehen zu kurz kommt. So liest er selbst bei hohem Seegang mit Begeisterung ein Buch über das Segeln in der Karibik – und das auf einem Törn nach Grönland!

Außer unserem Kalle haben wir übrigens eine echte elektronische Selbststeueranlage auf der FREYDIS, aber bei dieser guten Besetzung mit so eifrigen Rudergängern wird sie wohl kaum zum Einsatz kommen. Windsteueranlagen dagegen haben sich auf unserem schweren Schiff nicht bewährt, denn seine Rumpfform führt zu starken Wasserverwirbelungen am Heck. Im übrigen steuert sich die FREYDIS am Wind selbst, wenn die Segel gut getrimmt sind.

Eine Abwechslung und Ablenkung von der Seekrankheit – unter der allerdings nur Klaus, Erich und ich leiden, die anderen sind beneidenswert seefest – bringt im Lauf des Tages die viele Meter hohe Atemfontäne eines großen Wals, dessen glatter Rücken sich nicht weit von uns aus dem Wasser schiebt. Nur selten bekommen wir auf dieser Reise noch die größten Säugetiere der Erde zu sehen. Trotz weltweiter Proteste und internationaler Absprachen halten sich viele Länder nicht an die Vereinbarungen zwischen den 40 Mitgliedstaaten der internationalen Walfangkommission, und das Abschlachten geht weiter.

In den nächsten zwei Tagen steigt die Wassertemperatur bis auf 10° an. Wir haben die Gewässer des Labradorstroms verlassen und damit auch den Bereich der unmittelbaren Eisberggefahr. Die Wolkendecke reißt auf, und Folkmar kann endlich astronomische Standortberechnungen vornehmen. Zwar ist der Loran-C-Computer ständig im Einsatz – der Decca-Navigator liefert nur dicht unter der neufundländischen Küste verbindliche Werte –, aber herkömmliche zusätzliche Kontrollen können nicht schaden. Wir wollen möglichst unabhängig bleiben von diesen anfälligen Apparaturen.

Noch über 400 sm bis zur Südwestspitze Grönlands. Bei ostsüdöstlichen Winden um 5 Bft machen wir eine rauschende Blisterfahrt über metallisch blaues Wasser. Die Sonne strahlt vom wolkenlosen Himmel. Die Mutigen nutzen das schöne Wetter zu einer Seewasserdusche an Deck – vielleicht das letzte Vergnügen dieser Art. Kalle ist wieder bei seinem beliebten Konditionstraining am Ruder. Wie einen lahmen Gaul feuert er die FREYDIS an, die trotz hohen Seegangs ihr Bestes gibt und jeden Wellenberg dumpf dröhnend hinunterrast.

Trotzdem – eine Diskussion über Geschwindigkeit und optimale Rumpfform einer Yacht hält unser Theoretiker und „Grantler" Sepp für völlig überflüssig. „Ich weiß gar nicht, warum über eine so simple Sache wie den Bootsbau so viele Bücher geschrieben werden. Es geht doch nur darum, einen festen Gegenstand möglichst effektiv auf der Grenzfläche zweier Medien von unterschiedlichen physikalischen Eigenschaften zu bewegen." Aber wie so häufig bei Dingen, bei denen der Mensch die Hand im Spiel hat, läuft auch beim Segeln nicht alles nur nach physikalischen Gesetzen ab. Da hat schließlich auch Rasmus noch ein Wörtchen mitzureden, und um ihn weiter geneigt zu machen, werden wir ihm wie bisher so manches Opfer bringen müssen.

Gegen Abend dreht der Wind auf Südsüdost 6 Bft. Wir laufen unter Groß mit einem Reff und Genua III. Das Steuern ist schwierig geworden.

Ob Evelien und Henk endlich gestartet sind? Wir haben schon mehrfach vergeblich versucht, über UKW Kontakt mit ihnen aufzunehmen, aber die DUTCH VIKING meldet sich nicht. Allmählich beginne ich, mir Sorgen zu machen: Kann so was überhaupt gutgehen? Ein hauchdünner Ballon in schwindelnder Höhe, jeder Luftströmung ausgeliefert . . . Wie sicher, ja geradezu „bodenständig", scheint mir dagegen unsere FREYDIS zu sein! Und doch – ist nicht auch sie ein kleiner einsamer Ballon, der über Abgründe schaukelt?

Eine größere Schar Seeschwalben kommt zu Besuch und kreist eine Weile um den Mast. Sie können uns leider nicht erzählen, ob sie unterwegs einen roten Ballon gesehen haben. Vielleicht sind sie bereits auf ihrem Flug von den arktischen Brutplätzen nach Süden zu ihrem Winterquartier in der Antarktis. Rund 17 000 Kilometer müssen sie dabei bewältigen, den weitesten bekannten Vogelzug.

Als wir im Cockpit bei Tee und ofenfrischem Haselnußkuchen gerade gemütlich zusammensitzen, ziehen häßliche schwarze Wolken rasch von achtern auf. Der Wind wird zunehmend böiger, und Nieselregen treibt uns unter Deck. Wir verkleinern zwar die Segelfläche, laufen aber bei 7 bis 8 Bft aus Südost weiterhin um die neun Knoten. Auch die Sicht wird immer schlechter. Schließlich stecken wir sogar in dichtem Nebel – und das, während die grönländische Küste immer näher rückt. Laut Seehandbuch müssen wir bereits wieder mit Eisbergen rechnen; also erhöhte Wachsamkeit, doppelter Ausguck!

Flaute in der Nacht, erst der Morgen weckt den Wind wieder ein wenig. Es ist kalt und naß. Unter meinem Ölzeug friere ich trotz Faserpelz und Pullovern. Kalle wankt todmüde in die Koje; er hat sich schon lange vorgenommen, seinen eigenen Rekord zu brechen. Nun ist es soweit: 16 Stunden hat er hintereinander am Ruder gestanden. Ist das nur sportlicher Ehrgeiz? Sicher nicht. Dem Hobbymusiker Kalle macht es ganz einfach Spaß, am Ruder zu stehen, in die Ferne oder in den Nebel zu schauen, zu singen, zu tanzen und am Steuerrad – wie an einem Schlagzeug – ständig neue Rhythmen zu kreieren. Und wer weiß schon, ob sich ihm nicht aus dem Lied des Windes und der Wellen neue Dimensionen einer psychedelischen Musik erschließen?

Am Nachmittag, 140 Seemeilen vor Grönland, rätseln wir, ob die Zacken, die sich am Horizont abzeichnen, schon die Silhouette der 1500 m hohen Berge Grönlands sind – oder nur Luftspiegelungen, vielleicht sogar Nebelbänke. Wir kommen zügig voran und haben den Kurs direkt auf Julianehaab im Südwesten Grönlands abgesetzt. Er führt vorbei an der Südspitze Grönlands, dem Kap Farewell, das unter den Seefahrern ebenso berüchtigt ist wie die Südspitze Südamerikas, das legendäre Kap Hoorn. Kap Farewell erhielt seinen Namen von dem britischen Seeoffizier Frobisher, der dieses Kap Anfang des 16. Jahrhunderts auf der Suche nach der Nordwest-Passage rundete, aber wegen stürmischen Wetters den Landgang nicht riskieren konnte. Daher der Name „Lebewohl-Kap". Frobisher war im übrigen der erste Europäer seit den Wikingern, der die Südspitze Grönlands mit ihren schneebedeckten Bergen sichtete, das Land aber aufgrund seiner Zeno-Karte, die ja bekanntlich gefälscht war, für Friesland hielt. Diese Karte war 1552 von den Brüdern Zeno nach eigenem Gutdünken und unter Berufung auf die Aufzeichnungen eines ihrer Vorfahren, der 200 Jahre zuvor eine „wundersame" Reise nach dem Norden gemacht hatte, als authentisch veröffentlicht worden. Die Fälschung der Karte war so geschickt, daß sie erst Ende des 19. Jahrhunderts erkannt wurde.

Das Barometer zeigt seit Tagen keine Bewegung. Es kommt trotzdem, wie es kommen muß: In der Nacht, bevor wir Kap Farewell passieren, frischt der Wind plötzlich auf. Ständige Segelwechsel führen in Stufen zu dreifach gerefftem Groß und Sturmfock. Zuletzt preschen wir unter kleinster Besegelung bei 8 Bft immer noch ziemlich schnell durch die Nacht.

Ungefähr auf der Breite von Kap Farewell gibt unser Loran-C keinen zuverlässigen Standort mehr. Zu verwenden ist nur noch der Satelliten-Navigator, aber der funktioniert lange nicht so präzise wie Loran-C oder auch Decca, die beide in diesen Gewässern versagen, da die Sendernetze nicht oder nur unvollständig arbeiten.

Im Morgengrauen werden wir vom wachhabenden Folkmar geweckt: „Die ersten Eisberge sind in Sicht!" In der Nacht hat ein Sturm aus Südost die Luft noch weiter abkühlen lassen, im Cockpit zeigt das Thermometer nur noch 5° C. In der Ferne hebt sich das grandiose Bergpanorama des grönländischen Festlands aus dem Dunst der Morgendämmerung, und davor erkennt man die Umrisse großer Klötze im Wasser – Eisberge. Langsam kommen sie näher, einer nach dem anderen. Wie auf einer verkehrsreichen Einbahnstraße ziehen sie an uns vorüber: riesige, stumme Zeugen einer erstarrten, lebensfeindlichen Welt.

Es sind Eisberge aus den Gletschern der grönländischen Ostküste, die mit dem kalten, salzarmen Ostgrönlandstrom südwärts gedriftet und um das Kap Farewell gespült worden sind. Sie treiben nicht auf direktem Weg zu den Neufundlandbänken, sondern werden nun an der Südspitze Grönlands durch den relativ warmen und salzreichen Westgrönlandstrom zusammen mit den Gletscherabkömmlingen der Westküste Grönlands bis in den Nordteil der Baffin Bay geführt, von wo aus der kalte, südwärts setzende Labradorstrom die gesamte Eisbergfracht bis in die neufundländischen Gewässer bringt.

Der Missionar David Cranz, der 1761 nach Westgrönland reiste, beschrieb die Eiskolosse in seiner „Historie von Grönland" (erschienen 1765) so treffend, daß kaum etwas hinzuzufügen ist:

„Die Eisberge sind in der See schwimmende Eisstücke von wunderbarer Gestalt und Größe. Einige sehen aus wie eine Kirche oder ein Schloß mit vielen stumpfen und spitzigen Türmen oder wie ein Schiff mit vollen Segeln ... Andere sehen aus wie weiße Inseln mit Flächen, Tälern, großen Bergen, die oft mehr als 200 Ellen aus dem Meer hervorragen ... Dieses Eis ist mehrenteils sehr hart und durchsichtig wie Glas, an Farbe bleichgrün und manche Stücke himmelblau."

Vielleicht hatte der irische Mönch Brendan der Seefahrer (geb. 484) als erster Europäer einen Eisberg gesehen. Jedenfalls heißt es in der „Navigatio Brendani", dem Bericht über die abenteuerlichen Nordatlantikfahrten des Heiligen, er sei einem „schwimmenden Schloß aus Eis" begegnet.

Wir runden mehrere der kalten Monster in respektvollem Abstand, besonders wenn breit ausladende Unterwassersockel zu erkennen sind. Immerhin liegen fünf Sechstel bis sieben Achtel der Kolosse unter Wasser, abhängig von der Dichte des Eises und dem Salzgehalt des Meerwassers. Denn je nach eingeschlossenem Sauerstoffanteil und dem Druck bei seiner Entstehung variiert die Dichte des Eises. Nur ganz selten gibt es „Superberge", deren Eis unter derart hohem Preßdruck steht, daß nur ein Zwanzigstel ihrer Gesamtmenge aus dem Wasser schaut (so einer führte wahrscheinlich zum Untergang der TITANIC). Für die Schiffahrt besonders gefährlich sind Eisberge, die nur ganz wenige Meter aus dem Wasser ragen, bei hohem Seegang also kaum zu sehen sind, sich unter Wasser aber bis zu 100 m ausdehnen – tödlich für jedes Schiff bei voller Fahrt. Vor Grönlands Küsten gibt es bis zu 100 m hohe Eisberge mit einer Unterwasserausdehnung von 500 bis 900 m.

Die bizarren Formen der Eisberge und die zarten Farben, die das Morgenlicht auf ihre glasigen Wände zaubert, wecken immer neue Assoziationen und lassen die Fotofans der FREYDIS nicht zur Ruhe kommen. Wie gerufen zieht achtern auch noch eine Schule von Grindwalen vorbei: Leben inmitten dieses Eistrümmerfeldes, ein versöhnlicher Anblick!

Glücklicherweise ist kein Packeis in Sicht, wir haben es „lediglich" mit Eisbergen und Growlern zu tun, denen man ausweichen kann. Offensichtlich ist es ein sehr günstiges Eisjahr. Außerdem kommt uns zugute, daß wir in unserer Zeitplanung ein ziemlich spätes Anlaufen Grönlands vorgesehen haben. Wie wir dann auch erfahren, hätten wir vor einem Monat an dieser Stelle noch gar nicht die Kette aus Eisbergen und Packeis durchbrechen und den Hafen Julianehaab erreichen können. Dieser war zu der Zeit noch durch Packeis blockiert.

Dicht vor der Küste erscheinen uns die zahlreichen, auf der 200-Meter-Tiefenlinie gestrandeten Eisberge wie eine Reihe zum Appell angetretener Wachsoldaten. Die Einfahrt in den Julianehaab-Fjord kommt in Sicht, und just hier, als ob sie uns auf jeden Fall vorher noch zu unserem Ziel hätte bringen wollen, gibt die Radsteuerung ihren Geist auf (eines der Drahtseile ist gerissen, die über Taljen die Steuerkraft aufs Ruder übertragen). Das ist zwar kein großes Unglück – für solche Fälle haben wir ja unsere fest montierte Notruderpinne –, bedeutet aber wieder eine Menge Arbeit, die unsere ohnehin knappe Zeit an Land weiter verkürzen wird.

Ich muß daran denken, daß hier in der Umgebung von Julianehaab von Eskimos Ausrüstungsgegenstände der JEANNETTE gefunden worden sind, eines amerikanischen Forschungsschiffes, das 1881 nördlich der Neusibirischen Inseln im Packeis gesunken war. Nansen schrieb damals: *„Es muß deshalb als festgestellt angesehen werden, daß eine Eisscholle mit Gegenständen von der JEANNETTE von der Stelle, wo diese sank, nach Julianehaab getrieben ist."* – Ich mache mir auch klar, daß mit derselben Drift jenes Treibholz in die westgrönländischen Gewässer geschwemmt wurde, mit dem unsere FREYDIS während der Fahrt nach Julianehaab mehrmals unliebsame Bekanntschaft machte

46

(nach einigen Karambolagen mit solchen „Rammböcken" fühlte ich mich in meiner exponierten Vorpiekkoje nicht mehr ganz so sicher).

Nansens Erkenntnis, daß solch eine JEANNETTE-Eisscholle nur auf dem Weg über den Pol gekommen sein konnte – ebenso wie das sibirische Holz –, führte zu einer entscheidenden Schlußfolgerung: daß nämlich ein Strom über den Pol oder nahe an diesem vorbeigehen müsse. Dies war letztlich die Grundlage für seine berühmte Fahrt mit der FRAM durch Polarnacht und Eis. Aber Nansens Erkenntnis war gar nicht so neu. Etwa 130 Jahre früher hatte sich auch der Missionar David Cranz seine Gedanken über die Herkunft des Holzes gemacht:

„Ich will dieser sonderbaren Sache etwas weiter nachspüren. Daß es mit dem Strom und Eis kommt, ist ausgemacht. Von Osten, wo sich das Treibholz am häufigsten findet, da muß es auch herkommen. Nun wird es bei Island viel häufiger als hier gefunden, und so viel ich aus einem alten holländischen Seespiegel ersehe: So sind auf der Südostseite von Jan Mayen Eiland im 75. Grad zwei Holzbuchten, da ebenfalls mit dem Eis so viel Holz hineingetrieben wird, daß man ein Schiff damit befrachten könnte (später, auf Jan Mayen, können wir seine Aussage bestätigen). *Man muß also dessen Ursprung noch weiter entweder gegen den Pol oder gegen Osten suchen. Wenn auch unter Pol Land wäre, so könnte es da so wenig als in Grönland wachsen. Es muß also aus Sibirien oder der asiatischen Tartarei stammen, wo es durch die vom Regen stark angeschwollenen wilden Bergwasser, welche ganze Stücke Land und Fels mit großen Bäumen herabschwemmen, von den Bergen abgerissen, in die großen Flüsse gestürzt und ins Meer geführt wird. Hier wird es nebst dem Treibeis von dem östlichen Strom nach dem Pol zugetrieben und dann mit dem Strom, der bei Spitzbergen aus Norden kommt, zwischen Island und Grönland an der Ostseite hin um Statenhuk herum in die Straße Davis bis auf den 65. Grad geführt."*

Die FREYDIS hangelt sich von Eisberg zu Eisberg – bis in die Bucht von Julianehaab, die sich im Inneren des gleichnamigen Fjordes nach Süden öffnet. Es ist schon 21.00 Uhr, als wir im Hafen an der Pier einer Gerberei die Leinen belegen. Unsere siebeneinhalbtägige Reise durch eines der schwierigsten und gefährlichsten Teilgebiete des Nordatlantiks ist ausgesprochen gut verlaufen. Und das läßt natürlich unseren Mut für die kommenden Etappen wachsen.

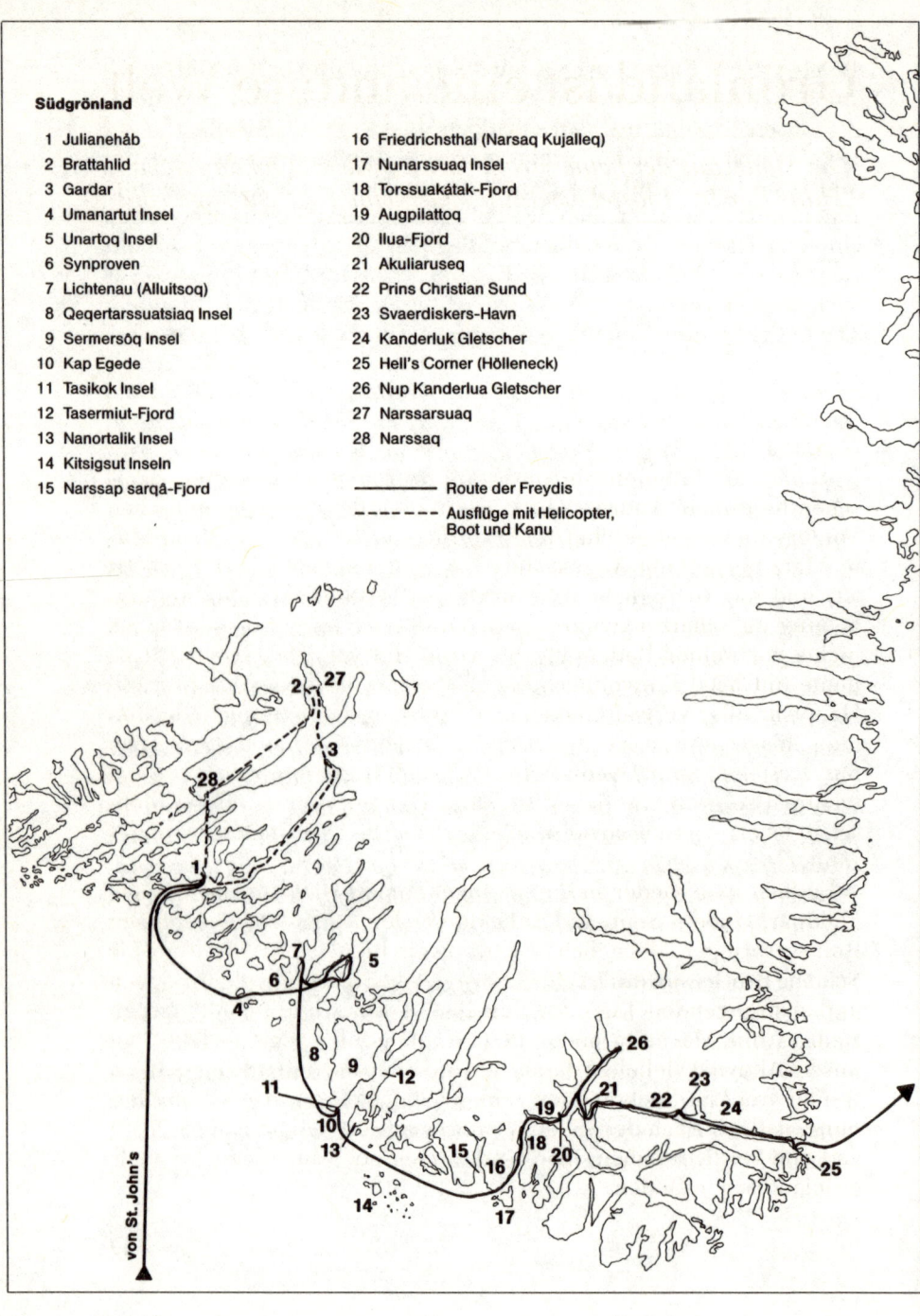

Südgrönland

1 Julianehåb
2 Brattahlid
3 Gardar
4 Umanartut Insel
5 Unartoq Insel
6 Synproven
7 Lichtenau (Alluitsoq)
8 Qeqertarssuatsiaq Insel
9 Sermersôq Insel
10 Kap Egede
11 Tasikok Insel
12 Tasermiut-Fjord
13 Nanortalik Insel
14 Kitsigsut Inseln
15 Narssap sarqâ-Fjord

16 Friedrichsthal (Narsaq Kujalleq)
17 Nunarssuaq Insel
18 Torssuakátak-Fjord
19 Augpilattoq
20 Ilua-Fjord
21 Akuliaruseq
22 Prins Christian Sund
23 Svaerdiskers-Havn
24 Kanderluk Gletscher
25 Hell's Corner (Hölleneck)
26 Nup Kanderlua Gletscher
27 Narssarsuaq
28 Narssaq

——————— Route der Freydis
- - - - - - - Ausflüge mit Helicopter,
Boot und Kanu

von St. John's

Grönland ist eine andere Welt

Die Stadt, aus der keine Straße führt – Mehrzweckdämonen –
Hans Egede, Apostel der Inuit – Gemeinwohl geht vor Profit

Und nun zu Julianehaab: die Stadt wurde 1775 von dem dänischen Kaufmann Andreas Olsen gegründet, der die geographischen
Vorzüge dieses gut geschützten Naturhafens (der allerdings von Mitte März bis Anfang August durch ausgedehnte Eisfelder blockiert
ist) und das vorzügliche Jagdrevier in der Insel- und Schärenum-
gebung zu schätzen wußte. Seit damals hat dieser Handelsplatz
nichts von seiner Bedeutung für Grönland verloren. Die Stadt ist
heute mit 3300 Einwohnern die größte im Süden des Landes und
Hauptsitz aller Verwaltungs- und Versorgungseinrichtungen der Region. Insgesamt ist sie die viertgrößte Stadt Grönlands, was man
nur verstehen kann, wenn man weiß, daß in diesem riesigen Land
(achtmal so groß wie das Mutterland Dänemark) nur 50 000 Menschen leben – gerade soviel, wie eine deutsche Kleinstadt Einwohner
zählt.

Endlich mal wieder in einem angenehmen Hafen, wollen Erich,
Folkmar, Hubert, Sepp und Kalle den ersten Abend mit der nötigen
Ruhe verbringen. Behaglich im Cockpit ein Bierchen trinken und eine
Scheibe Brot essen, das ist alles, wozu sie nach diesem ereignisreichen
und anstrengenden Tag noch Lust haben. Klaus und mich hingegen
zieht es mit Macht zu einem ersten Erkundungsgang an Land. Ist
unsere Aktivität vielleicht darauf zurückzuführen, daß wir uns endlich
wieder frei von Seekrankheit fühlen? Jedenfalls sind wir der Meinung, daß wir nach der vielen Kocherei an Bord ein gepflegtes Mahl
an Land verdient haben. Also betreten wir noch am Abend erstmals
grönländischen Boden.

Es geht vorbei an der einzigen Gerberei Grönlands – bei den klimatischen Gegebenheiten halten die Grönländer das Gerben ihrer Felle nicht für unbedingt notwendig – und dann durch eine kleine Werft, auf der die Rümpfe der Fischerboote mit Eisenplatten belegt werden, um sie so vor Treibeis und Growlern zu schützen. Schließlich gelangen wir auf eine Schotterstraße, die zu den am Hang erbauten Häusern hinauf führt. Ein Landrover rattert vorbei, und einige Grönländer ziehen eingehakt und fröhlich lachend an uns vorüber. Wir entdecken auch ein europäisches Gesicht: Der Leiter des Kolonialwarenladens der Königlich-Grönländischen Handelsgesellschaft ist Däne, spricht englisch und beantwortet bereitwillig unsere Fragen. Duschen könnten wir morgen im Seemannsheim, das Touristenbüro sei am Hafen, und ganz in der Nähe, auf einem kleinen Marktplatz, gebe es einen Kolonialwarenladen und eine Bäckerei. Im Seemannsheim könnten wir zwar essen, meint er, aber heute am Freitag, hier Zahltag, trieben sich dort stets viele Betrunkene herum. Wir sollten besser zum Restaurant „Nanuk" (Eisbär) gehen, ein Stückchen weiter oben an der Straße. Kurze Zeit später sitzen wir auch schon in diesem kleinen Restaurant inmitten einiger Dänen und Grönländer, die hier ebenfalls essen, und feiern bei Kerzenlicht, einer Flasche Rotwein und vorzüglicher dänischer Küche unseren gelungenen Landfall.

Am nächsten Morgen strahlt die Sonne wieder. Das Thermometer zeigt 12° C, das Wasser ist spiegelglatt, und in der Bucht schwimmen andere Eisberge als gestern. Fast unbemerkt ziehen sie herein und wieder hinaus und ändern ständig die Kulisse. In Julianehaab wird es in dieser Beziehung nie langweilig.

An die Hänge der Berge, die den Hafen halbkreisförmig umschließen, schmiegen sich freundlich bunte, einzeln stehende skandinavische Holzhäuschen. Nur wenige Zement- und Betonbauten stören das Bild. Ein paar blaue Minibusse und einige Landrover fahren durch die Stadt, aus der keine Straße führt. In der Bäckerei am Marktplatz gibt es frische, dampfende Brötchen, und im Kolonialwarenladen gleich daneben Marmelade und Kaffee. Müsli bleibt an diesem Tag im Schapp. Nach einem kräftigen Frühstück und einer heißen Dusche im Seemannsheim meint Hubert zwar, nun könne mit der Überquerung des grönländischen Inlandeises begonnen werden, aber ganz so fit ist die Mannschaft doch nicht. Erich leidet, wie meist bei längeren Törns, unter erheblichen Anpassungsschwierigkeiten an Land, die sich in Kopfschmerzen und Müdigkeit äußern und ihm seinen gewohnten

Tatendrang rauben. Und auch der Rest der Crew sehnt sich nach einem mehrtägigen ruhigen Landaufenthalt.

Unseren Plan, mit der FREYDIS sogleich in die Fjordlandschaft hinter Julianehaab zu segeln, um Brattahlid und Gardar, die ehemaligen Wikingersiedlungen, zu besuchen, lassen wir deshalb fallen. Wozu gibt es schließlich Hubschrauber? Vielleicht können Erich und ich ja dorthin fliegen? Fast wie eine Pflicht erscheint es uns jedenfalls, diese Orte aufzusuchen, wo einst auch die Wikingerfrau Freydis lebte, nach der unsere Yacht benannt ist. Als ich mich im Touristenbüro erkundige, erfahre ich jedoch, daß für den nächsten Tag alle Flüge nach Narssarssuaq, dem Ausgangspunkt der Ausflüge nach Brattahlid und Gardar, ausgebucht sind. Auf alle Fälle sollten wir jedoch beide an diesem Nachmittag eine Stunde vor Abflug der Maschine im Heliport *stand by* sein. Imaqa (Imaqa heißt „vielleicht" und ist das gebräuchlichste Wort in Grönland; es erinnert uns fatal an das spanische „mañana"), imaqa wird das Wetter morgen gut, vielleicht fährt das Schiff um 10.00 Uhr, vielleicht geht der Hubschrauber, vielleicht werden ja zwei Plätze frei . . .

Bis dahin habe ich noch einige Stunden Zeit, um mir das Städtchen näher anzusehen. Am Marktplatz, wo der einzige Springbrunnen Grönlands sprudelt, finde ich in einem kleinen Museum bemerkenswerte Ausgrabungsgegenstände aus der Wikingerzeit. Als Beispiel für frühe grönländische Behausungen ist dort auch eine kleine Erdhütte mit Inventar aufgebaut. Im Buchladen nur ein paar Schritte weiter stehen Schnitzereien aus Walroßzähnen und Walknochen zum Verkauf. Meist sind es Tulipaks, die nur von grönländischen Eskimos geschnitzt werden: kleine Dämonenfiguren mit merkwürdigen Fratzen oder Tierköpfen, oft auch in kombinierter Mensch-Tier-Gestalt. Diese helfenden Geister sollen ihre Besitzer vor Bösem schützen und andererseits Unglück über deren Feinde bringen. Nach altem Eskimoglauben können sie sogar stellvertretend für ihre Besitzer Streitereien austragen; schon deshalb müssen sie besonders furchterregend aussehen. Tulipaks gibt es mit ganz unterschiedlichen Fähigkeiten und für die verschiedensten Anlässe. Da man sich aber – wie ich höre – gar nicht so hundertprozentig auf sie verlassen kann, weil sie möglicherweise von einem starken Gegner umgedreht werden und dann ihre zerstörerische Kraft gegen den Besitzer selbst richten, erscheint mir der Besitz eines Tulipaks nicht ganz ungefährlich, und ich sehe deshalb auch von einem Kauf ab.

Die Bücher auf den Regalen sind fast ausschließlich in grönländischer Sprache geschrieben. Gemessen an der Zahl der Einwohner, kommt mir diese Literatur recht umfangreich vor. Die Prosa scheint sich vor allem mit historischen Begebenheiten zu befassen, mit dem Verhältnis Mensch/Natur und seit den 60er Jahren, vor dem Hintergrund der Unabhängigkeitsbestrebungen, auch mit gesellschaftskritischen und politisch-soziologischen Themen. Deutsche oder englische Übersetzungen grönländischer Gegenwartsliteratur gibt es nicht, so daß ich mir kein eigenes Urteil erlauben kann, sondern auf Informationen aus zweiter Hand angewiesen bin.

Ein Stückchen weiter führt eine kleine Brücke mit Holzgeländer über einen Bach, der aus den Bergen kommt. Auf der anderen Seite steht die rote, 200 Jahre alte Holzkirche, in der ein Rettungsring der HANS HEDTOFT aufbewahrt wird. Der dänische Kombifrachter sank 1959 nach der Kollision mit einem Eisberg 60 sm südlich von Kap Farewell mit 95 Besatzungsmitgliedern und Passagieren an Bord. Der Rettungsring, das einzige Überbleibsel des Schiffes, trieb über 1000 km von der Unglücksstelle entfernt an der isländischen Küste an.

Ein Gedenkstein vor der Kirche ist Hans Egede, dem „Grönland-Apostel" gewidmet, dem die größte Insel der Erde ihre feste Bindung an Dänemark verdankt. Als Hans Egede 1721 als armer lutherischer Landpfarrer mit Frau und Kindern von Dänemark nach Grönland übersiedelte, war er von dem Wunsch beseelt, seinen Glaubensbrüdern unter den Wikingern, die sich hier um das Jahr 1000 niedergelassen hatten und zu denen seit 200 Jahren jeglicher Kontakt fehlte, Hilfe zu bringen. Egede und seine kleine Begleitung waren nach langer Unterbrechung die ersten Europäer, die sich wieder fest ansiedelten. In den Jahrhunderten zuvor hatte es auf Grönland lediglich Walfänger-Stützpunkte gegeben, die nur während der Fangsaison bewohnt waren.

Als Egede kam, waren die Wikinger-Kolonisten, die er suchte, bereits ausgestorben. Er fand nur ganz vereinzelt Ruinen von Häusern und Kirchen aus ihrer Zeit, beispielsweise die von Brattahlid und Gardar. Aber er fand auch eine neue Lebensaufgabe, der er sich mit Hingabe widmete: die Bekehrung der Eskimos, unter denen er 15 Jahre als Missionar lebte. Zwar hatten auch die christianisierten Wikinger bereits Kontakte mit den Eskimos gehabt, jedoch keinen Einfluß auf deren Leben und Kultur genommen. Erst als zu Beginn des 17. Jahrhunderts die Walfänger nach Grönland kamen, war die bis dahin in sich geschlossene, intakte Gesellschaftsordnung der Eskimos aufgebrochen und meist auf immer zerstört worden.

Neben seiner Missionstätigkeit sah Egede deshalb den Schutz der Eskimos vor der Ausbeutung und Brutalität der Walfänger und Händler als eine seiner Hauptaufgaben an. Zu Recht ging er als „Apostel Grönlands" in die Missionsgeschichte ein. Er gründete Godhaab – „gute Hoffnung" –, die erste dänische Kolonie auf Grönland, wo 1728 der erste dänische Handelsposten eingerichtet wurde. Es folgten noch mehrere Niederlassungen, und Egedes Kolonisations- und Missionswerk nahm eine gedeihliche Entwicklung, trotz anfänglich sehr geringer Unterstützung seitens der dänischen Regierung und trotz einer Reihe widriger Umstände, die mehr als einmal das Fortbestehen des Unternehmens in Frage stellten. 1731, als eigentlich schon beschlossen war, die keine Erträge bringende Kolonie aufzulösen, rettete Graf Zinzendorf, der Begründer der Deutsch-Herrnhuter Brüdergemeinde, mit seinen Verbindungen zum dänischen Hof Egedes Lebenswerk, indem er es durch Entsendung von Herrnhuter Missionaren unterstützte.

Der von Egede 1728 in Godhaab gegründete Handelsposten wurde zum Keim der 1771 von der dänischen Regierung aufgebauten Königlich-Grönländischen Handelsorganisation (KGH). Sie sollte ausschließlich dem Wohl der Grönländer dienen und besaß bis 1950 das Handelsmonopol für Grönland. Auch nach dessen Aufhebung blieb die KGH für die Sicherstellung der Versorgung, für die Verarbeitung und den Absatz grönländischer Produkte sowie für den Verkehr verantwortlich. Ihr Emblem – ein Eisbär auf blauem Feld – ziert die Fahne, die am Eingang unseres Kolonialwarenladens flattert. Die KGH unterschied sich dank ihres tatsächlich praktizierten Gemeinwohl-Charakters stark von den profitgierigen Ausbeutungsgesellschaften der anderen europäischen Kolonialmächte. Besonders positiv hob sie sich von der berüchtigten kanadischen Hudson Bay Company auf der anderen Seite der Davis-Straße ab.

Auf den Spuren der Freydis

*Per Hubschrauber zur „großen Ebene" – In der Residenz
Eriks des Roten – Eispaläste und Wikinger-Ruinen –
Von der Heimat vergessen – Grönlands letzte Kajakfahrer:
zwei Bayern aus München*

Eine Stunde vor Abflug machen wir uns mit Seesack, Film und Foto-
ausrüstung auf in Richtung Heliport. Die steile Holztreppe, die statt
einer Straße zur oberen Etage des Berghangs führt, läßt uns mit dem
vielen Gepäck außer Atem kommen, aber letztlich lohnt sich die
Schlepperei dann doch. Der Hubschrauber ist zwar mit 25 Passagieren schon voll besetzt, aber die Besatzung macht für uns noch zwei
Reserveplätze frei.

Wir fliegen ziemlich tief am Rand des Inlandeises dahin, kahle
Berge, Gletscher und Seen ziehen an uns vorüber: Grönland gilt –
neben der Antarktis – als der größte „Kühlschrank" der Erde. Da wir
nun beide Gebiete kennen, können wir diese Bezeichnung mit gutem
Gewissen bestätigen. Rund vier Fünftel der Insel sind mit Eis bedeckt.
Eisfrei ist nur der 100 bis 200 km breite Felsgürtel entlang der Küste,
der wie der Rand einer Schüssel den Inlandeisblock umfaßt. Dieses
Eis hat immer wieder zu Überquerungen gereizt, die nicht selten
dramatisch verliefen und oft tragisch endeten. Übrigens sollen die
gewaltigen grönländischen Eismassen – so sagen die Wetterforscher –
für die Entstehung der berüchtigten Islandtiefs mitverantwortlich
sein.

Im kristallklaren, grünen Wasser der Fjorde treiben Hunderte von
Eisbergen, deren Ausdehnung unter Wasser ich von oben bis fast auf
den Grund verfolgen kann. Einsamkeit liegt über der Landschaft:
nirgends eine menschliche Behausung, nirgends ein Schiff. An einem

Berghang entdecke ich Teile eines Flugzeugwracks, aber das Rotorge-
räusch des Helikopters klingt beruhigend gleichmäßig. Der Navigator
liest einen Krimi. Wo jetzt wohl die DUTCH VIKING mit Evelien und
Henk ist? In Julianehaab habe ich nichts über sie erfahren können.
Vielleicht schweben sie ja gerade – wie geplant – über Südgrönland
hinweg, viele tausend Meter über uns?

Kurze Zwischenlandung in Narssaq, was grönländisch „die Ebene"
heißt. Daß diese Ebene auch den Europäern schon lange bekannt war,
beweisen die vielen Ruinen ehemaliger Normannensiedlungen in
ihrer Umgebung. Bei Narssaq werden schon seit langem wertvolle
Mineralien gefunden. Karl-Ludwig Gieseke, Mineraloge aus Augs-
burg, der auch auf anderen Gebieten sehr erfolgreich war (er schrieb
den Text zur „Zauberflöte", der dann von Schikaneder für Mozarts
Oper adaptiert wurde), hatte zusammen mit den Herrnhuter Missionaren bereits Anfang des 19. Jahrhunderts die meisten dieser Mineralien und ihre Fundstätten ausgemacht und beschrieben. Sicherlich
hatte er aber nichts geahnt von den riesigen Uranvorkommen, die hier
im Kvanefjeld lagern und erst kürzlich entdeckt wurden. Für die
Grönländer wäre eigentlich zu hoffen, daß es nicht zu einem Uran-
boom kommt, sondern daß dieser „Schatz" weiterhin auf Eis gelegt
bleibt. Bis jetzt läßt er sich noch nicht rentabel genug abbauen.

Nach etwa einer Stunde sind wir am Ziel Narssarssuaq, der „großen
Ebene". Sie liegt 60 km vom offenen Meer entfernt am Ende des
Tunugdliarfik- oder Eriksfjordes. Auf diesem Sandplateau haben die
Amerikaner im Zweiten Weltkrieg einen Flugplatz als Stützpunkt für
ihre Marine und Luftwaffe gebaut, der später den Dänen übergeben
wurde. Heute landen hier, auf dem Knotenpunkt für alle weiterführen-
den Inlandsflüge, zweimal wöchentlich die Linienmaschinen aus Kopenhagen und Keflavik.

Von Narssarssuaq aus werden auch die Einsätze des Eiswarndien-
stes geflogen, der 1959 nach dem Untergang der HANS HEDTOFT
eingerichtet worden ist und hier seine Zentrale hat. Eigentlich haben
wir uns Narssarssuaq als eine kleine Stadt vorgestellt; aber außer dem
Flugplatz und der Wetter- und Eisstation gibt es hier nur noch ein
kasernenartiges 200-Betten-Hotel für die Fluggäste. Der erste, etwas
ernüchternde Eindruck wird aber schon in der Empfangshalle des
Hotels wieder gebessert. Dort erwartet uns nicht nur eine freundliche
und internationale Atmosphäre, sondern es ist auch ein Hauch von
arktischem Abenteuer zu spüren. Da steht eine Gruppe Dänen, die

gerade von einer Bootsfahrt durch die Fjorde zurückgekommen ist, neben drei echten Bayern mit Gamsbarthüten, Bundhosen und Nagelschuhen, die von ihrer Wanderung zum Inlandeis schwärmen. Im Souvenirshop probieren zwei Italienerinnen wort- und gestenreich aus, ob die zum Verkauf stehenden Silberfüchse ihren Hals auch standesgemäß kleiden würden, während gleichzeitig die Jüngsten einer Inuitfamilie vergeblich versuchen, an einem lebensgroßen Eisbären aus Gips hochzuklettern, der in Angriffshaltung am Eingang postiert ist.

Wir haben für unsere Ausflüge nach Brattahlid und Gardar nur den nächsten Tag eingeplant. Auf dem Hotelprogramm steht nun aber lediglich der Ausflug nach Gardar. Die freundliche Hotelleitung hat jedoch ein Einsehen mit uns und macht doch beides möglich. Zwei Grönländer, Angestellte des Flughafens, die ein kleines Motorboot besitzen, erklären sich bereit, uns am nächsten Tag in aller Frühe nach Brattahlid auf die gegenüberliegende Fjordseite zu bringen. Danach würden wir uns dem Ausflug nach Gardar um 11 Uhr anschließen können.

Im Arktis-Restaurant des Hotels essen wir am Abend, wie es sich in Grönland gehört, Eismeerkrabben und Lammbraten. Nur die Julio-Iglesias-Songs wollen nicht so recht zum Blick auf die Eisberge passen. Später, als wir noch ein Weilchen in den bequemen Sesseln der Arktis-Bar sitzen, lese ich sozusagen zur Einstimmung für den nächsten Tag noch einmal die abenteuerliche und von höchstem Wagemut geprägte Geschichte der Wikinger in Grönland.

Erik der Rote, ein Hitzkopf und Raufbold, war wegen Totschlags aus Island verbannt worden. Im Jahr 985 machte er sich auf die Suche nach dem Land im Westen, das der Wikinger Gunbjörn schon hundert Jahre zuvor gesichtet hatte, als er auf dem Weg von Norwegen nach Island in einem Sturm abgetrieben war. Erik der Rote stieß zunächst auf die eisgepanzerte Ostküste Grönlands. Er ließ sich mit dem Treibeis nach Süden driften und rundete die südlichste Spitze, das heutige Kap Farewell. Den Winter verbrachte er auf der Eriks-Insel in der Nähe von Julianehaab. Als das Eis im Frühjahr aufbrach, segelte er weiter entlang der Westküste und forschte nach Siedlungsmöglichkeiten bis hinauf zum 65. Breitengrad, wo heute Godthab liegt. Pollenanalytische Untersuchungen haben in den letzten Jahren bewiesen, daß unter dem Einfluß einer Wärmeperiode zu dieser Zeit der Pflanzenwuchs vor allem im Südwesten der Insel üppiger war als heute. Erik fand also tatsächlich überwiegend grünes Land vor.

Nach seiner Verbannung wieder nach Island zurückgekehrt, rührte er kräftig die Werbetrommel für sein neu gefundenes Land, gab ihm den zugkräftigen Namen „Grünland" und schwärmte von den fischreichen Fjorden, fetten Weiden und reichen Jagdgründen. Bei vielen Isländern, die auf bereits knapp gewordenem, kargem Land ein armseliges Leben fristeten, traf diese Nachricht auf offene Ohren. Noch im selben Sommer verließen 25 dickbauchige Schiffe voller Kolonisten, Hausrat und Vieh den Breidafjördur in Island in Richtung Grönland, wo allerdings nur 14 ankamen. Erik der Rote verteilte sein Land unter die Siedler und herrschte über sie als unbestrittener Patriarch. Er war, wenn man so will, der erste europäische Staatengründer in Nordamerika (Grönland gehört geographisch zu Amerika). Seine Residenz errichtete er in Brattahlid an einem kleinen Fjord, den er nach sich selbst Eriksfjord taufte.

In den nächsten Jahren folgten noch viele Kolonisten aus Island und Norwegen. Nach und nach wurden zwei Regionen bevorzugt besiedelt: einerseits die Westsiedlung (Vestribygd) im Hinterland des heutigen Godthab und andererseits die Ostsiedlung (Eystribygd), wozu auch Brattahlid und Gardar gehörten, im Hinterland des heutigen Julianehaab. Allein rund um Brattahlid gab es schließlich 190 Höfe mit etwa 2000 Siedlern, viel mehr als heute. Der besiedelbare Raum war aufgebraucht, so daß es kein Wunder war, daß der Expansionsdrang der Wikinger nach Westen, der schon zur Besiedlung der Orkneys, Faröer und Islands geführt hatte, auch in Grönland noch kein Ende fand.

Es war Leif, der Sohn Eriks, der von Brattahlid auszog und als erster Europäer wahrscheinlich im Jahr 1003 die Küste Nordamerikas betrat, also fast 500 Jahre, bevor Kolumbus oder John Cabot in der Neuen Welt auftauchten. Leif Erikson ließ sich in einer Gegend nieder, die er „Vinland" (Weinland) nannte und die möglicherweise identisch ist mit der Nordspitze Neufundlands. Die Ausgrabungen von Helge Ingstad in L'Anse aux Meadows sprechen jedenfalls dafür. Nach seiner Rückkehr erhielt Leif den Beinamen „der Glückliche", da die Wikinger glaubten, in Vinland – wo es Holz im Überfluß, riesige Viehweiden, Rentiere, Lachse und sogar Weintrauben geben sollte (wahrscheinlich waren es große Waldbeeren, die dort überall wachsen) – endlich ihr lang gesuchtes Paradies gefunden zu haben. Außerdem schien das Land völlig unbewohnt zu sein.

Voll Hoffnung setzten die landhungrigen Siedler alsbald von Brattahlid die Segel zu neuen Vinland-Fahrten, an denen nicht nur die anderen beiden Eriksöhne Thorwald und Thorstein, sondern auch ihre Halbschwester Freydis teilnahmen. Aber sie mußten bald eine schlimme Entdeckung machen: In diesem Land waren sie nicht die einzigen. Skraeglinger, „häßliche, unansehnliche Menschen", wie die Normannen verbittert die Ureinwohner nannten (offensichtlich waren es Eskimos), machten ihnen das Leben in Vinland immer unerträglicher. Reibereien und oft verlustreiche Kämpfe mit den Skraeglingern zermürbten die Siedler auf Dauer so sehr, daß sie schließlich das Unternehmen Vinland für gescheitert erklärten und nach Grönland zurücksegelten. Freydis soll sich übrigens mit außerordentlichem Mut und solcher Leidenschaft an den Kämpfen gegen die Skraeglinger beteiligt haben, daß diese eingeschüchtert eiligst das Weite suchten. Als echte Tochter Eriks des Roten wollte Freydis die Siedlung in der Neuen Welt auch nicht so kleinmütig schnell aufgeben und organisierte deshalb eine neue Expedition nach Vinland, die sie selbst anführte. Dort soll das Unternehmen dann allerdings in einem Blutbad sein Ende gefunden haben, als Freydis in einem Streit nicht nur ihre beiden isländischen Gefährten, sondern auch deren fünf Frauen mit der Axt erschlug.

Eine andere nordische Saga erzählt diese Geschichte wieder ganz anders – wie bei allen Sagas lassen sich Wahrheitsgehalt und schmückende Einzelheiten kaum trennen. Richtig und für wahr nehmen kann man auf jeden Fall die Grundstrukturen, in diesem Fall die Siedlungs- und Kolonisationspolitik der isländischen Wikinger Nordamerikas. Und allein diesen Spuren wollen wir ja folgen.

In den glatten Wassern des Eriksfjords spiegeln sich die Eisberge in der Morgensonne, als wir mit dem kleinen Fischerboot zur anderen Fjordseite fahren. Nach kaum 15 Minuten sind wir am Ziel. Mit Brattahlid oder Qagssiarssuk, wie heute die kleine Schafzüchtersiedlung heißt, hatte sich Erik der Rote keinen schlechten Ort ausgesucht. Im Schutz gedrungener Berge liegt ausgedehntes, saftig grünes Weideland fast so, wie ich es mir nach den Sagen vorgestellt habe. Einer der Schafzüchter, ein Inuit, begleitet uns zu den Resten der Wikingersiedlung. Von dem einst blühenden Hof in Brattahlid ist, kein Wunder nach fast 1000 Jahren, nicht mehr viel übriggeblieben. Man muß schon etwas Phantasie haben, um in den grasbewachsenen Erdhügeln, zwischen denen die Schafe weiden, die Fundamente der Wohnhäuser und Stallungen der ersten Siedler zu erkennen.

Rechtzeitig um 11.00 Uhr kommen wir zurück an die kleine Hafenpier von Narssarssuaq, um uns der Gruppe anzuschließen, die nach Gardar will, dem ehemaligen Bischofssitz der Wikinger. Als wir den Eriksfjord hinunterfahren, strahlt die Sonne, als wolle sie uns zeigen, was für eine Kraft sie auch in diesen nördlichen Breiten noch hat. Eine Traumwelt driftender Eisberge, im Sonnenlicht glitzernd und funkelnd wie mit Diamanten besetzt, zieht an uns vorbei. Aus dem Qoroqfjord, einem schmalen Seitenarm des Eriksfjords, drängen sich Tausende von Growlern und Eisbergen, die alle von dem großen Qorqupgletscher stammen und hier ihren Weg hinab zum Meer antreten. Eine Robbe taucht zwischen den Eisbrocken auf, sieht uns und ist gleich darauf wieder verschwunden, um sich Nahrung zu suchen; für uns werden Sandwiches aus dem Hotel herumgereicht.

Nach einer Stunde Fahrt gehen wir in einer kleinen, unbewohnten Bucht an Land. Ein etwa 3 km langer Weg führt über eine hügelige Landenge mit Schafweiden und vereinzelten Höfen. Beim Blick von den Hügeln offenbart sich uns auf der anderen Seite der Landenge ein Bild des Friedens und der vollkommenen Harmonie: Inmitten von weiten grünen Hängen, auf denen Schafe grasen, liegt das kleine malerische Dorf Igalico (die Nachfolgesiedlung Gardars) am tiefblauen Wasser des gleichnamigen Fjords. Wie Julianehaab ist Igalico eine Gründung von Andreas Olsen. Aber es ist die erste Siedlung Grönlands auf landwirtschaftlicher Grundlage. Wie in Qagssiarssuk, dem ehemaligen Brattahlid, leben die Einwohner Igalicos hauptsächlich von der Schafzucht, die nur hier im Süden des Landes möglich ist. Sie war in diesem Gebiet zwar bereits von den Wikingern betrieben worden, erneut planmäßig aufgenommen wurde sie aber erst Anfang unseres Jahrhunderts, nachdem 1909 der in Grönland geborene Pfarrer Jens Chemnitz in dem kleinen Dorf Friedrichsthal erste Versuche mit isländischen Schafen erfolgreich abgeschlossen hatte. Zwar fördert der Staat die Schafzucht mit allen Mitteln, besonders kalte Winter führen jedoch immer wieder zu Katastrophen und schweren Rückschlägen.

Eskimos bei der Feldarbeit zu Pferde und auf Traktoren – das ist hier kein ungewöhnliches Bild. Während unseres Aufenthalts im Dorf wird aber nicht nur gearbeitet. Vor einem der Häuser spielt eine Eskimoband flotte ländliche Musik. Die Musiker proben für eine

Hochzeit, die am nächsten Tag in der kleinen Kirche von Igalico stattfinden soll.

Eine alte Eskimofrau zeigt mir ihre Handarbeiten: bunte, gestickte Perlenketten in vielen Farben. Ob ich eine kaufen wolle? Ich suche mir eine wunderschöne blau-rote aus. Sichtlich froh, daß mir ihre kleinen Kunstwerke gefallen, legt sie mir die Kette um den Hals. Die Perlenstickerei geht übrigens auf die Walfängerzeit zurück, als die Eskimos Pelze und Walroßzähne gegen bunte Glasperlen eintauschten.

Erich und die Gruppe sind inzwischen auf dem Weg zu den Ruinen der Kathedrale, die während der Wikingerzeit im 12. Jahrhundert erbaut worden war, als Gardar Sitz des Bischofs von Grönland wurde. Es war Leif Erikson gewesen, der 1024 das Christentum von einem Norwegenaufenthalt nach Grönland mitgebracht hatte, nachdem er sich dort hatte taufen lassen und König Olaf Tryggvasson versprochen hatte, die Grönländer zu bekehren. Zu diesem Zweck brachte er auch gleich einen Priester mit. Vater Erik war von den Plänen seines Sohnes gar nicht angetan, da er befürchtete, der neue Glaube könne seine Macht schwächen. Leichter gewann Leif seine Mutter Thjodhild für den neuen Glauben. Auf deren Veranlassung wurde dann auch in Brattahlid die erste Kirche Grönlands gebaut, eigentlich eine Kapelle, in der kaum 20 Menschen Platz fanden (sie wurde übrigens erst 1961 wiederentdeckt).

Obwohl Erik der Rote selbst am Odins-Kult festhielt, konnte er den Siegeszug der neuen Lehre nicht aufhalten. Von Jahr zu Jahr gewann sie mehr Anhänger, entsprechend wuchs die Zahl der Kirchen, und schließlich hielten es die Siedler für notwendig, einen eigenen Bischof zu bekommen. Einar, ein Urenkel Eriks des Roten, wurde zu Norwegens König Sigurd geschickt, wo er mit wertvollen Geschenken der Bitte um einen eigenen Bischof den nötigen Nachdruck verlieh. Grönland bekam seinen Bischof, und der Bischof bekam seine Kathedrale in Gardar. Diese kreuzförmig gebaute Kirche, deren Mauerruinen aus Sandstein heute noch zu sehen sind, war mit ihren Abmessungen von 24 × 16 m für arktische Verhältnisse geradezu ein Monumentalbau. Zum Bischofssitz gehörten zwei Klöster und natürlich auch ein großer Hof mit Ställen für hundert Rinder, mit Speichern, Schmieden und Badehäusern. Die Ruinen zeugen von einem erstaunlichen Wohlstand der ehemaligen Bischofstadt. Der Bischof selbst war – wie von Erik vorausgeahnt – bald der einflußreichste Mann unter den Grönlandwikingern, und Gardar wurde zum Sitz des gesamtgrönländischen Things, der Volksvertretung nach dem Muster Islands. Zudem waren Gardar und Brattahlid wichtige Handelszentren für die Grönländer, die unter einem ständigen Mangel an Holz, Eisen und Getreide litten und auf den Import dieser für sie lebensnotwendigen Güter angewiesen waren. Beliebte Tauschobjekte waren Walbarten, Narwalzähne, Felle von Eisbären, Robben und Polarfüchsen, besonders jedoch Walroßzähne, die als Elfenbein für kirchliche und profane Kunst in Europa heiß begehrt waren. Dafür lohnte sich sogar die Fahrt in die gefürchteten Gewässer Grönlands, bis im Gefolge der Kreuzzüge afrikanisches und indisches Elfenbein billiger und gefahrloser nach Europa gelangte. Das Interesse an den Siedlern Grönlands verringerte sich bald auf ein Minimum. Dem Verlust der für sie lebenswichtigen Verbindung mit Europa versuchten die Wikinger dadurch entgegenzuwirken, daß sie sich dem norwegischen König unterstellten. Als Gegenleistung verpflichtete sich dieser, Grönland weiterhin durch seine Handelsflotte anlaufen zu lassen, womit gleichzeitig eine Art Handelsmonopol verbunden war. Politische Wirren und der Ausbruch der Pest um 1330 auch in Norwegen führten jedoch dazu, daß immer seltener ein Schiff die grönländischen Siedlungen anlief. Sie gerieten langsam in Vergessenheit.

Das Ende der Wikingersiedlungen ist immer noch nicht restlos geklärt. Hier haben sicher mehrere Faktoren zusammengewirkt: eine Klimaverschlechterung um die Mitte des 13. Jahrhunderts, das Vordringen der Eskimos, die Vernichtung der Grundlagen für die Viehwirtschaft und der mangelnde Kontakt zu den Heimatländern. Das angeblich letzte Lebenszeichen der Wikinger, das Aufgebot einer Trauung aus dem Jahre 1408, stammt aus dem am besten erhaltenen Bauwerk der Wikingerzeit, der Kirchenruine von Hvalsey, 20 km nordöstlich von Julianehaab.

In der Nacht schlafe ich schlecht. Die „wilde" Wikingerin Freydis, die erste Frau, die eine Expedition nach Amerika führte, steht plötzlich auf unserer Yacht, die ihren Namen trägt. „Sie will unbedingt noch einmal nach Vinland, sie hat dort eine wertvolle Brosche vergessen", flüstert mir jemand ins Ohr. „Aber das geht doch nicht", antworte ich, „dort kommen wir gerade erst her." – „Dann wird es bestimmt Ärger geben", flüstert die Stimme weiter. Gleich darauf packt mich jemand am Arm. „Es ist sechs Uhr, wir müssen aufstehen, wenn wir den

Hubschrauber nicht verpassen wollen", weckt mich Erich.

In Julianehaab erwarten uns bereits Michael und Walter, unsere beiden Bergsteiger und Kajakfahrer aus München. Sie wollen uns bis Island auf der FREYDIS begleiten. Sie sind nicht etwa – wie wir – geflogen, sondern haben mit ihrem Gummikajak RUMBALOTTE eine abenteuerliche Fjordfahrt von Narssarssuaq durch den Eriks- und Igalicofjord bis nach Julianehaab hinter sich gebracht. Als ich übrigens den Fahrer des Ausflugsboots fragte, weshalb ich noch kein einziges Kajak auf dem Fjord gesehen hätte, meinte er, die Eskimos hätten heutzutage alle Motorboote, aber letzte Woche habe er auf dem Eriksfjord ein Gummikajak mit zwei verrückten Touristen gesehen. Das waren sicher unsere beiden Neuankömmlinge gewesen: Michael und Walter aus München – die letzten Kajakfahrer Südgrönlands!

Erich kennt Michael und Walter seit vielen Jahren von gemeinsamen Ski- und Klettertouren her. Michael, Alter 43, füttert hauptberuflich kleine und große Computer mit Daten. Nebenberuflich reitet er viele Steckenpferde: Bergsteigen mit besonderer Vorliebe für steile Eisflanken, Skitouren abseits der Pisten, Gerätetauchen zwischen Korallenriffen, Reiten, Fallschirmspringen und Ballonfahren; und wer ist schon wie er die Zugspitze mit dem Fahrrad hinuntergefahren? Michael ist ein Allroundsportler, der sich aber vorzugsweise zur „alpinen Dreifaltigkeit" bekennt: Klettern, Skifahren und Kanufahren.

Walter ist Studiendirektor an einer Münchener Schule. Lehrfächer: Chemie, Biologie und Sport. Seit Jahren sind Michael und Walter ein eingespieltes Team. Wie Michael hat auch Walter eine ganz besondere Vorliebe fürs Kanufahren. Als wir sie im vergangenen Jahr fragten, ob sie auf der Grönland-Island-Etappe mitsegeln wollten, waren wir bei ihnen genau an der richtigen Adresse: In Grönland konnten sie Bergsteigen und Kanufahren mit dem für sie noch unbekannten Segelsport verbinden.

Bei einem Treffen im vergangenen Winter besprachen wir in Leer nähere Einzelheiten, und schließlich stand der Plan fest: Die beiden würden nach Narssarssuaq fliegen und mit dem Kanu durch die Fjorde und das Eismeer bis nach Julianehaab paddeln, dem Treffpunkt mit der FREYDIS. Dabei wollten sie natürlich den einen oder anderen Berg „packen" – und vielleicht auch einen Eisberg besteigen. „Die Paddelstrecke hat etwa die Entfernung München–Innsbruck, das scheint uns machbar", meinte Michael zuversichtlich. RUMBALOTTE, der Zweier-Kanadier, hatte inzwischen seinen Test im Wildwasser am Lech bestanden und sich als Traum an Kippsicherheit und Wendigkeit erwiesen. Doch hinsichtlich der geplanten Eisbergbesteigung war ihnen beim Einlesen bald klar geworden, daß die weißen Brocken eine unangenehme Eigenschaft haben: Sie können kentern. Noch machte das Walter weniger Sorgen, ihn beschäftigte ein anderes Schreckgespenst, die Seekrankheit. „Ich trainiere jetzt häufiger meinen Gleichgewichtssinn", gab er mit ernster Miene kund. „Wie das geht? Ganz einfach: Ich trinke zwei halbe Hell-, dann einen Liter Weißbier. Leider schwanke ich danach immer noch."

Nun sind sie also an Bord der FREYDIS, haben 150 km Kajakfahrt und sogar einen Berg, den 1500 m hohen Redekamen, „gepackt", nur die Eisbergbesteigung wollen sie noch erledigen.

Durch Südgrönlands Fjorde

Urtümliche Landschaft aus Eis und Fels – Wo Berge segeln –
Lichtenau und die Herrnhuter Mission – Alkohol,
die morsche Krücke der Inuit

Bevor wir mit der FREYDIS nach drei Tagen – uns kommt es vor, als seien wir viel länger dort gewesen, weil wir in kurzer Zeit soviel Geschichte erlebt haben – den gastlichen Hafen von Julianehaab verlassen, sind auf unserem Boot noch dringende Reparaturen zu erledigen. So müssen die Steuerseile, die ja kurz vor dem Einlaufen nach Julianehaab gerissen sind, ausgewechselt werden. Die Baumwinsch wird zerlegt und neu justiert, ein Leck im Druckwassersystem abgedichtet, Kabelanschlüsse für die Lichtmaschine werden erneuert, ein Wackelkontakt in der Ölkontrolle wird beseitigt und eine neue Verbindung für das Motorschottbrett hergestellt.

Auch die Zusammensetzung der Crew ändert sich. Hubert, der noch eine Woche auf eigene Faust durch Grönland reisen will, bevor sein Urlaub zu Ende geht, verläßt uns. Mit Michael und Walter sind wir nun zu acht auf der FREYDIS. Zwar wird es eng, aber mit etwas gutem Willen findet sich in Schapps und festgezurrten Wäschekörben noch genügend Platz für den Inhalt der Rucksäcke. Zelt und andere Gegenstände, die unsere Bergsteiger während ihres Segeltörns nicht benötigen, werden in der Vorpiek verstaut und RUMBALOTTE, nach dem Luftablassen zu einem handlichen Bündel geschrumpft, wird vorn an der Reling festgebunden.

Am Nachmittag laufen wir bei strahlendem Wetter aus der Bucht von Julianehaab. Die See ist spiegelglatt und die Luft klar. Vor uns liegt eine ganze Woche Fahrt durch die Fjorde Südgrönlands. Unser erstes Ziel ist die etwa 50 sm entfernte Insel Unartoq. Dort soll es – als

64

1 Die Crew der ersten Arktis-
etappe: (von links) Folkmar,
Erich, Heide, Hubert, Sepp,
Klaus und Kalle

2 Folkmar mit grönländischem
Lachs

3 Unfreiwillige Eiswasserdusche

4 Neufundländer-Hund, ein Wahrzeichen des Landes

6

7

5 Vor der Küste Südgrönlands **5**

6 Freundlicher Empfang durch die
  Inuit in Augpillatoq

7 Robbenfelle trocknen auf der
  Wäscheleine

8 Mit dem Umiak im Reich der
  weißen Riesen

9 Riskante Eisberg-
   besteigung

10 Zur Alpinistenausrüstung
   gehört diesmal auch ein
   Tauchanzug

11 Erich untersucht ein Wal-
   becken

12 Spatelraubmöwe, ein
   dreister Jäger unter den
   arktischen Seevögeln

9

10

11

12

letzte Erinnerung an den in Grönland sonst längst erloschenen Vulkanismus – eine heiße Quelle geben, in der man Aug' in Aug' mit vorbeidriftenden Eisbergen baden kann. Dichter Nebel, der in den Fjord nicht einzudringen vermag, weil das umgebende, von der Sonne erwärmte Land ihn sogleich wieder auflöst, lauert nun unheilvoll draußen auf See. Sobald wir den Julianehaabfjord verlassen, verschluckt er uns auch schon.

Michael und Walter stehen am Bug und halten Ausschau. Wie aus dem Nichts tauchen die Eisberge gespensterhaft auf und verschwinden wieder. Zuweilen hört man nur Brandungsgeräusch oder ein Krachen, wenn irgendwo ein Eisberg „kalbt". Plötzlich teilt sich dann die Wolkenwand wie ein Theatervorhang. Eine geradezu atemberaubend schöne Welt liegt vor unseren vor Staunen immer größer werdenden Augen: ringsum Kolosse aus Eis, dahinter Berge mit bizarr geformten Spitzen und dann das Licht, dieses unvergleichliche arktische Licht! Der Himmel ist von einer Farbe wie dunkler Stahl, drohend und verführerisch zugleich. Diese optischen Eindrücke lassen sich mit Worten kaum wiedergeben. Wir können selbst nicht glauben, was wir sehen, und so fotografieren und filmen wir wie im Traum, drehen uns im Kreise, versuchen uns an unterschiedlichsten Blickwinkeln und Perspektiven – bis das Licht wieder verschwindet und einer deprimierend düsteren Stimmung weicht: die gegensätzlichen Gesichter des Nordens!

Zwar besitzen wir die besten Karten, die von dieser Gegend erhältlich sind, aber längst nicht alle Untiefen wurden kartographiert. Äußerste Aufmerksamkeit ist deshalb nicht nur wegen der Eisberge geboten, auch die zahlreichen Inseln und vorgelagerten Klippen verlangen auf dem Weg entlang der Küste nach Süden eine anstrengende Koppelnavigation.

Es wird schnell dunkler, Segeln bei Nacht ist unmöglich in diesem Schärengebiet. Höchste Zeit, einen Ankerplatz zu suchen. Ein paar Felsen tauchen auf, dahinter liegt eine Insel mit einer kleinen Bucht. Dort wollen wir unser Glück versuchen. Als die FREYDIS sich unter ganz kleiner Motorkraft durch eine enge Einfahrt zwischen Felsen und Klippen mogelt, zeigt das Echolot kaum 1,5 m an. Ab und zu scharrt der Schwenkkiel über die Felsen, kommt aber immer wieder frei, dann haben wir es geschafft. Noch vor Eintritt der Dunkelheit fällt der Anker in der von Eisbergen geschützten Bucht an der Südsüdwestseite der kleinen Insel Umanartut.

Die FREYDIS-Köche bereiten mit Sorgfalt den 5 kg schweren Lachs zu, den uns Fischer in Julianehaab geschenkt haben. Nach dem Filetieren wird er gewaschen, mit Mehl bestäubt, fachmännisch gewürzt, in Butter gebraten und dann mit grönländischen Minikartoffeln serviert, offensichtlich einer kälteresistenten Sorte. Nach unserem Mahl sind wir alle (außer Michael, der keine Freude an Fisch hat und sich mit Pellkartoffeln und Butter begnügt) sicher, niemals im Leben etwas Köstlicheres gegessen zu haben. Natürlich gibt es dazu auch einen guten Schluck aus dem „Weinkeller" der FREYDIS.

Kaum 50 m vom Ankerplatz entfernt driften in der Tide die Eisberge mit leuchtend weißen Bugwellen an uns vorbei, einer hinter dem anderen, und erinnern an gigantische Schießbudenfiguren, die auf einen Draht aufgereiht von unsichtbarer Hand vorbeigezogen werden. Bei dem flachen Ankergrund besteht zum Glück keine Gefahr, von ihnen gerammt zu werden; dennoch müssen kleine Growler und Eisstückchen während der nächtlichen Ankerwache häufig mit dem Bootshaken weggestoßen werden.

Am nächsten Morgen wieder Slalomlauf mit kratzendem Kiel durch die auf der Karte nicht verzeichneten Untiefen. Die Satelliten-Navigation hat über Nacht durch „iteratives Hochschaukeln" unseren vermuteten Standort bestätigt. Die Fahrt geht weiter durch Eisnebel. Erst als wir in den Unartoqfjord einbiegen, dringen wieder ein paar freundliche Sonnenstrahlen zu uns durch. „Die Insel Unartoq", schreibt David Cranz in seiner Grönland-Historie, „das ist das Warme, ein schönes grünes Eiland in der Mündung eines ehemals fruchtbaren Fjordes. Das Eiland hat den Namen von einem warmen Brunn, welcher sowohl im Winter als Sommer kocht und so heiß ist, daß ein da hineingeworfenes Stück Eis gleich schmelzt." Früher gab es hier sogar ein Benediktinerkloster, dessen Nonnen vom Erlös aus dem Kurbetrieb lebten, da man den heißen Quellen Heilkräfte gegen allerlei Gebrechen zuschrieb.

Als wir ankommen und vor der Nordostküste Unartoqs ankern, scheint durch den Nebelschleier fahles Sonnenlicht auf die grüne, mit felsigem Gestein durchwachsene Insel. Einige Steinmännchen – in den Alpen als Wegweiser bekannt – sind aufgestellt. Unsere Bergsteiger und Steinmanderl-Experten Michael und Walter wissen sie sogleich als Ortskennzeichnung der gesuchten heißen Quellen zu deuten. Also werden Shampoo und Handtücher eingepackt, und wir setzen in froher Erwartung auf ein heißes Bad mit dem Dingi zur Insel über. Aber soviel wir auch suchen, wir können keine heiße Quelle, keinen Tropfen warmes Wasser finden. Auch eine Erkundungsfahrt mit dem Dingi rund um die Insel bringt keinen Erfolg. Michael und Walter behaupten zwar steif und fest, ein kaltes Schlammloch, das sie zwischen den Felsen entdecken, sei der traurige Rest der ehemals heißen Quellen, aber wen kann das schon trösten? Von einem kalten Schlammbad auf Grönland hat schließlich keiner von uns geträumt.

Der unvorhergesehen kurze Aufenthalt in Unartoq hat aber auch sein Gutes. Nun bleibt uns nämlich noch genügend Zeit, Lichtenau, ein ehemaliges Missionszentrum der Deutsch-Herrnhuter Brüdergemeinde, zu besuchen, das nur 7 sm von Unartoq entfernt liegt. Die 1722 von Graf Zinzendorf gegründete, aus dem Pietismus hervorgegangene Gemeinschaft für evangelische Flüchtlinge aus Mähren mit Sitz in der Oberlausitz, deren Mitglied auch David Cranz gewesen war, hatte ab 1774 hier eine Kolonie unterhalten.

Der Nebel hat sich aufgelöst, die kargen, gebirgigen Schären und die Fjorde, die mit Eisbergen vollgestopft sind, bilden eine grandiose Szenerie. Zwischen den Inseln Unartoq und Igpik hindurch geht es auf den Lichtenaufjord zu. An seiner Mündung passieren wir Synproven, mit 560 Einwohnern die größte Ortschaft zwischen Nanortalik und Julianehaab. Knapp 3 sm fjordaufwärts sind es dann noch bis zur kleinen Bucht von Lichtenau, wo unser Anker fällt.

Während die übrige Mannschaft es vorzieht, sich an Bord ein wenig auszuruhen, rudern Klaus, Erich und ich an Land. Besonders mich interessiert die Geschichte dieses ehemaligen deutschen Missionszentrums. Zwischen Felsen und grünen Hügeln, auf denen ein paar Schafe grasen, liegt die Ortschaft Lichtenau, die nur aus sieben Häusern und einer schmucken kleinen Kirche besteht. Über schmale Trampelpfade zwischen verfallenden Häusern erreichen wir die im Fachwerkstil erbaute Kirche, die noch aus der Zeit der deutschen Missionare stammt und offensichtlich erst vor kurzem restauriert worden ist. Auf einem Gedenkstein erinnern Namen an die vielen Herrnhuter Brüder, die einst hier die Eskimos bekehrt, getauft und unterrichtet haben.

Als Lichtenaus bedeutendster Sohn gilt Samuel Kleinschmidt (1814–1885), der bis zum Alter von zehn Jahren hier wohnte und dann in Deutschland und Holland zur Schule ging. Doch das Heimweh trieb ihn als Missionar zurück nach Grönland. Während seines 40jährigen Wirkens widmete er sich neben der Missionstätigkeit bahnbrechend der Erforschung der grönländischen (Eskimo-) Sprache. Als

Systematiker dieser Sprache, die vermutlich auf altasiatische Sprachen zurückgeht und trotz geringer (kanadischer und alaskischer) Dialektunterschiede von allen Grönländern gesprochen und verstanden wird, betrat er absolutes Neuland. Noch heute grundlegend sind seine 1851 erschienene grönländische Grammatik und sein grönländisches Wörterbuch. Natürlich war für den Missionar Kleinschmidt eine Übersetzung des Alten und Neuen Testaments ins Grönländische selbstverständlich.

Wir wollen gern mehr über die ehemalige Missionsstation Lichtenau erfahren, doch im Gegensatz zu früher gibt es heute in diesem Örtchen weder Lehrer noch Pfarrer, und die einzige Europäerin, die dänische Kirchwartin der Gemeinde, ist mit ihrem Mann im Boot nach Synproven zum Einkaufen gefahren. Unser Kontakt mit den scheuen Grönländern beschränkt sich zunächst auf freundliches Zulächeln und Nicken. Als dann aber eine junge Grönländerin zu uns tritt und in gebrochenem Englisch fragt, woher wir kommen und ob sie uns helfen könne, nutzen wir die Gelegenheit, und es kommt schnell eine angeregte Unterhaltung in Gang. Über den weiten Weg, den wir mit der FREYDIS bereits zurückgelegt haben, wundert sie sich sehr, besonders aber darüber, daß wir ausgerechnet in Lichtenau – diesem kleinen, fast vergessenen Dorf am Südzipfel Grönlands – vor Anker gegangen sind. Nur noch 28 Einwohner leben hier, berichtet sie uns, während es vor 20 Jahren noch über 100 gewesen sind. Heute diene die Gemeinde der Resozialisierung vorwiegend alkoholgeschädigter Grönländer.

Der allzu schnelle Sprung in die westliche Zivilisation hat den Grönländern große Probleme gebracht. Der Verlust ihrer kulturellen Identität seit der Walfängerzeit und die hohe Arbeitslosigkeit sind die Hauptursachen für eine überdurchschnittliche Zahl an Alkoholikern.

Die Grönländer nennen sich übrigens selbst „Inuit", was soviel wie „Menschen" heißt. Das Wort „Eskimo" wird nicht gern gehört. Es ist die Verballhornung eines indianischen Namens, der „Esser von rohem Fleisch" bedeutet. Davon abgesehen, gibt es heutzutage eigentlich fast nur noch „Grönländer", da sich die Ureinwohner seit der Walfängerzeit so stark mit Europäern vermischt und auch ihre Lebensgewohnheiten in den letzten Jahren den Europäern so stark angepaßt haben, daß weder die eine noch die andere Bezeichnung stimmt.

72

Unsere Begleiterin führt uns zu dem kleinen Haus der ältesten Einwohnerin Lichtenaus, weil sie annimmt, daß diese uns noch etwas über die Deutschen erzählen könne. Agnete Lübert, eine 86jährige freundliche Inuitdame, sitzt am Fenster und hat uns bereits kommen sehen. Sie ist gerade mit der Stickerei eines kunstvollen, farbenfrohen Perlendeckchens fertig geworden. Diese feine Handarbeit ist ihr trotz ihrer alten Augen und ihrer von Rheuma gekrümmten Finger meisterhaft gelungen. Ein Kohleöfchen bullert neben dem Sofa und verbreitet wohlige Wärme in der gemütlichen Stube. Verblichene Bilder an den Wänden erzählen eigene Geschichten. Frau Lübert scheint sehr erfreut über unseren Besuch, bietet uns sogleich eine Tasse Kaffee an und fragt ihre Landsmännin, die als Dolmetscherin fungiert, immer wieder nach Einzelheiten über uns und die FREYDIS.

Sie selbst ist in Lichtenau geboren und hat auch ihr ganzes Leben hier verbracht. Ihre Eltern, so erzählt sie uns, hätten die Deutschen noch gut gekannt, die vor rund 80 Jahren alle abgereist seien. Viele hundert Menschen seien damals mit ihren Kajaks in die Bucht von Lichtenau gekommen, um sich von den beliebten Missionaren und ihren Familien zu verabschieden. Ich wußte aufgrund meiner Recherchen, daß sich zur damaligen Abschiedsfeier am 5. August 1900 die imponierende Zahl von rund 40 Booten und 220 Kajaks versammelt hatte, deren grönländische Insassen die Ansprachen dänischer und deutscher Missionare hörten und am Abschiedsgottesdienst im Freien teilnahmen.

Der Grund für den Abzug der Herrnhuter Missionare waren Differenzen mit den Dänen in der Auffassung des Missionsgedankens und Spannungen, die sich daraus im Lauf der Zeit entwickelten. Im Gegensatz zu den dänischen Missionaren – studierten Theologen – waren die Herrnhuter Laienprediger, die ein Handwerk erlernt hatten. Verstimmungen gab es, weil die Dänen den Herrnhutern unterstellten, sie würden ihre Schützlinge theologisch nicht gründlich genug auf die Taufe und die Christianisierung vorbereiten; extrem ausgedrückt: Sie würden „Show-Taufen" veranstalten und zudem die Eskimogemeinden aufsplittern. Obwohl die Herrnhuter geistliche und ökonomische Unterstützung aus ihrer europaweit verbreiteten Gemeinschaft erhielten, beschlossen sie dennoch, den dänischen Missionaren auf dänischem Hoheitsgebiet nicht mehr im Wege zu stehen. Trotz aller Gegensätze war es eine gütliche Einigung im Sinne des gemeinsamen Anliegens.

Nachdem wir uns diesen Exkurs in die Vergangenheit geleistet haben, drängt nun die Zeit; es heißt zurück in die Gegenwart und Abschied nehmen von Lichtenau, dem Ort, in dem wir nicht nur auf handfeste Quellen grönländischer Geschichte gestoßen sind, sondern wo wir auch Inuit – freundliche „Menschen" – näher kennengelernt haben.

Der Atem der Gletscher

Prozession der Eisriesen – Ankern zwischen Growlern –
Roter Spi vor weißen Monstern – Faszinierendes Polarlicht

Unter Segeln laufen wir aus der Bucht von Lichtenau. Auf unserer
Weiterfahrt bleiben wir zum Glück von Nebel verschont, dafür beginnt es zu regnen. Immer wieder halten uns Eisberge, Riffe und
blinde Klippen in Atem. Brecher signalisieren Untiefen, und Grundseen zwingen uns, eilig vom Land abzudrehen. Gegen 20.00 Uhr liegt
das Südkap der 200 m hohen Insel Qeqertarssuatsiaq querab. Danach
geht es an der über 1000 m hohen, nach Westen steil abfallenden
Felsenkette der Insel Sermersoq entlang, die größtenteils mit Eis
bedeckt ist. Wir wissen, daß es erst hinter Kap Egede, der noch einmal
gewaltig steil ansteigenden Südhuk der Insel, Möglichkeiten gibt,
zwischen den Klippen zu ankern. Deswegen haben wir gehofft, das
Kap noch mit dem letzten Licht zu erreichen. Doch der gegenlaufende
Tidenstrom versetzt unsere Fahrt derart, daß es bereits stockdunkel
ist, als wir das Kap schließlich runden können. Die Suche nach einem
Ankerplatz gestaltet sich schwierig und gefährlich. Man kann die
Hand nicht vor Augen sehen, und auch der Scheinwerfer bietet uns
wegen des diesigen Wetters keine große Hilfe. Vor der Küste der Insel
und den äußeren Schären steht nicht nur eine starke Dünung, sondern
auch eine üble Kreuzsee durch die von der Küste zurückgeworfenen
Brecher. Außer Walter, der in „Hab-acht-Stellung" am Niedergang an
der Kielkurbel steht, und mir am Echolot ist die gesamte Crew an Deck
und hält Ausschau nach verborgenen Untiefen und Klippen.
  Wir haben nur die Wahl zwischen zwei Übeln: risikoreiche Suche
nach einem Ankerplatz oder Abdrehen aufs offene Meer hinaus, wo
uns Nebel und Eisberge erwarten. Wir entscheiden uns fürs erstere.

75

Wie tastend bewegt sich die FREYDIS durch ein Labyrinth vorgelagerter Felseninseln, Klippen, gestrandeter Eisberge und driftender Growler, bis wir endlich vor der kleinen Insel Tasikok eine flache, vor Eisbergen geschützte Stelle finden. Erst beim dritten Versuch hält der Anker, dann tritt aber auch Ruhe ein. Nachdem sich die Anspannung bei allen etwas gelegt hat, kommt Michaels berechtigte Frage an Erich: „Wie habt ihr es bloß geschafft, hier hereinzufinden? Ich hatte überhaupt keine Orientierung mehr." Erich gibt zu: „Das war auch für uns gefährlich. So was läßt sich bloß mit dem Schwenkkiel riskieren. Trotzdem – hundertmal geht's gut, das 101. Mal kann's schiefgehen." Andererseits hätte Erichs Spruch draußen vor der Küste im Nebel zwischen Eisbergen die gleiche Gültigkeit gehabt. Die Chancen wären dieselben gewesen wie bei der Entscheidung für die Ankerplatzsuche.

Noch ein Wort zum Schwenkkiel, ohne den wir uns gerade in solchen gefahrenreichen Küstenrevieren nicht so relativ unbefangen bewegen könnten: Durch eine Handkurbel am Niedergang, mit der man den Kiel über Taljen aus Stahl hochziehen kann, läßt sich die Kielyacht FREYDIS mit zwei Meter Tiefgang sozusagen im Handumdrehen in ein Plattbodenschiff mit all seinen Vorzügen bei flachen Gewässern, Untiefen und beim Trockenfallen verwandeln. Aber trotz mehrfacher Übersetzung bleibt das Hochkurbeln des Drei-Tonnen-Kiels ein Kraftakt, und nicht von ungefähr stellte deshalb Erich fest: „Solange ich das Schwert noch hochkriege, können wir das Boot auch zu zweit segeln!"

Nun aber dümpelt die FREYDIS sachte, und die schon gewohnte Eisbergprozession treibt grauweiß an uns vorbei. Die Ankerwache wechselt stündlich. Da ich erst um fünf Uhr eingeteilt worden bin, verschwinde ich sofort in der Koje. Michael hat als erster Wache, und seine Tagebuchnotizen zeigen, wie die Erlebnisse dieses Abends auf den erfahrenen Alpinisten und Weltenbummler gewirkt haben:

„Der Regen nieselt ins Cockpit. Während meiner Wache – ich bin allein – treiben mehrere große Growler in Formation aufs Schiff zu. Weil ich Folkmar nicht wecken will, der als nächster Wache hat, entschließe ich mich, die Situation selbst zu meistern – und es geht. Mit der sich durchbiegenden Bootsstange gelingt es mir, die trägen, sich immer wieder drehenden Brocken vom Schiff abzulenken. Wellen schlagen an die FREYDIS, draußen ziehen die Eisberge geisterhaft vorbei. Eine drohende Atmosphäre. Um 24.00 Uhr wecke ich wie geplant Folkmar und

falle todmüde und durchgefroren in die Koje. Ich bewundere die Stamm-
besatzung der FREYDIS, *die das alles viel gelassener nimmt. Gewohnt ist*
eben gewohnt. Der Erich ist schon ein Hund, der riskiert zwar was,
kalkuliert aber trotzdem gut. Die Ruhe und Gelassenheit, die Selbstver-
ständlichkeit der Mannschaft bei schwierigen Situationen, das Ver-
trauen zu den Skippern, die Willenskraft des Erich und die Souveräni-
tät eines Folkmar beeindrucken mich sehr. Unter mir liegt der Walter
und schläft. Der ist genauso müde wie ich. Kurz vor dem Einschlafen
denke ich noch mal an Erichs Worte: So was wie heute geht hundertmal
gut, aber das 101. Mal kommt irgendwann. "

In der Nacht werde ich ein paarmal aus dem Schlaf geschreckt, als
Eisstücke an der Bordwand entlangschrammen oder Eisberge in der
Nähe mit lautem Knall zerplatzen. Um 05.00 Uhr früh übernehme ich
die Ankerwache von Erich. „Es ist alles ganz ruhig", beruhigt er
mich und verzieht sich in die Koje, um noch ein wenig zu schlafen.
Growler und Eisberge in unserer Nähe liegen friedlich auf Grund, und
nur ein paar harmlose Bröckchen treiben an der FREYDIS vorbei. Noch
ein wenig müde, strecke ich mich im Cockpit auf der Gummimatte
aus, die wir als Kälteschutz auf die Sitze gelegt haben. Es dämmert, die
Schreie der Krähen und Möwen, die geschäftig zwischen den 200 m
hohen Felswänden hin- und herfliegen, kündigen den Tag an. Auf die
Felsspitzen hat sich Nebel gelegt. Da scheint mir das Rauschen des
Wassers plötzlich lauter zu werden, läßt mich aufschauen und nun
wirklich hellwach werden. Wir haben auflaufend Wasser, meine Umgebung hat sich mit einem Mal völlig verändert. Eisberge und Growler
sind auf Drift gegangen, als hätte jemand zum allgemeinen Aufbruch
geblasen. Immer zahlreicher werden die Eisstücke, die – in der Dünung tanzend, torkelnd und wippend – dicht an der FREYDIS vorbeiziehen.
    Es knistert und sprudelt um mich herum, als würden nicht Eis-,
sondern lauter Brauseklumpen vorbeigespült. Das ist Gletschereis,
aus Schnee gebildet, der immer neu auf die Eiskappe fiel und unter
den nächsten Schichten begraben wurde. Während er tiefer sank,
wurden die eingeschlossenen winzigen Luftbläschen zusammenge-
preßt. Sobald das Eis nun im Meerwasser taut, explodieren die Bläs-
chen mit leisem Zischen und geben reine, nicht umweltverschmutzte
Luft frei, die viele tausend Jahre alt sein kann: den Atem der Gletscher.

Einige dieser Eisgebilde wirken wie zierliche, zerbrechliche Figuren aus einer Glasmenagerie, andere dagegen sind so klotzig und schwer, daß ich alle Mühe habe, sie mit dem Bootshaken auf Distanz zu halten. Größere Sorgen bereitet mir allerdings der weit ausladende Unterwassersockel eines häusergroßen Eiskolosses, der sich trotz des flachen Wassers in kurzer Zeit beängstigend nahe an die Freydis herangeschoben hat. Mit dem Bootshaken ist hier sicherlich wenig auszurichten, und ich bin heilfroh, als Walter mit einem freundlichen: „Grüß Gott, liebe Heidi!" im Cockpit erscheint. Da ist der Rammklotz aus Eis nur noch zwei Meter von der Freydis entfernt. Walter entschließt sich denn auch sogleich, seinen lautesten bayerischen Jodler erschallen zu lassen, sozusagen als morgendlichen Weckruf für alle Crewmitglieder (wegen seiner kräftigen Stimme, mit der er uns während seiner Wachen oft in den Kojen wachhält, hat er übrigens den Spitznamen „Roaring Forty" – der „Brüllende Vierziger" – erhalten). Bis nach seinem Schlachtruf allerdings Leben in die Freydis kommt, hat sich die Gefahrensituation diesmal von selbst bereinigt, das Eis ist vorbeigezogen.

Als Folkmar kurz darauf mutig eine morgendliche Eiswasserdusche an Deck nimmt, hat er nicht mit den zahlreichen Fotofans und deren Kameras gerechnet. Bekanntlich kennen Fotovoyeure auf der Suche nach Attraktionen keine Gnade. Bis sie alle zufriedengestellt sind, muß der arme Kerl die Duschszene so oft wiederholen, daß ihn danach nur noch der heiße Morgenkaffee vor dem Erfrierungstod rettet.

Behutsam, wie wir zu unserem Ankerplatz gekommen sind, schlängeln wir uns bei Windstille unter Motor auch wieder davon, weiter an den Inseln und Klippen vorbei, die der Küste nach Süden vorgelagert sind. Nachdem wir die Einfahrt des Tasermiutfjords südlich der Insel Nanortalik passiert haben, ändert sich wieder schlagartig das Bild. In langer Reihe tauchen Rieseneisberge auf, die im Verein mit der bis zu 2000 m hohen, schroffen grönländischen Gebirgskette eine grandiose Kulisse bilden. Vor diesem traumhaften Hintergrund wollen wir die Freydis vom Dingi aus filmen und fotografieren. Rumbalotte darf dabei natürlich nicht fehlen und wird ebenfalls klargemacht. Wir wollen sie endlich einmal in Aktion sehen.

Wie auf Bestellung kommt Wind auf. „Alles herhören!" tönt es von Erich. „Wir setzen jetzt den Spinnaker." Kalle bringt nach kurzem Suchen den Spisack und übernimmt das Ruder. Michael und Erich plagen sich auf dem Vorschiff mit dem 7 m langen Monstrum von Spibaum ab. Trotz der vielen Hände dauert es eine Zeitlang, bis endlich der große Moment kommt. Erich reißt am Fall, ein wohldurchdachtes System von Tauen und Winschen, die alle gleichzeitig in Aktion treten, bändigt die gewaltigen Kräfte, als der 200 m^2 große Spinnaker ausrauscht. Der Wind faßt voll hinein und bläht ihn wie einen riesigen roten Luftballon. Wie so oft, wenn eine Crew bei einem solchen Manöver nicht ganz aufeinander eingespielt ist, geht es auch diesmal nicht ganz reibungslos ab. Aber wer erwartet schon Vollkommenheit?

Während Erich die Kommandos gibt, damit das Segel immer optimal steht, steuert Kalle, unser erfahrener Rudergänger, die FREYDIS durch die starken Strömungen, die sich tidenabhängig zwischen den Eisbergen aufgebaut haben. Fast lautlos gleitet sie mit ihrem roten Spinnaker an den in der Mittagshitze schwitzenden grellweißen Eisgiganten entlang.

Folkmar und ich sitzen im Dingi (aus Sicherheitsgründen ist es mit zwei Außenbordern bestückt) und haben uns während des Manövers dicht bei der FREYDIS gehalten, um wirkungsvolle Fotos zu schießen. Jetzt legen wir mehr Abstand dazwischen. Bald sind nur noch die Eisgeräusche – Knacken, Schaben, Knistern und Sprudeln – zu hören, dazu das sanfte, eintönige Branden der See gegen die Eiskolosse. Sie sind hier alle auf Grund gelaufen und ragen bis zu 50 m aus dem Wasser. Sehr vertrauenerweckend sehen sie nicht aus. Dunkle Streifen markieren tiefe Sprünge, die mit frischem, durchsichtigem Eis aus Tauwasser gekittet sind, und große Höhlen und Rinnen lassen das Nagen von Ebbe und Flut erkennen. Nach einer halben Stunde emsigen Fotografierens und Filmens klettere ich ausgekühlt wieder an Bord.

RUMBALOTTE wird jetzt zu Wasser gelassen. In ihren bonbonfarbigen Anzügen (violett, grünblau, rosé) bieten die beiden Kajakfahrer ein nahezu absurdes Bild: wie zwei bunte Tropenvögel inmitten von Eisbergen. Aber zum Glück müssen sie ja in diesem Aufzug nicht auf Robbenpirsch gehen. Sie paddeln in respektvollem Abstand zu den Eisriesen davon und haben dabei mit dem Strom von zwei Knoten ganz schön zu kämpfen. Da ich sie natürlich auch auf dem Film haben will und die erste Szene wie üblich nicht gleich klappt, müssen sie das Wegpaddeln ein paarmal wiederholen. Folkmar ist im Dingi geblieben, um ihnen im Notfall Hilfe zu leisten. Ab und zu kommt er mit dem winzigen Gummiboot gefährlich nahe an die Eisberge heran, doch er vertraut ganz auf die Möglichkeit, sich im Ernstfall rechtzeitig mit einem der Außenborder absetzen zu können.

Nicht immer haben unsere Kanuten auf ihrer Fjordfahrt durch Südgrönland soviel Glück mit dem Wetter gehabt. „Bei Schlechtwetter ist in den Fjorden die Hölle los. Werden die Wellen für ein Kajak zu hoch, dann frißt einem der kalte Wind auch die letzte Kraft aus den Knochen." Michael weiß, wovon er spricht. Ich lese in seinem Tagebuch, daß sie auf ihrer Fahrt von Narssarssuaq nach Julianehaab zunächst ein paar geruhsame Tage hatten. Dann wurden sie ohne Vorwarnung von einem häßlichen Sturm überfallen. Sie paddelten ruhig vor sich hin, als er unvermittelt losorgelte und sie im jäh aufgepeitschten Wasser auf die Felsküste zu drücken drohte. Nur ihrer Kraft und Erfahrung war es zu verdanken, daß sie mit heiler Haut davonkamen und in einer kleinen, versteckten Bucht Schutz fanden.

Nach den rund zweistündigen „Wasserspielen" schmeckt uns das Mittagessen an Bord mal wieder besonders gut. Zu Kassler aus der Dose gibt's Sauerkraut, das Klaus, wie es sich gehört, bereits am Abend vorher gekocht hat, auf bayerische Art natürlich mit Äpfeln, Zwiebeln, Nelken und sogar Lorbeerblättern. Gut gestärkt geht es dann mit fünf bis sechs Knoten Fahrt unter Spinnaker zwischen den Kitsigsutinseln und dem Festland zum Narssap-sarqâ-Fjord, an dessen Ostseite Friedrichsthal liegt, die südlichste größere Ansiedlung an der Westküste Grönlands. Sie wurde 1824 von den Herrnhuter Missionaren Konrad und Christine Kleinschmidt, den Eltern des schon erwähnten Samuel Kleinschmidt, gegründet. In Friedrichsthal endete im Juni 1870 nach der längsten Drift der arktischen Geschichte die achtmonatige Irrfahrt der 14köpfigen Besatzung des Forschungsschiffes HANSA, das zur zweiten deutschen Polarexpedition gehörte und am 21. Oktober 1869 an der Nordostküste Grönlands (Liverpool-Küste nördlich des Scoresbysundes) vom Eis zerdrückt worden war. Vom Wrack der HANSA aus waren die Schiffbrüchigen rund 1100 Seemeilen auf Eisschollen nach Süden getrieben, bevor sie ihre letzte Scholle auf 61°12′ Nord verlassen konnten.

Wir lassen nun die Gewässer der Davis-Straße hinter uns und laufen an der Ostseite der Insel Nunarssuaq in den Torssuakatak ein. Dieser Fjord bildet den südlichen Teil der Prins-Christian-Passage, der etwa 50 Seemeilen langen Verbindung zwischen der West- und Ostküste Südgrönlands. Von März bis Juni ist diese Wasserstraße zwar durchweg vom Eis blockiert, in der übrigen offenen Zeit aber wird sie vor allem von kleineren Schiffen gern benutzt, weil sie so die Umrundung des gefährlichen Kap Farewell vermeiden können. Um uns herum bauen sich wieder die mächtigen Bilder der Grönland-„Inszenierung" auf. Ihr eigener, unverwechselbarer Charakter offenbart sich in immer neuen wunderbaren Szenen, die sich nie lange wiederholen. Tausend Meter hohe Felsen ragen zu beiden Seiten in den blauen Himmel und werden immer höher und spitzer, je tiefer wir in den Fjord vordringen: eine Landschaft von elementarer Großartigkeit. Turm an Turm baut sich vor uns auf, und dazwischen liegen Wände, an denen Wasserfälle herabrauschen, die von den Gletscherzungen hoch oben zwischen den Gipfeln ihren Ausgang nehmen.

Am Abend, die Sonne verschwindet schon hinter der steinernen Mauer und es wird kälter und dunkel, laufen wir in den malerischen kleinen Naturhafen von Augpilattoq ein, einer 200-Seelen-Siedlung an der Südwestseite des hier beginnenden Iluafjordes. Der Ort liegt an einem glatten, nackten, sacht ansteigenden Felsen in Lee der vom Inlandeis herabwehenden heftigen Winde. Im Hafen verbreitet eine Kette Laternen ihr unwirkliches Licht. Es riecht intensiv nach Fisch. Einige Inuit stehen auf der kleinen Holzpier und nehmen hilfsbereit unsere Leinen in Empfang. Ein engerer Kontakt scheitert jedoch wieder an Sprachschwierigkeiten. Einer ganzen Horde pausbäckiger Inuitkinder aber, die sogleich von der FREYDIS Besitz ergreifen, können wir mit roten Coca-Cola-Mützen eine Riesenfreude bereiten.

Nach dem Essen finden wir an diesem Abend noch lange nicht den Weg in die Koje. Der Grund dafür ist eines der fesselndsten Schauspiele, das uns die Natur bietet: das Polarlicht. Diese fast unwirklichen, in ihrer Vielfalt und Intensität kaum glaublichen Lichterscheinungen, die hauptsächlich in hohen Breitengraden zu beobachten sind, haben wir auf dieser Reise zwar schon öfter mehr oder weniger gut ausgeprägt bewundern können, heute aber scheinen sie uns besonders faszinierend. Im nachtblauen Himmel tauchen aus dem Nichts unvermittelt hellgelbe, ständig den Erscheinungsplatz wechselnde Bänder, Säulen und Bögen aus Licht auf, die sich bald zu riesigen Kreisen und zu Lichtkuppeln über uns schließen; das Spiel sich unablässig wandelnder Formen, Farben und Figuren erhellt die sternklare Nacht. Lichtsignale aus einer anderen Welt?

81

Seit jeher hat der flackernde Lichtschein am Himmel die Beobachter in Staunen, aber auch in Angst versetzt. Er wurde als Wunder gedeutet oder als Vorbote von Naturkatastrophen, Seuchen, Kriegen und Feuersbrünsten. Die Eskimos früherer Zeiten hielten die Nordlichter für Zeichen, die aus dem Reich der Toten kommen. Auch schon die alten Arktiskapitäne hatten sich von der Aurea Borealis, der „Norder Morgenröte", wie sie diese Lichterscheinungen nannten, beeindrucken lassen. Cornelius Zorgdrager, ein holländischer Walfänger, beschrieb 1723 in seinem Buch „Alte und neue grönländische Fischerei und Walfischfang" seine Beobachtung folgendermaßen:

„Je dunkler die Nacht ist, je heller scheint dieses Licht und wird, weil es aus Norden kommt, das Nordlicht genannt. Es hat das Ansehen wie ein Schimmer von Feuer und breitet sich aufwärts in der Luft aus. Es verändert allgemach den Ort und lasset jedesmal einen Dampf hinter sich. Dies Nordlicht scheinet die ganze Nacht und verschwindet mit der Sonne Aufgang. Es erleuchtet nur alleine diejenigen, welche in der Gegend des Circuli Arctici wohnen . . . Die Naturkundigen mögen untersuchen, woher dieser Schein seinen Ursprung habe . . ."

In den zweieinhalb Jahrhunderten seit Zorgdragers Auftrag an die „Naturkundigen" haben diese sich wirklich bemüht, das Entstehen des Polarlichtes zu klären. Herausgekommen ist dabei folgendes: Ursache für das Phänomen ist der Erdmagnetismus mit seinen Magnetpolen in den Polargebieten. Da der Erdkern wie ein riesiger Magnet wirkt, wird die Erde von den Kraftlinien eines gewaltigen Magnetfeldes umgeben, die sich von einem Pol zum anderen spannen und weit über unsere Atmosphäre hinaus in den Raum wirken. Sie bilden eine Hülle rund um unseren Planeten, der die Erde gegen außerirdische Materie abschirmt. Die Sonne schleudert mit unterschiedlicher Intensität fortwährend Materie in den Weltraum („Sonnenflecken"). Der kontinuierliche Strom dieser Partikel wird, da sie elektrisch geladen sind, von den Kraftlinien des Magnetfeldes größtenteils abgefangen. Nur in Süd- und Nordpolarnähe, wo sich das Magnetfeld praktisch in die Erde „zurückzieht", können sie in die Ionosphäre eindringen.

Dr. A. Brekke, Physikprofessor an der Universität Tromsö, der dieses Naturphänomen seit Jahren erforscht und darüber auch ein umfangreiches Werk veröffentlicht hat, veranschaulicht mir später, als ich ihn beim Besuch seines Observatoriums kennenlerne, die Entstehung des Nordlichts besonders eindrucksvoll durch einen plastischen Vergleich aus unserem Tierleben: „Die Erde ist wie eine gigantische Spinne, die ihr eigenes Netz webt: das Magnetfeld, das seine Tentakel auf der Suche nach Beute in den Raum hinaus streckt. Das magnetische Netz verbindet die Erde mit Maschen von anderen Planeten und webt sie ein in den interplanetarischen Raum. Ähnlich der Spinne, die ihre Beute aus Insektenschwärmen heraus fängt, bezieht die Erde ihre aus der Unmenge elektrischer Partikel, die von der Sonne abgestrahlt werden: elektrisch geladene Teilchen werden vom Magnetfeld eingefangen und gezwungen, entlang der Feldlinien in die Atmosphäre hinabzutauchen, wo sie ihre Energie an das Nordlicht abtreten."

In einer Höhe von 100 bis 500 km treffen die Partikel auf die Gasmoleküle unserer Atmosphäre und zaubern dann die gewaltigen, farbenfrohen Lichtbänder des Nordlichts, das man unter günstigen Bedingungen hin und wieder sogar in unseren Breiten beobachten kann. Dieser physikalische Vorgang spielt sich sowohl am Nord- wie am Südpol ab. Allgemein sollte man also von „Polarlicht" sprechen. (Während unserer Antarktisfahrt mit der FREYDIS hatten wir kein südliches Polarlicht gesehen, weil die Nächte im Sommer taghell waren.)

Von Professor Brekke erfahren wir später, daß das Nordlicht nicht nur ein wunderschönes Naturphänomen ist. Es birgt – wie alles überaus Schöne – auch Gefahren, gerade für uns Segler. Als wir eines Abends gemütlich zusammen im Cockpit der FREYDIS sitzen, deutet der Professor auf unseren Kompaß. „Wissen Sie, daß ein Kompaß in der Nordlichtzone manchmal kein verläßliches Hilfsmittel mehr ist?" Wir wußten es nicht. „Ein Nordlicht", erklärt er uns, „kann die Kompaßnadel binnen einer halben Stunde um mehr als zehn Grad ablenken, und das soll schon einige Schiffsunglücke mitverursacht haben."

„Dann werden Nordlichter also quasi zu Irrlichtern?" frage ich.
„So könnte man fast sagen."

Segeln wie durchs Hochgebirge

Paradies der Kinder – In der Urweltkulisse des Iluafjords –
Motorschaden im Eisfeld – Die FKK-Scholle –
Wale im Prins-Christian-Sund

Nach dem großen nächtlichen Schauspiel herrscht am nächsten Morgen Bilderbuchwetter. Bereits in aller Frühe werden neben uns an der kleinen Pier von ein paar Fischerbooten silbrig glänzende, zum Teil meterlange Lachse angelandet. Die Inuit verarbeiten die Fische des heutigen Fangs sogleich an der Pier. Ausgeweidet und geköpft wird ein Teil auf große Holzgestelle zum Trocknen gelegt. Kenner behaupten, und wir zählen uns mittlerweile dazu, daß Grönlandlachse die besten der Welt seien. Die Mannschaft hat deshalb auch nichts Eiligeres zu tun, als sich für das nächste Festessen einen Anteil zu sichern.

Auf meinem Erkundungsgang durch den Ort begleiten mich die kleinen Grönländer vom Abend vorher zur neu erbauten Kirche und zu ihrer Schule. 30 Kinder werden hier von Else, einer jungen dänischen Lehrerin, unterrichtet, die erst vor einem Jahr mit ihrem Mann, einem Jäger, und ihren drei Kindern nach Augpilattoq gekommen ist. Vorher hat sie drei Jahre in Scoresbysund gelebt, dem Ort an der Ostküste der Insel, den wir im weiteren Verlauf unserer Reise ebenfalls aufsuchen wollten. Zwar ist sie auf eigenen Wunsch nach Südgrönland versetzt worden, aber sie hat nun doch ein wenig Heimweh nach Scoresbysund. „Wer einmal über dem Polarkreis gelebt hat, den zieht es immer wieder dorthin zurück", ist ihre Erklärung dafür.

Zusammen gehen wir zur einzigen Wasserstelle im ganzen Dorf, denn fließendes Wasser in den Häusern gibt es nicht. Mückenschwärme begleiten uns. „Auch daran muß man sich gewöhnen", ist Elses einfacher Kommentar.

Im eiskalten Quellwasser liegt das langhaarige, schwarzbraune, zottelige Fell eines Moschustieres, das ihr Mann geschossen hat. Während sie anfängt, es zu bürsten, erklärt sie mir, daß das Fell nach der Reinigung zum Trocknen auf einen Rahmen gespannt werde und diese Art der Konservierung für Grönland ausreichend sei. Trotzdem werde sie das Fell bei ihrem nächsten Besuch in Dänemark zum Gerben mitnehmen.

Vor einem der Holzhäuschen in der Nähe treffen wir eine Grönländerin, die damit beschäftigt ist, kleine Robbenfelle wie nasse Wäschestücke zum Trocknen über eine Leine zu hängen. Bereitwillig zeigt sie mir ihr Handwerkszeug: verschiedene Messer, mit denen sie die Robbenhäute von Fettresten säubert, eine Arbeit, die viel Geschick erfordert, aber heute bei den niedrigen Weltmarktpreisen für Robbenfelle wenig einbringt. Wie ich von Else erfahre, können die Einheimischen vom Robben- und Fischfang allein jedenfalls nicht leben. Sie werden von Dänemark durch Sozialhilfe unterstützt.

Fühlen sich Else und ihr Mann hier nicht ein wenig einsam als einzige Europäer? Das komme schon manchmal vor, antwortet sie, aber sie finden das einfache Leben schön und können deshalb auf viele Annehmlichkeiten verzichten. Das ist zu verstehen. In diesem entlegenen Dorf scheint der bloße Gedanke an Verkehrschaos, Geschäftshektik und Umweltverschmutzung völlig abwegig.

„So wäscht man hier", lacht sie und zeigt auf die Wäsche, die sie mit zur Wasserstelle gebracht hat. „Alles mit der Hand. Das ist zwar umständlich, aber Zeit spielt ja keine Rolle."

Wie ihr Leben hier weitergehen wird, weiß sie noch nicht. Im nächsten Jahr kommt ihr Sohn in die Schule, in ihre Schule. Grönländisch können ihre Kinder schon besser sprechen als sie selbst. Überhaupt ist Augpilattoq für Kinder ein Paradies. Nicht nur, weil es hier keine Autos und kaum andere Gefahren für sie gibt, sondern auch, weil die Inuit äußerst kinderlieb sind. In jedem Haus sind Kinder willkommen.

Zu diesem Thema hat sich schon 1774 der Herrnhuter Missionar David Cranz genau im selben positiven Sinn geäußert:

„Sie (die Inuit) haben ihre Kinder ungemein lieb. Die Mütter tragen dieselben, wo sie gehen und bei aller Arbeit in dem Kleide auf dem

Rücken mit sich, säugen sie bis ins dritte und vierte Jahr und länger,
weil sie keine Mittel zu zarten Kinderspeisen haben. Daher sterben auch
viele Kinder, wenn sie anderen den Platz räumen müssen, ehe sie harte
Speisen ertragen können. Und stirbt die Mutter, so ist es mit dem armen
Kinde ganz aus, wenn es noch nicht bei anderen Speisen bestehen kann.
Die Kinder wachsen ohne alle Zucht auf und werden von den Eltern
weder geschlagen noch mit harten Worten bestraft. Man muß aber auch
gestehen, daß eine scharfe Zucht bei den grönländischen Kindern teils
nicht sehr nötig ist, weil sie so still wie die Schafe herumgehen und auf
sehr wenige Ausschweifungen geraten, teils vergeblich sein würde, in-
dem die Grönländer, wenn man ihnen eine Sache nicht bittweise und
durch vernünftige Vorstellung annehmlich machen kann, sich eher
totschlagen als dazu zwingen lassen würden . . . Je mehr die Kinder zu
Verstande kommen und was zu tun kriegen, desto ruhiger und verstän-
diger werden sie. Man merkt auch keine sonderbare Schalkheit, Bosheit
oder andere grobe Untugend an ihnen. Sie folgen den Eltern gerne, weil
sie wollen. Wollen aber auch von ihnen gütig, ja freundschaftlich be-
handelt sein. Man wird schwerlich ein Exempel der Undankbarkeit
erwachsener Kinder gegen alte, unbehülfliche Eltern auszubringen wis-
sen. Sie scheinen also in den meisten Stücken das gerade Gegenteil von
vielen Kindern gesitteter Völker zu sein, die von außen besser scheinen
als sie innerlich sind."

Diese Art liberaler, „aufgeklärter" Kindererziehung beruht wie bei
vielen anderen Naturvölkern auf dem Bewußtsein, daß die Kinder
später dank ihrer Selbständigkeit für die Eltern sorgen werden. Dazu
braucht es keinen Generationenvertrag wie bei unserem Rentenwe-
sen.

Bevor wir gegen Mittag wieder auslaufen, nennt uns die Lehrerin
noch einige Adressen von Kollegen in Scoresbysund, die wir besuchen
und grüßen sollen. Viele kleine Grönländer winken uns von der Pier
aus nach, ihre roten Mützen sind noch lange zu sehen.

Nun geht es in den Iluafjord, einen der schönsten Fjorde Südgrönlands. Er wird von bis zu 2300 m hohen Bergen umgeben, und seine
atemberaubende, wuchtig-zerklüftete Landschaft läßt besonders die
Herzen unserer beiden Alpinisten höher schlagen. „Es ist, als ob
wir mit dem Boot durchs Hochgebirge führen", staunt Michael über-
wältigt. In dem glatten Wasser des Fjords spiegeln sich beiderseits
schroffe, fast senkrechte Wände, die nach oben in spitze Kegel über-

gehen; gletschergespeiste Sturzbäche donnern ins Tal. Bei den Eisbergen können wir ein Novum beobachten. Während bisher immer nur vereinzelte Eisberge als Zeugen der Gletschertätigkeit an uns vorbeigetrieben sind, liegt hier nun ein großes, fast geschlossenes Eisfeld vor uns. Für diese Massenansammlung von Eisbrocken jeglicher Größe haben wir nur eine Erklärung: An der Abbruchkante eines der Gletscher, die in die Buchten und Seitenarme des Fjords münden, werden die Eisstücke, die sich tief unter Wasser lösen, von Strömungen erfaßt und wegen ihres geringeren spezifischen Gewichtes erst hier wieder an die Oberfläche gespült.

Kaum 200 m vor uns kentert schließlich ein Eisberg und bricht krachend und donnernd auseinander. Eismassen stürzen ins Wasser, tauchen wieder auf, drehen sich und schwanken so lange, bis sie ein neues Gleichgewicht gefunden haben. Bald sieht alles wieder genauso friedlich aus wie vorher; nicht auszudenken, wenn wir mit RUMBALOTTE oder mit dem Dingi am Fuß des Riesen gewesen wären! Früher versuchten Kajakfahrer, sich bei einer Eisbergkenterung in den davon ausgehenden, oft meterhohen Brechern durch die sogenannte Eskimorolle zu retten. „Bei Aufdrehproben mit der *Rumbalotte* im Wörthsee", erinnert sich Michael, „hatten wir keine Chance, das umgeschlagene und vollgepackte Kanu mit der Eskimorolle aufzudrehen. Nur mit der Lapprolle – lange Leine und außenbords dagegenstemmen – hatten wir auf Anhieb Erfolg." Vielleicht hätte das auch hier bei RUMBALOTTE funktioniert, bei unserem Dingi aber bestimmt nicht.

Der Spinnaker, den wir gerade mit sportlichem Ehrgeiz hochgezogen haben, muß wegen des Eisfelds rasch eingeholt werden, auch der Motor wird gleich wieder abgestellt, weil ausgerechnet hier die Seewasserkühlung streikt. Während Folkmar und Erich nach der Ursache des Übels fahnden (zuerst richtet sich der Verdacht gegen die Impellerpumpe, die das Seewasser ansaugt), ist die FREYDIS den Strömungen ausgeliefert und driftet unaufhaltsam in das Eisfeld hinein.

Der Motorschaden ist immer noch nicht behoben, als uns bereits Tausende kleiner Eisstücke umgeben und mächtige Growler mit ihren scharfen Unterwasserspornen bedenklich nahe vorbeiziehen. Da zurrt Erich das Dingi an der Seite der FREYDIS fest und bringt die Yacht mit Hilfe von dessen beiden Außenbordmotoren behutsam aus dem Eis wieder ins offene Wasser.

Inzwischen ist allerdings auch der Schaden behoben (das Auspuffventil war mit Eis oder Algen verstopft). Sobald wir aus dem Gefahrenbereich heraus sind, kann erneut der Spinnaker gesetzt werden. Und bevor wir in den Prins-Christian-Sund einbiegen, statten wir noch dem nordöstlichen Seitenarm des Iluafjords, von dem wir uns besondere landschaftliche Schönheit versprechen, einen Besuch ab. Wir werden wahrlich nicht enttäuscht. Nach zehn Seemeilen mündet am Ende des Fjords der riesige Gletscher Nup Kanderlua ein. In respektvollem Abstand segelt die FREYDIS an der etwa 60 m hohen, bläulich-weißen, von Rissen und Spalten durchzogenen Gletscher-Abbruchkante entlang. Lautes Knallen und Krachen – ähnlich wie Lawinendonner – zeigen an, daß dieses Eis in Bewegung ist. Die Gletscherabsprengungen entstehen dadurch, daß sich das spezifisch schwerere Meerwasser unter die Gletscherzunge schiebt und nach und nach mehrere hundert Meter hohe Stücke von dem stets nachrük-kenden Gletscher abspaltet; nachdem sie ins Wasser gestürzt sind und bevor sie ihr Schwinggleichgewicht erreicht haben, lösen diese Bruch-stücke beträchtliche Flutwellen aus. Ursache für das Nachrücken des Gletschers ist das Inlandeis Grönlands, das 90 % der Insel bedeckt und bis zu 3000 m dick ist. Unter dem Druck des eigenen Gewichts schiebt es sich unaufhaltsam über das hohe Küstengebirge – wie über den Rand einer übervollen Schüssel – und fließt, mit Moränenschutt be-deckt, in gigantischen Eisströmen in die Fjorde hinab. 10 bis 30 m pro Tag wurden in den Fjordgebieten an der Westflanke Grönlands als höchste Bewegungsgeschwindigkeiten der Gletscher gemessen.

Es ist fast wie ein Wunder: Wir haben hier nichts als Nebel, Regen, Schnee und Kälte erwartet; statt dessen knallt die Mittagssonne heiß auf uns herab und erwärmt die Luft auf sommerliche 20 Grad. Sind wir wirklich in Grönland? Sepp und Kalle lassen sich auf einer flachen Eisscholle absetzen. Übermütig wie Kinder werfen sie einander Eis-brocken zu, legen sich dann splitterfasernackt zum Sonnenbad aufs Eis und gründen den ersten FKK-Verein Grönlands. Aber auch die übrige Crew läßt ihrem Tatendrang freien Lauf. Abwechselnd gehen wir mit RUMBALOTTE und dem Dingi auf Erkundungsfahrt durch den Eisbrei zum Fuß des Gletschers. In den Strömungen und Strudeln zwischen den Eisschollen werden die kleinen Gummiboote so hin und her geschubst, daß wir uns wie in einem überfüllten Autoscooter auf dem Rummelplatz vorkommen.

Der Gezeitenstrom und die heiße Mittagssonne haben seltsames, unwirkliches Leben in das sonst so tot scheinende Eis gebracht. Es knackt, knistert, gluckst und sprudelt, es wirbelt, taumelt, kippt und

88

trudelt um uns herum. Mit etwas Phantasie kann man in den Eisbrokken allerlei Formen erkennen. Eine Sphinx verliert ihren Kopf, ein Schwan sein Hinterteil, und „Nessie" taucht plötzlich weiß aus dem Wasser auf. Es ist wie ein Tanz eisiger Märchenfiguren, den wir im Boot wohl oder übel mittanzen müssen.

„Die wunderbare, die unbegreifliche, die eigenartige Welt aber, von der sich die Bewohner südlicher Gefilde keine Vorstellung machen können, ist das Eis . . ." schrieb Jeannette Mirsky in ihrem Buch „Die Erforschung der Arktis". *„Es ist neu, es ist verwirrend . . . Es ist etwas Lebendiges – voller Launen und Einfälle. Es gefällt sich in tausend Gestalten . . ."* Und diese tausend Gestalten gefallen uns!

Nachdem wir uns von diesem Eis-Happening gelöst haben, geht es weiter. Hinter der vorspringenden Huk Akuliaruseq fahren wir hinein in den Prins-Christian-Sund, eine schmale Wasserstraße zwischen schroffen Steilwänden. Letztere sind auf der dem Festland zugewandten Seite öfter unterbrochen durch die gewaltigen Eisteppiche der Talgletscher, die vom Inlandeis durch die Kerben des Randgebirges gepreßt werden.

Hinter einer Felsnase kommt plötzlich ein großes Schlauchboot mit starkem Außenbordmotor hervor. Zwei orangefarben gekleidete große Dänen, die wohl auf Jagd gewesen sind, gehen bei uns längsseits und werden natürlich eingeladen, an Bord zu kommen. Sie erzählen, daß sie auf der Radio- und Fernsehstation am Ausgang des Prins-Christian-Sundes arbeiten. Aus ihrem reichhaltigen Getränkevorrat bringen sie eine ganze Menge mit an Bord, was die Crew natürlich zu schätzen weiß. Nachdem die beiden uns auf ihre Station eingeladen haben, ziehen sie weiter. Übrigens bleibt dies in den einsamen Fjorden unsere einzige Begegnung mit einem Boot.

Wir steuern einen fast geraden Kurs nach Osten. Da wir den Naturhafen Svaerdfiskers-Havn, der in der Karte als guter Ankerplatz gekennzeichnet ist, in der Dunkelheit nicht finden können, ankern wir auf drei Meter Wassertiefe am Fuß eines Wasserfalls – nur 200 m von Svaerdfiskers-Havn entfernt, wie sich am nächsten Morgen herausstellt.

Meine Ankerwache beginnt wieder um 05.00 Uhr früh. Die Sonne taucht die Berggipfel, zwischen denen noch ein fast runder Mond steht, bereits in Rosa-orange. Um den Ankerplatz herum ragen nackte

Felsen und gestrandete Eisklötze aus dem Wasser. Der Wasserfall mit dem kleinen Geröllstrand davor führt milchig-grünes Gletscherwasser. Eine Eisnebelwolke zieht über die FREYDIS hinweg und läßt mich frösteln. Dunstschwaden folgen ihr nach. Vor der Bucht scheint sich der Nebel zu stauen. Es sieht so aus, als ob der Sund mit graublauer Watte vollgestopft sei. Pünktlich um 07.00 Uhr kommt die Sonne hinter den Bergzacken hervor, belegt alle Dunststreifen mit einem zarten Goldschleier und zaubert phantastische Farben auf die Nebelwand vor uns im Sund. Leider habe ich kaum Zeit, diesen märchenhaften Sonnenaufgang zu genießen. Denn knisternd und sprudelnd tummeln sich bereits wieder Scharen von Eisbrocken um die FREYDIS und fordern meinen ganzen Einsatz mit dem Bootshaken.

Als wir um 09.00 Uhr ablegen wollen, hält uns die gleiche Panne wie am Vortag auf, aber diesmal wird sie rascher behoben. Folkmar zieht Michaels Trockentauchanzug an und steigt in die zwei Grad kalten Fluten hinab. In Ermangelung eines Bleigürtels hat er sich ein Stück Ankerkette umgebunden. Schon nach ein paar Sekunden kommt er mit einem ganzen Büschel olivgrüner Algen in Händen wieder an die Oberfläche. Der Motor läuft, sogar die Fotofans sind's dieses Mal zufrieden, auch ohne daß Folkmar die Szene mehrfach wiederholen muß.

Zwei Wale kommen uns entgegen. Die etwa 10 m langen Gesellen sind die einzigen, die wir in den Fjorden zu Gesicht bekommen. Auch Robben sehen wir in Grönland nur wenige. Ich erinnere mich daran, daß sie in den Patagonischen Kanälen Feuerlands – für mich das südliche Gegenstück zu den Grönlandfjorden – praktisch unsere ständigen Begleiter waren, und bin über ihr Fehlen hier ziemlich verwundert.

Alpinistische Akrobatik am Berg aus Eis

„Wenn es dem Esel zu wohl wird . . ." – *Ein Matterhorn kentert* – *Erholung im Höllen-Eck*

Michael und Walter – unsere beiden Bordalpinisten und Kajakfahrer – wollen ihren Grönlandaufenthalt mit einer Eisbergbesteigung krönen. Dieser Höhepunkt ist schon lange geplant, sie sind aufs Beste vorbereitet. Die beiden haben eine komplette Ausrüstung für das Klettern im Eis mitgebracht und deshalb während unserer gesamten bisherigen Fjordfahrt nach einem geeigneten „Riesen" Ausschau gehalten. Nun endlich, vor der mehrere Kilometer breiten Front des Gletschers Kanderluk, glauben sie, ihren Traumeisberg gefunden zu haben. Wohnblockgroß und blendend weiß liegt er da im spiegelglatten Wasser des Sundes, und so vertrauenerweckend stabil – wie für die Ewigkeit gemauert.

Wir fragen uns zuallererst, ob er mit dem Ostgrönlandstrom in den Sund gespült und hier auf Grund gelaufen ist. Denn als alter Berg wäre er für eine Besteigung nicht besonders geeignet. Die fehlende Brandungskehle spricht aber eher für einen jungen, vom Gletscher gekalbten Eisberg. Zunächst drehen wir eine Runde um dieses „Kalb". Es wird so stark von Treibeis umspült, daß die FREYDIS Mühe hat, voranzukommen.

Die Bedingungen für eine Besteigung scheinen ideal.

„Unser Eisberg", so Michael später in seinem Tagebuch, *„ist kein Berg, sondern ein kleiner Gebirgsstock mit einem etwa 50 m hohen, matterhornähnlichen Gipfel, zwei runden Vorgebirgen und einem klei-*

nen See. 150 m sind es sicher von einem zum anderen Ende. Mehrere in Sonnenlicht getauchte Zacken lassen sprunghaft die Lust zum Klettern in uns wach werden. Eine kleine Bucht ist zu erkennen, von der aus ein Aufstieg aus dem Schlauchboot trockenen Fußes möglich sein müßte. Des Risikos waren wir uns voll bewußt, hatten uns eingelesen, wußten genau, daß bei einer Eisbergbesteigung Können allein nicht ausreicht. Erstmals – soweit ich zurückdenken kann – ging ich bewußt ein Risiko ein, von dem ich wußte, daß es nicht kalkulierbar war. Noch heute bin ich unsicher, ob sich Walter über diese Tatsache im klaren war. Wenn also das Risiko nicht auszuschließen war, konnte das Motto nur heißen: Reduzierung der Gefahr durch Schnelligkeit, Verkleinerung der Möglichkeit eines Unfalls auch dadurch, allein und immer nur allein auf ein solches Ding zu steigen.

Zu Hause hatten Walter und ich einen Plan gemacht, wie wir gemeinsam mit Seilen und Haken einen solchen steilen Riesen angehen wollten. Schon am Beginn unserer Reise, bei den ersten Begegnungen mit Eisbergen, habe ich diese Taktik dann in Frage gestellt und gegen Walters Meinung verworfen. Die neue Devise war: allein, schnell, optimal ausgerüstet. Allein heißt, daß immer nur einer auf den kenterbereiten Brocken steigt. Schnell heißt, seilfrei zu klettern, ohne Mätzchen rauf und so schnell wie möglich wieder runter. Optimal ausgerüstet bedeutet in diesem Fall, eine Kombination aus Bergsteiger, Taucher und Segler herzustellen, mit Eiskletterausrüstung, Trockentauchanzug und Schwimmweste. Wir wissen außerdem, so etwas machen wir nur einmal im Leben. Also muß es optimal klappen.

Soviel wir wußten, sind die letzten Eisberge 1933 erklettert worden, als Dr. Arnold Fangk, Film- und Skipionier, hier in Grönland Eisberge bestieg, um seinen Film ‚S.O.S. Eisberg' zu drehen. Sein Buch gleichen Namens wurde Walter und mir zur Bibel und holte uns immer wieder auf den Boden der Tatsachen zurück, wenn wir gar zu euphorisch die Eisbergbesteigung planten. Und zur Frage des Risikos: Alles ist eine Sache der Statistik.“

Etwa 30 m vom Berg entfernt hält Erich die FREYDIS auf Beobachtungsposten. Michael macht sich an Deck fertig. Lustig sieht er aus in seinem schwarzen Tauchanzug mit der knallroten Schwimmweste darüber und der violett-blauen Mütze. Allerdings wirken Eisklettergeräte, Bergschuhe und Rucksack etwas deplaziert auf dem Vorschiff eines Seglers.

92

Wie vereinbart, will Michael als erster auf den Berg und versuchen, die höchste Spitze zu erreichen, dann wieder zum Vorgipfel hinabklettern und sich schließlich überhängend zum Wasser abseilen, wo ihn Folkmar mit dem Schlauchboot aufnehmen soll.

Kalle springt vom Bug aus auf eine größere Eisscholle neben der FREYDIS. Er will sich das Schauspiel von da unten aus ansehen. Klaus, der ebenfalls vorne steht, bleibt lieber an Bord. Als Fünfjähriger war er auf einer Eisscholle die Memel hinabgetrieben und konnte damals nur mit knapper Not von seinen Eltern im Paddelboot zurückgeholt werden. Er hat also schon schlechte Erfahrungen mit dem launischen Eis gemacht. Wir haben sie noch vor uns. Aber das wissen wir noch nicht.

Ich lege einen neuen Film in die Kamera und einen stärkeren Filter vor das Objektiv, da das von den Eiswänden reflektierte Sonnenlicht äußerst intensiv ist. Die Vorbereitungen für das Filmen nehmen mich derart in Anspruch, daß sie mir beinahe über das Unbehagen hinweghelfen, das mich schon während der Planung des Unternehmens immer wieder befallen hat. Um mich zu beruhigen, hat Walter mir von Michael erzählt: „Er ist immer stark motiviert für neue Erlebnisse, aber er geht kein Risiko ein. Er hat beim Bergsteigen schon zu viele Unfälle miterlebt, auch mit tödlichem Ausgang." Dieses Mal aber ist er – und das steht ja auch in seinem Tagebuch – seinem Vorsatz untreu geworden: Er geht ganz bewußt ein nicht kalkulierbares Risiko ein.

Nachträglich frage ich mich: Was ist damals nur los gewesen mit uns? Waren wir blind und taub? Das unheimliche Krachen, das explosionsartige Bersten und die schaurigen Kenterungen der Eisberge, die wir kurz davor miterlebt hatten, waren das noch nicht genug Warnungen?

Doch Folkmar und Michael legen jetzt ab. Nach etwa fünf Minuten sind sie drüben in der Miniaturbucht angelangt. Zwei Minuten später fährt Folkmar wieder aus der Bucht. In 30 m Abstand vom Berg bleibt er abrufbereit liegen. Rasch hat Michael mit seinen Klettergeräten die erste kleine Steilstufe überwunden. Ohne Pause erklettert er den vielleicht 50 Grad steilen Hang bis zum leicht überhängenden Vorgipfel. Meine Kamera surrt, die Fotoapparate klicken. „Wahnsinn", höre ich Erich leise sagen, „einfach Wahnsinn." Das Schwarz des Tauchanzugs und das Rot der Schwimmweste heben Michaels Gestalt scharf von der leuchtend weißen Wand ab. Die Atmosphäre gleicht der bei einer Hochseilnummer ohne Netz unter einer riesigen weißen Zirkuskuppel. Atemlos vor Spannung verfolgen wir jede Bewegung Michaels. Er steigt ohne Seil, ohne Sicherung. Jeder Fehler wäre eine Katastrophe. Ein Sturz aus 40 m Höhe ins Wasser ist wie ein Fall auf Beton.

Dann kommt das letzte, schlimmste Stück: die etwa zehn Meter hohe senkrechte Wand, die zum Gipfelgrat 50 m über dem Wasser führt. Die Zacken von Michaels Eiskletterschuhen und sein Pickel krallen sich ins Eis. Zug um Zug gewinnt er Höhe, bis er schließlich ganz oben steht und uns lachend zuwinkt. Aber er läßt sich keine Zeit, diesen Erfolg zu genießen. Sofort klettert er wieder zum Vorgipfel zurück und hämmert dort einige Spezialhaken tief ins Eis. Dann beginnt das Abseilen vom Überhang. Wenige Sekunden dauert es nur, ohne Wandberührung schwebt Michael unter dem Eissims abwärts. Folkmar, der mit dem Schlauchboot schon direkt unter ihm wartet, nimmt ihm die Steigeisen ab. Dann steuern die beiden auf die FREYDIS zu. Schweißgebadet in seinem Trockenanzug, aber glücklich lachend kommt Michael mit Folkmar an Bord. Die Nervenprobe ist bestanden. Wir sind begeistert, umringen ihn und applaudieren.

Daß Michael gerade eine große bergsteigerische Leistung vollbracht hat, ist uns allen klar. Die Gefahr, in der er dabei schwebte, wird uns aber erst später bewußt.

Walter steht quasi schon in den Startblöcken. Auch für ihn, der erst vor drei Jahren durch seinen Freund Michael zum Bergsteigen kam, bedeutet dieser Eisklotz eine enorme Herausforderung. Michael richtet ihm noch etwas am Brustgeschirr, er ermahnt ihn, nur bis zum Vorgipfel zu gehen, und kritisiert, daß er keine Schwimmweste angelegt hat. Walter lacht nur, reißt einen Witz, gibt sich betont ruhig. Er steigt zu Folkmar ins Dingi, und sie fahren wieder zum Berg.

Kalle, von seinem Schollenausflug zurückgekehrt, steht nun am Ruder, um die FREYDIS auf der Stelle zu halten. Meine Kamera ist wieder einsatzbereit. Noch einmal werde ich Gelegenheit haben, die Abseilszene zu filmen. Denn ausgerechnet, als Michael vom Berg schwebte, war mein Film zu Ende gewesen. Deshalb bin ich eigentlich recht froh, daß auch Walter den Berg angehen will. Andererseits regt sich wieder eine dumpfe Angst in meiner Magengegend. Aber Michael beruhigt mich: „Der Walter ist genauso vorsichtig wie ich. Und das Eis ist hervorragend, fest und griffig, es wird gutgehen."

94

Das Dingi hat die kleine Eisbucht erreicht, die jetzt aber im Schatten liegt. Der Eisberg muß sich also in der Strömung ein wenig gedreht haben. Seltsam: Auch diesem Warnzeichen haben wir keinerlei Beachtung geschenkt, es kaum wahrgenommen. Hat die Sorge um die uns noch unbekannten Kletterkünste Walters unseren Blick für die doch bekannte, viel größere Gefahr vernebelt?

Den ersten Sockel hat Walter hinter sich. Auf dem Plateau am kleinen See verharrt er kurz, richtet Eisgeräte, Karabinerhaken, Sicherungsschlingen für den 50 Grad steilen Eishang. „Schneller, Walter, schneller", mahnt Michael. Er sagt es leise, eher zu sich selbst. Jetzt ist er nicht mehr so cool, wie wir ihn kennen, er hat Angst um seinen Freund. Walter klettert am Steilhang aufwärts. Wenig später steht er oben auf dem Vorgipfel. Auch er hat souverän sein Ziel erreicht. Einige Schritte tiefer liegt der Abseilplatz.

Michael ruft Anweisungen hinüber, wie das Seil einzuhängen sei. Wieder ist er unruhig, die Vorbereitungen für das Abseilmanöver dauern ihm zu lange. Ich dagegen fühle mich schon aller Sorgen ledig und habe gerade noch Zeit, einen neuen Film einzulegen, da seilt Walter sich schon ab. Er schwebt hinunter, pendelt wie vorhin Michael frei unter dem Überhang und sitzt gleich darauf bei Folkmar im Dingi.

„Geschafft!" Wir sind alle erleichtert und jubeln. Jetzt kann nichts mehr passieren. Problemlos ist der Eisberg ein zweites Mal bezwungen worden. Ich habe meine Abseilszene im Kasten. Es gibt nichts mehr zu fotografieren und zu filmen. Wir legen die Kameras beiseite. Die Akrobatennummer ist zu Ende, denken wir – und werden von dem, was nun folgt, völlig überrumpelt.

In den nächsten Minuten verwirklichen sich unsere schlimmsten Alpträume. Wie aus einem Horrorfilm entsprungene, gespenstische Bilder sind in meiner Erinnerung haften geblieben: Der Berg neigt sich fast lautlos vornüber. Die 50 m hohe Steilwand, an der sich Walter eben noch abgeseilt hat, versinkt in den Fluten. Es knallt und dröhnt, dann bricht der Gipfel, auf dem Michael gestanden und uns zugewinkt hat, wie abgesprengt herunter und zerschellt auf dem Wasser.

„Wo ist Folkmar? Wo ist Walter?" schreit jemand. Sie müßten eigentlich längst wieder zur FREYDIS zurückgekehrt sein. Ich habe das Dingi noch kurz zuvor hinter dem Berg verschwinden sehen und mich gefragt, ob sie wohl eine Ehrenrunde drehen wollen. Und jetzt sind sie von den herabstürzenden Eismassen begraben, von dem drehenden

Berg in die Tiefe gerissen worden! Unheilvoll schaukelt der weiße Koloß in dem milchig-grünen, aufschäumenden Eisbrei.

Dann sehen wir das Schlauchboot, aber nur mit Folkmar. Wie die offene Schale einer Riesenmuschel hängt die Eiswand über ihm, droht ihn in einer Falle zu fangen. Ein grauenvoller Anblick! Spätestens jetzt wissen wir, daß es hier um Leben oder Tod geht. Aber auch Folkmar sieht die drohende Wand und gibt Gas. Der Außenborder heult auf; durch brodelndes Wasser prescht das Dingi aus dem Bereich des kenternden Eises.

Wo aber ist Walter geblieben? Während uns die schlimmsten Befürchtungen durch den Kopf schießen, sehen wir den Eisüberhang verharren, drei Meter über dem Wasser bleibt er wie festgezurrt stehen und pendelt dann langsam zurück. Die Falle ist nicht zugeschnappt. „Dort!" Michael hat die Sprache wiedergefunden. „Dort, der schwarze Punkt, das muß Walter sein!"

Der Kopf im Wasser ist deutlich zu erkennen. Folkmar braust sofort darauf zu. Jetzt droht die flache Eisschüssel wieder auf die beiden herabzustürzen. Wir sehen, wie sich das gelbe Schlauchboot mit Folkmar von dem schwankenden Eisdach entfernt, und hören Michaels beschwörende Worte: „Walter muß dranhängen. Sie werden es schaffen, Folkmar wird es schaffen."

Walter liegt im Boot, als Folkmar an der Freydis festmacht. So sieht wohl jemand aus, den gerade der Blitz getroffen hat, denke ich, als ich seinen Gesichtsausdruck erkenne. Er ist pudelnaß, aber der Anzug hat ihn vor dem Schlimmsten bewahrt. Die Handknöchel sind ein wenig aufgeschürft, sonst fehlt ihm nichts. Nur die Witze, die er reißt, als er an Bord klettert, klingen schal, und wir alle bleiben still, können nicht darüber lachen.

Ein Stück weiter wälzt sich immer noch der Berg wie ein riesiges Untier in seinem Eisbrei. So lange wir ihn später sehen können, wiegt er sich langsam rhythmisch hin und her – wie die Unruh einer riesigen Uhr, die beinahe Walters letzte Stunde geschlagen hätte.

Das ganze Unternehmen, von der Wahl des Eisbergs bis zu Walters glücklicher Rettung, hat alles in allem drei Stunden gedauert – drei Stunden, nach denen wir fix und fertig sind. Unter dem Stichwort „Manöverkritik" versucht Michael später, das Geschehen in seinem Tagebuch sachlich und kühl zu analysieren:

„*Nach dem bestandenen Abenteuer meinte Sepp an Bord, daß uns der Eisberg unsere Grenzen gezeigt habe. Er hatte unrecht. Wir wußten um die Risiken, hatten sie einkalkuliert, stützten uns auf die Statistik und die Wahrscheinlichkeit. Wir waren Hasardeure, doch das Hasardspiel war uns bewußt.*

Was war passiert? Walter hatte versucht, ein zweites Mal den Berg zu besteigen, um zurückgelassenes Material zu bergen. Karabinerschlingen und Eishaken im Wert von 80 Mark waren der Beweggrund für dieses Risiko. Was ihm passierte, hätte mir genauso passieren können. Der Unterschied? Walter stieg vom Dingi aus nochmals auf den Berg – oder wollte es zumindest versuchen. Da kenterte die riesige Eismasse. Walter, noch am Anfang, wurde unter Wasser gedrückt. Wie tief, weiß er nicht mehr. Er löste seine Eisgeräte geistesgegenwärtig und wurde vom Trockenanzug nach oben getragen. Das Glück war, daß die Falle nicht zuschnappte, daß die Hohlkehle des Eisüberhangs nicht durchkenterte und den Kletterer erbärmlich ersäufte – und daß Folkmar im rechten Moment die richtigen und kühnen Entscheidungen traf.

Die Statistik war diesmal auf unserer Seite. Doch ebenso, wie man im Leben einen Lotto-Sechser haben kann, kentert auch mal ein Eisberg, wenn man ihn besteigt. Doch was wäre passiert, wenn sich der Winkel im senkrechten Kletterstück, wo die Steigeisen nur millimetertief eingeschlagen waren, um wenige Grad zum Überhängenden hin verändert hätte? Wir wären aus der Wand gefallen wie Steine!

Den Eisberg wird es wahrscheinlich nicht mehr geben. Vielleicht gelang es ihm, aus dem Sund herauszukommen, mit dem Grönlandstrom nach Norden zu ziehen und mit dem Labradorstrom wieder nach Süden zu segeln. Für uns hat sich ein Pubertätstraum erfüllt. Es ist gutgegangen, haarscharf. Der wahre Held ist Folkmar, er war Spitze. Wir tauften deshalb den Eisberg nach alter grönländischer Manier ‚Folkmars Toppen‘.“

Am Abend schon wieder einigermaßen von unserem Schock regeneriert, legen wir voller Erwartung an der Radio- und Fernsehstation am Ausgang des Prins-Christian-Sundes an. Dies soll unser vorläufig letzter Grönlandaufenthalt sein, da wir von hier aus zunächst nach Island segeln wollen. Die beiden Dänen, die uns am Vortag auf der FREYDIS besucht haben, stehen an der Pier, um uns willkommen zu heißen. Auch die beiden Schlittenhunde, die sie bei sich haben, scheinen sich über unseren Besuch zu freuen.

Auf der Station erwarten uns kühle Drinks und heiße Duschen. Allerdings erst, nachdem wir die 400 Stufen einer hölzernen Himmelsleiter bewältigt haben, die auf Pfählen einen steilen Felshang zur 200 m höher gelegenen Station hinaufführt. Wegen der Schnee- und Eismassen im Winter und des vielen Regens im Sommer stehen auf solchen Pfählen auch die Brücken, die oben auf dem kleinen Felsplateau die im Viereck angeordneten Containerhütten mit Aufenthalts-, Arbeits-, Schlaf-, Eß- und Sanitärtrakt untereinander verbinden. „Hells Corner", Höllen-Eck, heißt dieses kahle Felsennest nicht zu Unrecht, denn besonders im Januar und Februar sollen hier Stürme mit 100 Knoten und mehr Windgeschwindigkeit toben.

„Marilyn Monroe", die kesse weiße Hundedame, entwickelt große Sympathien für Kalle, der nach den Tagen auf See Freude an der Bewegung hat und stundenlang mit ihr herumtollt. „Blacky", der schwarz-braune, schon recht betagte Rüde, steht dem Treiben der Jugend eher gelassen gegenüber und trottet immer nur brav hinter der forschen Marilyn her. Einen Schlitten haben die beiden noch nie ziehen müssen. Als Maskottchen der Station haben sie es besser getroffen als die anderen, echten Schlittenhunde Grönlands, die den ganzen Sommer über angekettet vor den Häusern liegen müssen.

Nach dem Hochgenuß einer heißen Dusche sitzen wir noch bis spät in der Nacht mit den fünf dänischen Stationsangehörigen, welche die gesamte Anlage versorgen, in ihrem gemütlichen Aufenthaltsraum. Neben der gutbestückten Bar gibt es hier eine kleine Bibliotheks- und Lese-Ecke, einen Fernseh- und Video-Apparat und sogar einen Billardtisch. Für Freizeitbeschäftigung an langen Winterabenden ist gesorgt. An den Wänden hängen mehrere Fotos von Segelyachten, welche die Station in den letzten Jahren besucht haben, darunter auch eines von der Ketsch REINDEER aus Detroit. Eines ihrer Crewmitglieder, Susan Windheim, hat während ihres Aufenthalts das Hundepärchen Marilyn Monroe und Blacky so treffend in Haltung und Mimik porträtiert, daß ihre Zeichnung schließlich als Postkarte in Dänemark gedruckt worden ist und nun mit dem Stempel der Station verschenkt oder verkauft wird.

Über die Geschichte der Station erfahren wir, daß Hell's Corner bis in die 40er Jahre den Amerikanern als Frühwarnanlage diente. Damals lag die Station unten neben der Pier, wo jetzt nur noch die Vorratslager stehen. In den 60er Jahren war sie – Ursache unbekannt – ausgebrannt. Hauptsächlich des Schnees wegen, mit dem die Station auf dem früheren Standort im Winter stets zu kämpfen hatte, wurde sie anschließend in ihrer jetzigen Form oben auf den Felsen neu erbaut.

Die jungen Leute – drei Installateure, ein Zimmermann und ein Koch – bleiben bis zu fünf Jahre auf der Station (bei nur einem jährlichen Freiflug und vier Wochen Dänemarkurlaub ist das eine lange Zeit in einer der einsamsten Ecken der Welt). „Aber danach hat man dann auch einige Kronen auf der hohen Kante", erklärt uns der Installateur Freddy. „Die Bezahlung ist gut, und ausgeben kann man hier nichts." Bei ihm, so meint er zuversichtlich, wird das Ersparte vielleicht sogar reichen, um anschließend ein eigenes kleines Geschäft in Dänemark aufzumachen.

Ein Boot bringt einmal im Monat Frischverpflegung und Post. In Notfällen kann telefonisch ein Schiff oder sogar ein Helikopter angefordert werden, der etwa einen Kranken oder Verunglückten zur ärztlichen Versorgung ins Krankenhaus fliegt.

Am nächsten Morgen sind wir zu dänischem Smørrebrod eingeladen, mit herrlich duftendem Filterkaffee und Eiern, die gerade erst von den stationseigenen Hennen gelegt worden sind. Sie werden – neben ein paar Tauben – in einem infrarotbeheizten Freiluftgehege gehalten, liebevoll betreut und natürlich niemals geschlachtet. Als ich sie fröhlich im Mist scharren sehe, muß ich daran denken, daß sie bestimmt lieber in Grönland frieren, als bei uns in Legehennen-Batterien dahinzuvegetieren.

Der Chef der Station erzählt auf Folkmars Frage nach Eisbären, daß vor zwei Jahren ein Bär mit Treibeis an der Küste heruntergekommen sei. Da er die Leute auf der Station gefährdete, mußte er schließlich erlegt werden. Eisbären sollen auf diese Art übrigens häufiger nach Südgrönland gelangen, wo sie dann in Schafherden einbrechen.

Wir führen einige Telefonate nach Hause, um unseren baldigen Aufbruch nach Island anzukündigen, und holen letzte Auskünfte beim Eiswarndienst in Narssarssuaq ein, wobei wir auch erfahren, daß der Scoresbysund, den wir nach Island besuchen wollen, zur Zeit immer noch vom Eis versperrt ist. Dann heißt es Abschied nehmen von dieser Station, die uns mit ihrer gemütlichen und freundlichen Atmosphäre in eisiger Umgebung stark an die Palmer-Station in der Antarktis erinnert hat. Vor fünf Jahren sind wir dort auf etwa gleicher, allerdings südlicher Breite genauso gastlich und herzlich aufgenommen worden.

Freddy und die beiden Schlittenhunde begleiten uns hinunter zur Pier, wo im Vorratslager ein riesiges Proviantpaket auf uns wartet. „It's like Christmas", bedankt sich Erich bei Freddy, als wir die vielen, liebevoll ausgesuchten dänischen Köstlichkeiten verstauen. Mit dieser Verproviantierung steht die FREYDIS-Kombüse nun einer Gourmetküche in nichts mehr nach.

13

15

13 In den Fjorden Südgrönlands
14 Kalle mit „Marilyn Monroe"
15 Auf Heimaey sind die Stadt-
   mauern aus Lava

16

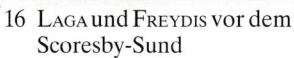

16 LAGA und FREYDIS vor dem
Scoresby-Sund

17 Schulkinder in Scoresby

18 Scoresby, die nördlichste
Siedlung Ostgrönlands

18

19

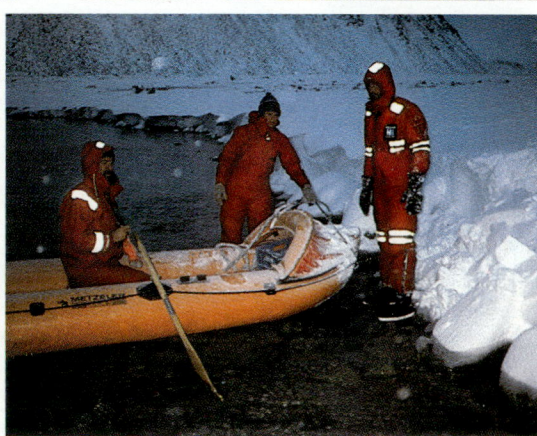

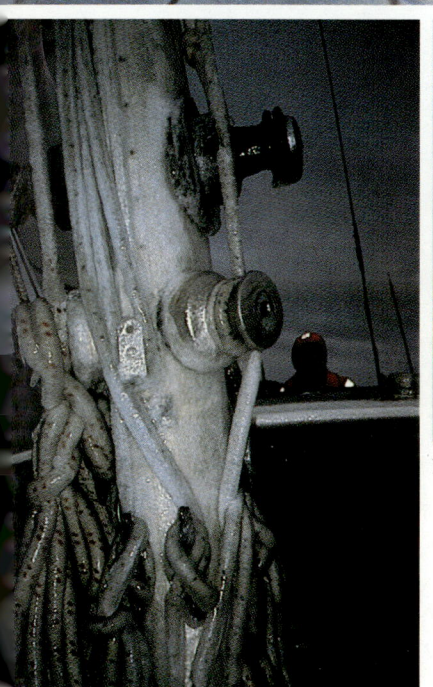

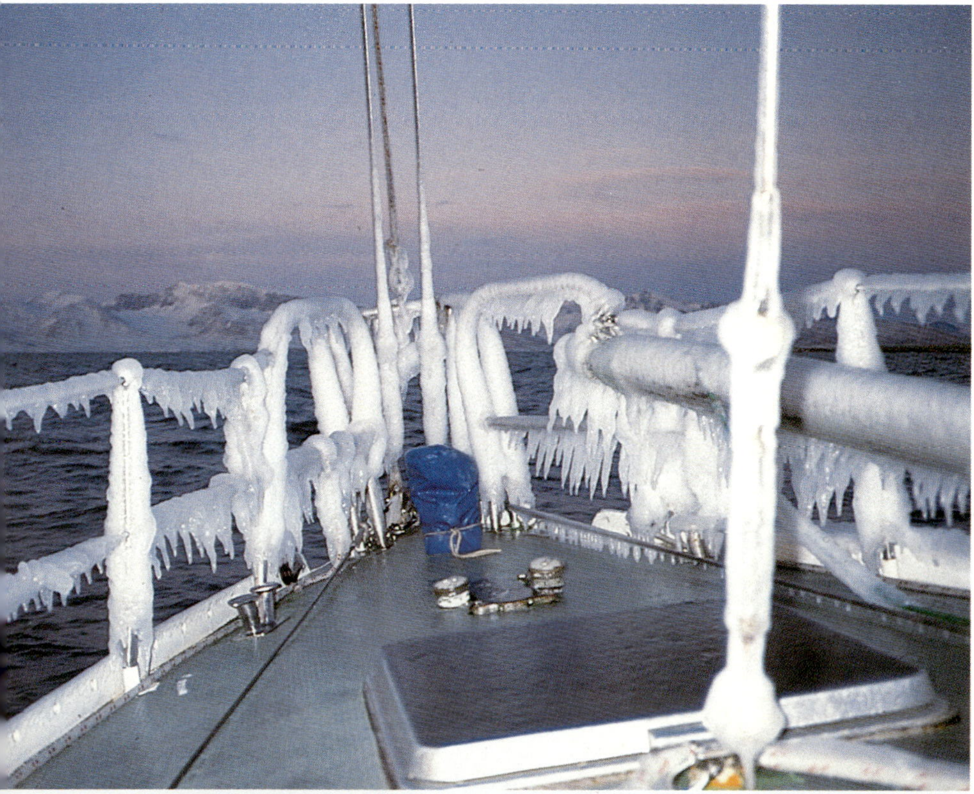

21

19 + 20 Schiffsvereisungen: Die FREYDIS verwandelt sich langsam in ein weißes, zähnefletschendes Ungeheuer

21 Landgang auf der Amsterdaminsel

20

22

23

24

2

22 Mit der LAGA an der Packeisgrenze

23 Ein Prost auf den nördlichsten
Punkt der Reise!

24 Eisbärenshow

25 Löffelkraut, altbewährtes
Mittel gegen Skorbut

Die Bergkönigin mit dem Eisdiadem: Island

*Streß in der Dänemark-Straße – Vom Ein- zum Zweischiff-
Unternehmen – Flug über der Erde jüngstes Kind – Mit Vulkanen
leben – Kraterbesteigung auf Surtsey – Beim Großvater der
Geysire – Thingplatz und Richtstätte – Drei Schiffe, drei Welten*

Von Südgrönland nach Island haben wir 700 Seemeilen über die
Dänemark-Straße vor uns. Gegen Mittag segeln wir, von Möwen
begleitet, aus dem Sund. Vor der Küste frischer Wind um 7 Bft aus
SSW. Er gibt unserer FREYDIS die Sporen. Rasch lassen wir die weiße
Küste Grönlands und mit ihr auch die gefahrenreiche Eisbergzone
hinter uns. Von der herrlichen Segelei in Hochstimmung versetzt,
wetteifert die Crew um die jeweils besten Wach-Etmale mit ständi-
gem Segelsetzen, -bergen, -reffen, -ausreffen, Ausbaumen, Baumein-
holen wie bei einer Regatta. Keine noch so schweißtreibenden Segel-
manöver werden gescheut, egal ob bei Tag oder Nacht.

Kein Wunder, daß sich unsere Alpinisten dabei etwas gestreßt
fühlen. Gefragt sind vor allem auch Übersetzungen des Segellateins
ins Boarische. Fragen wie: „Wo ist denn die Dirk?" oder: „Was soll ich
mit dem Schnürl da machen?" und: „Wann geht's Tuch oabi?" sind
der Standard. Aber sogar Michael muß lachen, als der sonst stets zu
Späßen aufgelegte Walter verkniffen am Ruder steht und den Kompaß
wie eine Klapperschlange fixiert. „Du stehst da wia Ochs vorm Berg",
stichelt er. Darauf Walter beleidigt: „Ich weiß halt, wann Zeit für
Witze ist und wann nicht."

Rettungswesten und Lifebelts während der Wachen sind selbstverständlich auch für die beiden Pflicht, denn: „Gefährlich ist's auf hoher

See, es grinst der Tod von Luv und Lee!" deklamiert Erich. Worauf Michael meint: „Das hört sich fast an wie Bergsteigen."

In den nächsten zwei Tagen verwöhnt uns die Sonne, und in den Nächten geistern Polarlichter über den klaren Himmel. Gewaltige Seen schieben die FREYDIS von achtern, heben sie in schwindelnde Höhen und lassen sie in Abgründe gleiten, sanft wie gezähmte Riesen. Mit starren Flügeln gleiten Eissturmvögel, kleinen Segelflugzeugen gleich, über uns hinweg. Mir scheint, als ob sie mit ihren rätselhaften dunklen Augen einfach durch uns hindurch schauen. Ab und zu schwimmen riesige Baumstämme – Grüße aus Sibirien – vorbei und manchmal auch große Wale.

Wer sagt denn, auf See sei es langweilig? In der Kombüse wird gebrutzelt, gebacken und gekocht. Essen und Smuten – mit unseren delikaten Vorräten ist beides ein Vergnügen. Pikante Krabben- und Muschelcocktails, marinierte Fiskeboller, Schinkenbraten, kleine runde Hefepfannkuchen, Cremes und Puddings mit und ohne Schuß... Jeder kommt auf seine Kosten. Sogar Folkmar, bei dem ich vor unserer Verproviantierung im Höllen-Eck ein besorgniserregendes „Süßspeisendefizit-Syndrom" diagnostiziert habe (übrigens meine einzige medizinische Großtat auf dieser Reise). Dieses hatte sich nicht allein in wahnhaften Vorstellungen des Entbehrten – zum Beispiel von Mutters Schwarzwälder Kirschtorte mit Sahne – geäußert, sondern in einem geradezu mysteriösen Schwund der letzten Süßigkeiten an Bord. Wie ein Süchtiger mixte sich Folkmar am Ende sogar Ersatzschokolade aus Butter, Kakaopulver und Zucker.

Am vierten Tag dreht der Wind plötzlich auf NNO und kommt also jetzt – immer noch mit 7 Bft – erheblich vorlicher ein; entsprechend ruppig wird auch die See, die vergnüglichen Zeiten sind vorbei. Das gilt vorübergehend auch fürs allgemeine Bordleben, in dem plötzlich häufiger kleine Disharmonien auftreten. Ausgelöst werden sie – meiner Meinung nach – durch unberechtigte Nörgeleien an Dingen, die vordem als normal hingenommen wurden sowie durch unsachliche Kritik an Boot und Bordkameraden.

Sorgen machen wir uns aber vor allem wegen der außergewöhnlich langen nächsten Etappe. Immerhin werden sieben Leute, die sich zum Teil nicht einmal gut kennen, sechs Wochen lang auf engstem Raum unter sicherlich sehr harten Bedingungen miteinander leben und arbeiten müssen. Gute Erfahrungen haben wir dagegen mit kürzeren Etappen bis maximal drei Wochen gemacht. Persönliche Probleme und Animositäten innerhalb der Mannschaft, die während eines Erfahrungszeitraums von drei Wochen von den einzelnen noch gemeistert werden, lassen sich dann oft nicht mehr unterdrücken und äußern sich in aggressivem Verhalten oder sogar offener Feindseligkeit gegen alles und jedes. Eine Rolle mag dabei auch eine gewisse Sättigung des Erlebnishungers spielen und eine Erschöpfung der Fähigkeit, immer mehr neue Eindrücke und Reize aufzunehmen und zu verarbeiten. Zu allem Übel haben wir nun auch wieder einen geradezu idealen Seekrankheits-Seegang. Erich, Klaus und ich verbringen fast unsere gesamte wachfreie Zeit in der Koje. Zwar schmerzt der Rücken vom vielen Liegen, aber es bleibt uns keine andere Wahl. Wir können nur noch die dringendsten Aufgaben erledigen. Aus der Gourmetküche wird deshalb ein Schnellimbiß, es gibt nur noch Erbseneintopf und belegte Brote. Daß die Uhren um zwei Stunden vorgestellt und der UTC angeglichen werden, ist für alle Wachen gleich vorteilhaft. Es bringt zwar nur eine einmalige, bei der schweren See aber von allen freudig begrüßte Verkürzung der Wachzeit um eine halbe Stunde.

Obwohl wir hoch am Wind laufen, kommen wir gut voran, nicht zuletzt, weil uns endlich der Irmingerstrom mitzieht, ein Ausläufer des Golfstroms. Noch 100 sm sind es bis Island, der „mythischen Saga-Insel" am Rand des Eismeeres, von der Adam von Bremen 1607 so Schauerliches zu berichten wußte:

„Im Nordmeer liegt die Insel Island, aber sie ist schwer zu erreichen. Eis und Nebel bedecken das Meer, Seeungeheuer bedrohen den Schiffer. Stellenweise ist das Wasser so dick, daß der Bug es nicht schneiden kann. Das Treibeis an seiner Küste ist schwarz und infolge seines Alters so dürr, daß es brennt (er verwechselte Eis mit Lava). *Das Schlimmste ist aber, daß dort die Welt ein Ende hat, dort stürzt das Meer in einen gähnenden Schlund."*

Erich war 1963 als Crewmitglied der ORTAC – einer 15 m langen Yacht des damaligen Eigners Hamburger Verein Seefahrt – nach Island und zu den Westmänner-Inseln gesegelt (über diesen für ihn unvergeßlichen Törn werde ich später noch berichten), und 1976 hatten Erich und ich mit der FREYDIS I, der kleineren Schwester unserer jetzigen FREYDIS, den Osten der Insel besucht.

Während des ganzen letzten Tages vor dem Landfall auf Island scheint wieder die Sonne, und ein kräftiger Wind, der in der Nacht auf

Nord gedreht hat, treibt die Freydis in einem letzten Parforceritt in die Arme der „Bergkönigin mit dem Eisdiadem auf dem strengen Haupt und den Feuersfluten im Busen" (ein Dichterwort über Island).

Unter fahlem Mond- und Nordlicht steuern wir Islands Hauptstadt Reykjavik an und gehen um 06.00 Uhr früh im Hafen an einem schwarzen Walfänger längsseits, obwohl der nicht gerade einladend wirkt mit seinem Krähennest im Mast und der Granatharpune am Bug.

700 sm haben wir auf einer alten Wikingerroute in nur vier Tagen und 17 Stunden zurückgelegt. Kalle, unsere „Selbststeueranlage", für den die Reise hier zu Ende geht, hat quasi als großes Finale bis Reykjavik 18 Stunden ununterbrochen am Ruder gestanden und somit seinen eigenen Rekord gebrochen.

Wie die beiden Alpenländler, die uns ebenfalls hier verlassen, das Arktis-Segeln auf der Freydis empfanden, sei anhand Michaels Tagebuch wiedergegeben:

„Für uns Bergsteiger war dieses Segeln eine vollkommen neue Dimension. Auch Segeln führt mitten in die Natur, so wie die alpine Dreifaltigkeit, zu der wir uns bekennen: Bergsteigen, Skitourengehen und Wildwasserflüsse per Kajak erleben. Hier hatten wir erlebt, wie Berge (aus Eis) segeln, waren mit einem Schiff wie durch ein Gebirge gefahren, am Ruder glaubten wir, mitten in den Wellen einer Wasserwüste zu sitzen. Wir hatten auch ein Riesenglück gehabt, keins (wie vom Skipper prophezeit) auf die Nase gekriegt und sogar die Genugtuung gehabt, putzmunter zu sein, als der Großteil der Crew von Seekrankheit gebeutelt wurde. Am Ende der Reise bekamen wir noch dazu ein dickes Lob, als es zum Abschied hieß: Ihr habt überhaupt nicht gestört!"

Übrigens hat Michael schon wieder ganz große Urlaubspläne. Er will die grönländische Inlandeisüberquerung Nansens, die sich 1988 zum hundertsten Male jährt, mit Walter wiederholen. Auch die Freydis soll dabei eine Rolle spielen.

Noch keine Spur von der Laga, mit der wir uns in Reykjavik treffen wollen, um die letzte große Etappe gemeinsam zu segeln. Die Laga haben wir von einem holländischen Vercharterer für drei Monate übernommen, nachdem wir sie in den Wintermonaten mehrfach probegesegelt und auf ihre Tauglichkeit getestet haben. Zu einer solchen Fahrt im Verbund angeregt haben Erich und mich die sehr positiven Erfahrungen einer Karibik-Geschwaderfahrt mit drei amerikanischen Yachten, die uns 1982 viele zusätzliche Erlebnisse beschert hat.

Von der gemeinsamen Fahrt mit der LAGA versprechen wir uns – außer einem Mehr an Geselligkeit und menschlichem Kontakt – noch eine Menge weiterer Vorteile, beispielsweise mehr Sicherheit, gegenseitiges Aushelfenkönnen mit Ausrüstung und Sachverstand, mehr sportliches Engagement der beiden Crews und nicht zuletzt auch eine bessere Fotoausbeute. Andererseits sind auch mögliche Nachteile nicht auszuschließen: Einengung der Entscheidungen von Skipper und Crew durch Rücksichtnahme auf die zweite Yacht, übermäßiges Konkurrenzdenken der beiden Crews, Übertragung von Gefahrensituationen – falls einer Yacht etwas passiert, muß die zweite auch unter schwierigsten Umständen helfen –, zu viele Personen an den Landeplätzen und dadurch weniger Kontakt mit der Bevölkerung.

Bei unseren Überlegungen haben schließlich doch die Vorteile überwogen. Aber wo bleibt die LAGA nur? Vielleicht steckt sie auf der Westmänner-Insel Heimaey? Dort jedenfalls hat sie einen Landfall geplant. Also nichts wie hin, aber möglichst schnell – also mit dem Flugzeug. Schon am nächsten Morgen sitzen Folkmar, Erich und ich in der Linienmaschine der Iceland Air. Unter uns zieht eine Mondlandschaft aus Vulkankegeln und -kratern vorbei. Kein Wunder, daß die amerikanischen Astronauten auch Island als Trainingsort für ihre Mondlandung gewählt hatten. „Dort, das ist der Vulkan Hekla", erklärt mir freundlich mein einheimischer Nachbar. Neugierig betrachte ich von oben den kegelförmigen Berg mit der weißen Schneekappe. Dieser Vulkan soll seit seiner Entstehung vor rund 7000 Jahren etwa hundertmal ausgebrochen sein; zum vorerst letzten Mal hat er im Mai 1970 Asche, Feuer und Lava gespuckt. Im Mittelalter war er bei der gesamten Christenwelt zum „Tor der Hölle" avanciert, für manche diente er sogar als untrüglicher Beweis für deren Existenz. „Dort unten liegt auch der Eyjafjallajökull", fährt mein Nachbar fort, „und der hinter ihm, das ist der Myrdalsjökull, beides noch tätige Gletscher-Vulkane."

Die Westmänner-Inseln kommen in Sicht, auch ihr jüngster Sproß, die Insel Surtsey, die 1963 durch einen submarinen Vulkanausbruch entstanden ist und die Erich bereits im Juli 1964 mit der ORTAC besuchte. Surtsey heißt auf deutsch „Insel des Teufels" nach dem

109

Riesen Surtur der nordischen Mythologie, der zur Zeit der Götterdämmerung den Weltenbrand entfacht. Heute hat die Insel einen Durchmesser von etwa einer Seemeile und zwei Bergkegel, der höhere erreicht 150 Meter. Laut Seehandbuch soll auch eine Schutzhütte dort zu finden sein. Surtsey, das so ideale Bedingungen für die Erforschung des Landwerdungs- und Landbesiedlungsprozesses bietet, darf allerdings nur noch von Wissenschaftlern mit ausdrücklicher Genehmigung der Surtsey-Forschungsgesellschaft Reykjavik betreten werden. Über die Geburt dieser Insel schrieb der „Seewart", die Zeitschrift des DHI:

„Ein isländischer Fischer sah am 14. November 1963 morgens eine Rauchsäule aufsteigen und fuhr in der Annahme, dort brenne ein Schiff, darauf zu. Er entdeckte jedoch bald, daß sich auf 63° 18′ N und 20° 35′ W ein Vulkanausbruch anbahnte . . . Noch im Laufe jenes Tages nahm die Intensität der Rauchentwicklung rapide zu, und der einsetzende Auswurf lockeren vulkanischen Materials ließ den anfangs immer noch verborgenen Krater bis über die Wasserlinie hinaus wachsen. – Eine neue Insel war dort entstanden, wo die Seekarte zuvor eine Tiefe von 128 Metern verzeichnet hatte. "

Ob die Insel, die ja anfangs nur ein riesiger Aschenhaufen war, überleben oder – wie viele Inseln und Inselchen in diesem Gebiet vor und nach ihr – bald wieder von der See verschluckt werden würde, blieb lange ungewiß. Über ihr Weiterleben entschieden erst die folgenden Monate, in denen sie ein stetiger Lavafluß von außen her verfestigte und dem vernichtenden Zugriff von Wind und Wellen entzog.

Unser Flugzeug landet auf der festgewalzten Vulkanaschenbahn von Heimaey, der größten und einzigen bewohnten Insel des Archipels und Zentrum der isländischen Kabeljaufischerei. Vor uns erhebt sich der 226 m hohe Vulkan Helgafell, der „heilige" Berg. Zehn Jahre nach dem Auftauchen von Surtsey – also 1973 – war plötzlich an seinem Hang die Erde aufgerissen. Damals schossen aus einer zwei Kilometer langen Spalte Lavafontänen bis zu hundert Meter hoch empor und türmten einen neuen Bergkegel, das Eldfell, bis zu einer Höhe von 250 m auf.

Durch eine Welt im Urzustand geht es hinunter zur Stadt. Vom blauen Himmel heben sich skurrile Steingebilde ab: Dämonen, Trolle, Riesen und Kobolde glaubt man darin zu erkennen. Nachts möchte ich hier lieber nicht allein spazierengehen. Die schwarze Lavakante im Ort, aus der noch die Reste zermalmter, eingebackener Häuser hervorschauen, kommt mir neben den neuen bunten Häusern mit den gepflegten Ziergärten wie eine Trennungsmauer vor zwischen einer schaurigen Vergangenheit und einer Zukunft voller Hoffnung. „Isländer sein", habe ich gelesen, „heißt mit den Vulkanen leben." Das gilt ganz besonders für die Bewohner dieser eigenwilligen Idylle inmitten einer infernalischen Umgebung.

Vergeblich halten wir nach der LAGA Ausschau. Doch können sich Fischer, die wir am Hafen fragen, an die Yacht erinnern; vor zwei Tagen habe sie hier gelegen. Nun wissen wir wenigstens, daß sie bereits in isländischen Gewässern ist, vielleicht sogar schon in Reykjavik. Das werden wir ja bald feststellen. Zuvor wollen wir uns aber die Insel noch ein wenig näher ansehen.

Über poröses Geröll steigen wir hinauf zum Kraterrand des Vulkans Eldfell. Beißender Schwefelgeruch steigt uns in die Nase, schwefelgelbe Ablagerungen verzieren rostrotes bis schwarzbraunes Gestein. Dazwischen ab und zu ein Hoffnungsschimmer Grün aus Moospolstern, Schachtelhalmen und Lichtnelken. Es qualmt, zischt, faucht und röchelt im Krater. Der Feuerriese Surtur schläft, sammelt er neue Kräfte?

Vom Kraterrand zieht sich ein breiter Teppich erkalteter Lava an der Ostseite der Stadt entlang bis hinunter zum Hafen. Als sich der glühende Gesteinsbrei damals ins Meer ergoß und dann erstarrte, blieb von der ein bis zwei Kilometer breiten Hafeneinfahrt nur noch ein Nadelöhr von 160 Metern übrig. Die Ausbrüche hätten für die Bewohner Heimaeys zwei Verbesserungen gebracht: erstens einen viel besser geschützten Hafen und zweitens eine wesentlich billigere Heizung, hat mir mein Nachbar im Flugzeug erzählt und damit das wenige Positive der apokalyptischen Heimaeykatastrophe hervorgehoben, die ein Drittel aller Häuser verschlang; einige Zeitungen zogen damals Parallelen zum Untergang Pompejis und sprachen vom „Pompeji des Nordens".

Die Heimaey-Insulaner sind aber offensichtlich Optimisten und konzentrieren sich auf die positiven Aspekte des Unglücks. Sie sitzen buchstäblich auf glühenden Kohlen und ziehen so gut es geht ihren Nutzen daraus (ähnlich wie in Reykjavik können hier die Wohnungen mit der noch vorhandenen Erdhitze beheizt werden). Es kommt eben auf den Standpunkt an ... Tatsache ist jedenfalls, daß bereits nach neun Monaten die meisten Bewohner auf ihre Insel zurückgekehrt waren und die Häuser ausgebuddelt oder neu erbaut hatten.

Ich frage mich immer wieder, wenn ich von „plötzlichen" Vulkanausbrüchen, Erdbeben oder Erdrutschen höre, warum es die so überaus empfindlichen Geräte und Instrumente unserer Hochtechnologiegesellschaft nicht ermöglichen, solche „Plötzlichkeiten" abzuschätzen. Aber nach Meinung der Experten sei dies einfach unmöglich, weil bei allen seismologischen tektonischen Ereignissen – also bei Vorkommnissen, bei denen sich unsere noch nicht völlig erkaltete Erde durch ihre Kruste hindurch verändert – zu viele Faktoren aufeinander einwirken und immer neue Überraschungen entstehen. Jeder Vulkan habe zwar besondere spezifische Eigenschaften, die sich aber im Laufe der Zeit ändern könnten. Nur durch eine intensive Dauerüberwachung unter Berücksichtigung jeder von der Normalität abweichenden Erscheinung könnten vielleicht (!) Vorhersagen möglich sein.

Bei solch schlechten Aussichten war es im Fall Heimaey wenigstens noch ein großes Glück, daß fast die gesamte Fischereiflotte wegen schlechten Wetters im Hafen lag, so daß die Stadt innerhalb weniger Stunden evakuiert werden konnte. Kein einziges Menschenleben war zu beklagen.

Von hier oben können wir in der Ferne auch die Staubfahne erkennen, die von Surtsey zum Festland hinüberweht. Als Erich im Juli 1964 mit der Ortac hier einlief, war Surtsey gerade ein AchtMonate-Inselchen, und auf Heimaey galt der Vulkan Helgafell seit langer Zeit als völlig erloschen und seismologisch uninteressant. Aus Erichs damaliger Reisebeschreibung:

„Der isländischen Küste näherten wir uns im Nebel; die ganze Nacht über sahen wir kein Leuchtfeuer, obwohl wir laut Konsol- und Koppelnavigation den Westmänner-Inseln schon sehr nahe sein mußten. Insbesondere hätte der Feuerschein der neu entstandenen Vulkaninsel Surtsey auszumachen sein müssen. Erst im Morgengrauen, bei etwas besseren Sichtverhältnissen, wurde uns langsam bewußt, daß wir an den Westmänner-Inseln vorbeigesegelt waren und uns irrtümlich bereits in der Medallabucht, dicht vor dem isländischen Festland befanden: wegen der unbekannten Strömungen, der Flaute und der Nähe der Brandung eine böse Überraschung. Die Situation war umso gefährlicher, weil die Ortac keinen Motor besaß und bei fehlendem Wind kaum manövrierfähig war. Wir beschlossen deshalb, uns durch Abschießen

einer Rakete einem in der Nähe befindlichen Fischer bemerkbar zu machen, der uns dann auch bis in den Hafen von Heimaey zurückschleppte und uns sofort gastfreundlich in sein Haus aufnahm.

Wir sind beeindruckt von den bizarren und schroffen Formationen der Felseninsel, die ihren Wüstencharakter dem heute erloschenen Vulkan Helgafell verdankt. Kurz vor Mitternacht marschieren wir alle mit Stativ und Kamera los. Die Insulaner haben uns darauf aufmerksam gemacht, daß wir in der Dunkelheit Zeugen eines eindrucksvollen Bildes werden würden: Eine bestimmte Stelle auf der Insel gibt den Blick frei auf das etwa zehn Meilen entfernte Surtsey. Trotz des etwas diesigen Wetters glüht es deutlich vor uns, denn die tiefhängende Wolkendecke reflektiert den Schein des Kraters. Dadurch wird die Insel in ein rötliches Licht getaucht. Man erkennt in diesem Schein sogar die Stelle, an denen die Lava ins Meer strömt. Auf dem Weg nach Reykjavik, unserem nächsten Hafen, wollen wir versuchen, die Vulkaninsel anzulaufen. Wir sind ‚Feuer und Flamme‘ und hoffen inständig, daß uns Wind und Wetter dieses Vorhaben erlauben.

Zufällig sind unsere Gastgeber die einzigen Bewohner von Heimaey, die es bisher gewagt haben, Surtsey zu betreten. In den anderen steckt noch heute die große Angst, die sie empfanden, als die Insel ganz in ihrer Nähe entstand. So erhalten wir aus erster Hand Informationen über den günstigsten Landungsplatz.

Im Laufe des Nachmittags kommt die Insel endlich in Sicht, grau in grau, ein einziger Berg aus Asche. Als der Vulkan aus dem Meer stieg, stieß er als erstes Asche aus, riesige Mengen von Asche, die sich rund um den Krater absetzten und heute einen 160 Meter hohen Wall um den Schlund bilden. Die Insel selbst hat einen Durchmesser von drei Kilometern.

Je näher wir kommen, desto erregter werden wir. Das Ankergeschirr wird klargemacht; mit Echolot tasten wir uns an das Ufer heran, dann fällt der Anker. Das Beiboot wird ausgesetzt. Die Hälfte der Crew bleibt an Bord, um die ORTAC in voller Bereitschaft zu halten. Die vierzig Meter sind schnell überbrückt. Wir springen in Schwimmwesten und Gummistiefeln an Land. Dann quälen wir uns zu dritt durch die Asche. Nur langsam geht es zum Krater hinauf. Ich stapfe voraus, denn es zieht mich mit magischer Gewalt. Erstaunlicherweise nimmt das Geräusch der Brandung, von der wir uns doch entfernen, hier oben zu. Bis mir dann klar wird, daß dieses Geräusch nicht vom Meer kommt. Ich habe die letzten Meter geschafft.

113

Das, was ich nun sehe, verschlägt mir den Atem. Wie gebannt starre ich in den sechzig Meter breiten Krater, der keine hundert Meter vor mir brodelt und kocht, dessen Lava wie Suppe hin- und herschwappt und in kurzen Abständen hochgeschleudert wird und dessen Hitze in Wellen zu mir herüberdringt. Die ausgestoßene rotglühende Lava fällt immer wieder in sich zusammen, läuft zum Teil auch im Süden des Kraters über seinen sehr niedrigen Rand und fließt langsam den Berg hinab ins Meer. Dort bilden sich riesige Wolken von Wasserdampf. Der Anblick dieses wütenden Hexenkessels prägt sich uns allen unauslöschlich ins Gedächtnis."

Seit dem Besuch der ORTAC-Crew sind nun 22 Jahre vergangen. Im Mai 1965 wurde Surtsey zum Schutzgebiet erklärt und das Betreten der Insel verboten. Inzwischen konnte sich dort bereits vielfältiges Leben entfalten, das mit der See oder dem Wind von den benachbarten Inseln herübergetragen wurde. Heute ist Surtsey mit einem grünen Pflanzenteppich bedeckt. An den Hängen und Klippen brüten und rasten die Seevögel, und die schwarzen Strände sind Tummelplätze für Seehunde.

Es ist bereits Nachmittag, wie unsere knurrenden Mägen signalisieren, als wir auf schwarzer Schotterstraße mit dem Bus wieder hinunter zur Stadt fahren. Nach einer Fischmahlzeit in einem kleinen Restaurant, auf dessen Schild nicht gerade bescheiden „The World's Best Fish" steht – die Werbung hat nicht mal zuviel versprochen –, ist es schon wieder Zeit für den Rückflug.

Gerade als wir in Reykjavik an Bord der FREYDIS gehen, tauchen hinter der Hafenmole zwei Mastspitzen auf. Es ist die LAGA, endlich! Lautstarkes Blasen der Nebeltröten macht der Begrüßungsfreude erst einmal Luft, und als sie dann längsseits festgemacht hat, ist auch schon der Willkommenspunsch fertig. Beruhigend zu erfahren, daß sich die LAGA, eine Suncoast 54, auf ihrem Törn von Leer nach Reykjavik über Edinburgh, die Orkneys, Heimaey und Keflavik recht gut bewährt hat. Auf eine harte Probe sei sie allerdings wegen der optimalen Wetterbedingungen noch gar nicht gestellt worden, meint Erichs Schwager Bernd, der Skipper dieser Etappe.

Langsam löst sich die alte Crew der FREYDIS auf und die neue trudelt ein. Walter und Michael haben noch eine dreitägige Ponytour durch Island geplant. Nur auf solch kleinen „Feuerstühlen", wie sie die Tierchen nennen, könne man diese Insel richtig erleben. Klaus und Sepp sind ins Hotel gezogen, um vor der Heimreise noch ein

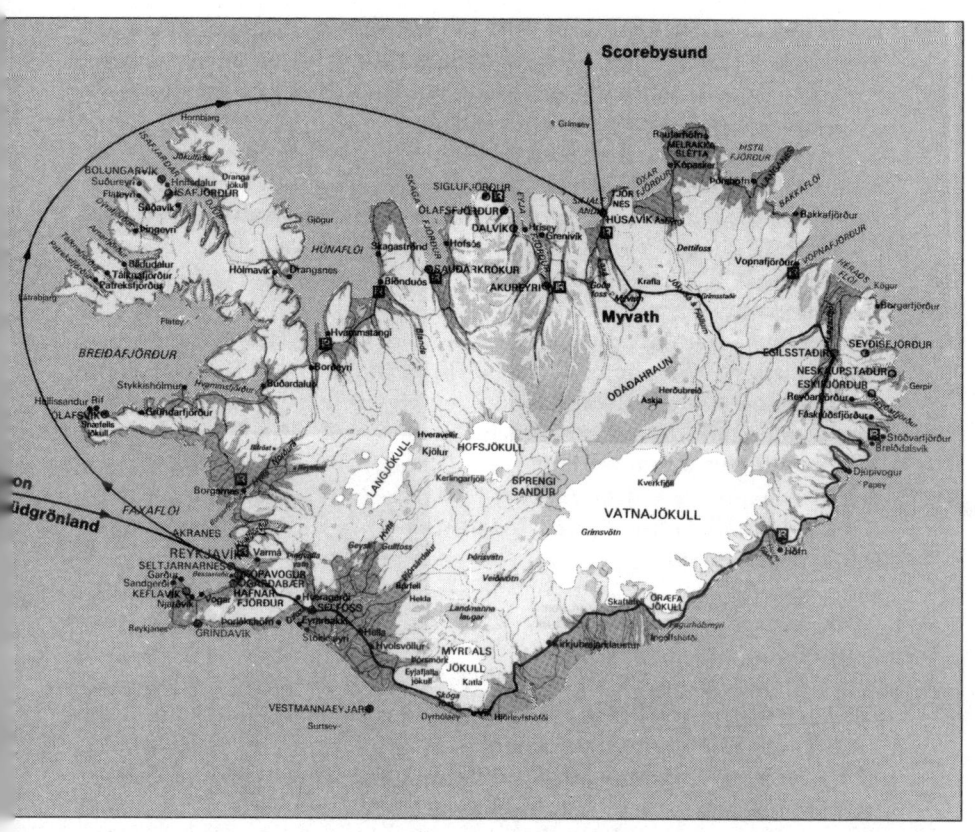

wenig Komfort zu genießen, während sich Kalle bereits auf dem Rückflug befindet.

Erich, Folkmar und ich haben ein Auto gemietet, um damit durch den touristisch so attraktiven Südwesten der Insel zu fahren. Auch Uwe, unser neues Crewmitglied, ist mit von der Partie. Gleich am Morgen holen wir ihn von der Pension ab, in der er auf die Ankunft der FREYDIS gewartet hat. Uwe, ein blonder Riese von 23 Jahren aus Kiel, überragt mit seinen 1,95 Metern sogar Folkmar und Erich (wie gut, daß unsere FREYDIS zwei Meter Stehhöhe hat!). Kennengelernt haben wir ihn vor gut einem Jahr über eine Anzeige in der „Yacht". Schon Klein-Uwe wurde von seinen segelnden Eltern jedes Wochenende mit an Bord genommen und so frühzeitig mit Wind, Wellen und

115

der Segelei vertraut gemacht. Mit 18 unternahm er mit der Yacht der Eltern und ihrem Segen seine erste Ferienreise unter eigener Regie, und die Seefahrt hatte schließlich sogar Auswirkungen auf die Wahl seines Berufes: Uwe studiert Schiffbau.

Zunächst geht es Richtung Selfoss. Die Straße führt durch öde Lavawüsten, die wie frisch gepflügte Felder gewirkt hätten, wären da nicht die dicken Moospolster gewesen und die niedrigen Gräser. Später erreichen wir eine fruchtbare Flußebene. Schafe und Pferde weiden frei auf ausgedehnten, saftigen Wiesen, Wollgras wiegt weiße Wuschelköpfchen im Wind. Etwas abseits der Straße steht hin und wieder ein einsamer, zuweilen verlassen wirkender Hof. Kurzer Stopp in der Ortschaft Hveragerdi, die berühmt ist für ihre heißen Quellen. Sie spenden soviel Wärme, daß in den Gewächshäusern des Dorfes, dicht unter dem Polarkreis, noch Bananen und Melonen wachsen. Wir begnügen uns allerdings mit Tomaten, Gurken, Paprika und Kartoffeln aus dem „Garten Eden" Islands.

In Selfoss biegen wir nach Nordosten ab in Richtung des Geysirfeldes Haukadalur. Die nun nicht mehr geteerte Straße führt durch das Tal der Hvita, des „weißen Flusses", so genannt, weil er milchigtrübes Gletscherwasser führt. Schwarzer Schotter knallt gegen die Karosserie. Erst jetzt wird mir die Bedeutung der Drahtgestelle vor den Autokühlern klar: Sie schützen vor Steinschlag. Haukadalur haben wir bald erreicht. In dem tückischen Gelände, das jedes Jahr verbrannte Touristenfüße fordert, bewegen wir uns vorsichtig zwischen den vielen kleinen und größeren glucksenden, schmatzenden und blubbernden weißen und blauen Quelltöpfen zum Becken des Großen Geysir. Isländisch Geysir heißt „der mächtig Hervorspringende", ein Name, der seit dem 19. Jahrhundert als Gattungsname für Springquellen in aller Welt verwendet wird. Den Großen Geysir könnte man als namensgebenden „Großvater der Springquellen" bezeichnen. In den letzten Jahren gönnt sich diese Quelle, die schon 10 000 Jahre alt sein soll, aber erst um 1300 nach einem HeklaAusbruch zu springen begann, eine Ruhepause. Sie ist nur noch unregelmäßig aktiv.

Beim Strokkur (Butterfaß), dem kleineren Nachbarn, der jetzt „Geysir vom Dienst" ist und fleißig alle fünf bis fünfzehn Minuten eine zwanzig bis dreißig Meter hohe Wasserfontäne emporschleudert, kommen wir dann aber voll auf unsere Kosten und werden klatschnaß. Damit nicht genug, nun gießt es auch noch vom Himmel in

Strömen. Nachdem wir uns im „Hotel Geysir" erst einmal gestärkt haben, zieht es uns wieder zum Naß, in ein kleines gemauertes Schwimmbad vor dem Hotel, das von einer heißen Quelle gespeist wird. Es sieht zwar aus wie eine große Viehtränke, stinkt wie eine Jauchegrube und dampft wie ein Waschzuber, aber das Bad in seinem weichen, wohligwarmen Wasser – bei 12° C Außentemperatur mit Blick auf die Geysire – erweist sich als ein wahrhaft himmlisches Vergnügen.

Erfrischt und durchgewärmt ziehen wir weiter zum Gulfoss, dem „goldenen" Wasserfall. Da er seinen Namen nur bei Sonnenschein verdient, wir aber im Regen davorstehen, können wir leider nichts Goldiges an ihm entdecken. Trotzdem, auch ohne Goldschimmer ist dieser Hvitafall, der über drei Stufen dreißig Meter tief in eine schmale Schlucht stürzt, ein sehenswertes Naturschauspiel.

Nördlich des Thingvalla-Sees erreichen wir am späten Nachmittag das grüne Lavatal Thingvellir, das Nationalheiligtum Islands, wo sich im Jahre 930 das Allthing, die gesetzgebende Volksversammlung Islands und „Mutter aller Parlamente" konstituierte. Nahezu tausend Jahre war Thingvellir jeden Sommer Tagungsort dieses ersten europäischen Parlaments und gleichzeitig auch Richtplatz, wo Urteile gefällt und sofort vollstreckt wurden, wo Mörder geköpft und Diebe gehenkt, ungetreue Frauen ertränkt und Hexen verbrannt wurden – alles in einem Aufwasch!

Auf mein relativ reines Gewissen vertrauend, wage ich mich mit meinen Begleitern in die düstere Allmännerschlucht mit ihren zu beiden Seiten senkrecht aus dem Boden wachsenden, bis zu vierzig Meter hohen schwarzen Felswänden aus bizarren Basaltformationen, durch die einst die stolzen, freien Männer Islands zum Thingplatz ritten. Auch heute begegnen uns ein paar Reiter – Islandtouristen –, nicht ganz so stolz und nicht ganz so frei, vom Regen durchweicht auf ihren vor Feuchtigkeit dampfenden kleinen „Feuerstühlen". Ich muß an Walter und Michael denken, denen es wahrscheinlich ähnlich ergeht, allerdings würden die beiden – glaube ich – einem echten „Schnürlregen" auch seine guten Seiten abgewinnen.

Vom Gesetzeshügel herab bietet sich uns ein grandioser Blick über die weite, von tiefen Rissen, wassergefüllten Spalten und Schluchten durchzogene Thingebene. Umringt von Vulkanen – darunter der berühmte Skalbreidur, der vor rund 9000 Jahren schier unglaubliche Lavamengen ausgeworfen haben muß – und Lavabergen, wirkt die

Thingebene wie ein riesenhaftes natürliches Amphitheater, Schau- und Spielplatz nicht nur entscheidender Szenen der isländischen Nationalgeschichte, sondern in viel größerem Grad auch ein Ort, wo die Erdgeschichte das Schauspiel ihrer dramatischen Entwicklung aufführt.

Es ist schon ein unheimliches Gefühl, sich vorzustellen, daß wir mitten auf einer schwachen Nahtstelle der Erdkruste stehen, wo vor langer Zeit der Urkontinent auseinanderriß, Grönland von Norwegen getrennt wurde, und wo auch jetzt noch, während sich die Kontinente jährlich in zentimetergroßen Schritten voneinander entfernen, Island unablässig wächst. Die Thingebene ist heute einige Meter breiter als beim ersten Treffen des Althings im Jahre 930. Von seiner Fläche her ist Island ein Land mit glänzender Zukunft! Die Allmännerschlucht entspricht – wie die anderen Risse und Spalten auf der Thingebene – den Resten einer jener zahllosen, mit Eruptionsmaterial gekitteten Dehnungsspalten des mittelatlantischen Rückens, der sich von der Bouvet-Insel im südlichen Atlantik über Island (seinen größten übermeerischen Teil) hinaus nach Norden erstreckt. Die aktive Vulkanzone verläuft von Südwesten nach Nordosten quer über die Insel.

Nachdem wir die Einmaligkeit dieses Ortes angemessen in uns aufgenommen haben, fahren wir zurück nach Reykjavik in den FREYDIS-Alltag, wo bereits zwei Crewmitglieder für die nächste Etappe warten: Bruno und Carol. Bruno, 27jähriger Eidgenosse und frischgebackener Notar, ist zwar segel-, aber nicht unbedingt hochseeerfahren. Zum Segeln ist er durch seinen Schwiegervater gekommen, mit dem Erich schon 1965 auf der ORTAC am Admiral's Cup teilgenommen hat (übrigens das erste Mal, daß ein deutsches Team – damals allerdings chancenlos – sich an diesem Rennen beteiligte). International sei die Zusammensetzung der FREYDIS-Crew, meint Erich, denn mit Bruno ist schon die fünfte Nation an Bord vertreten: die Schweiz, Österreich, Deutschland, Bayern und Ostfriesland.

Carol kommt aus Wilhelmshaven. Als „Mann von der Waterkant" hat er sich schon seit jeher dem Wassersport verschrieben. Vom Rudern kam er zum Segeln. Nach zahlreichen Ferientörns und Überführungsfahrten in Nord- und Ostsee schipperte er sogar ein Jahr lang auf der „Barfußroute" über die Meere. Dann kehrte er aber doch wieder nach Hause und in seinen Beruf als Diplomingenieur zurück. Karibik und Südsee sind für ihn erst einmal passé, der kalte Norden lockt. Ein bißchen schwerer fällt es dem erfahrenen Skipper dagegen, als „einfaches" Crewmitglied auf der FREYDIS mitzusegeln. Aber Skipper haben wir ja schon genug an Bord.

Im Morgengrauen bringen wir Skipper Erich, der aus geschäftlichen Gründen nach Deutschland muß, zum Flughafen. Eine Woche später wird er im nordisländischen Husavik wieder an Bord kommen.

Nachdem wir an Bord Schwerstarbeit beim Um- und Verstauen von altem und neuem Proviant geleistet haben, glauben wir, uns das thermalbeheizte Schwimmbad verdient zu haben. In seinen verschieden heißen Whirlpools (bis 45° C) können wir uns „garkochen" lassen – genau das Richtige für eine saubere Körperregeneration.

Am Nachmittag dann ein Besuch auf dem Segelschulschiff GORCH FOCK. Es ist am selben Tag wie wir in Reykjavik eingetroffen und liegt auch am selben Kai. Den erhofften aktuellen Wetterbericht können wir von der Bundesmarine zwar nicht bekommen – er wird uns für den nächsten Tag in Aussicht gestellt –, aber der Erste Offizier, Korvettenkapitän Hering, lädt uns freundlich zu einer Tasse Kaffee in die Offiziersmesse ein, wo wir auch den Kommandanten, Kapitän zur See von Schnurbein, kennenlernen.

Die GORCH FOCK ist über die Shetlands und Faröer nach Island gekommen und will bereits am nächsten Morgen wieder in Richtung Heimathafen Kiel auslaufen. Wie üblich unter Seglern, wird auch hier gleich wieder gefachsimpelt. Der Kapitän erklärt uns, wie verschiedene Manöver – zum Beispiel Wende, Halse, Backwende – mit der GORCH FOCK gefahren werden, auch daß sie mehr als eine Minute für eine Kursänderung um zehn Grad und vier Kabellängen für ein Ankermanöver unter Segeln benötigt; daß sie an der Kreuz bei einer Halse etwa zwei Meilen Höhe verliert, bei einer Backwende aber nur eine halbe Meile und noch etwas weniger bei einer Wende. Man macht sich meist keine richtige Vorstellung von der begrenzten Manövrierfähigkeit solcher Großsegler. Außerdem erfahren wir, daß die GORCH FOCK mit einer Besatzung von 146 Mann fährt, davon gehören 76 Mann zur Stammcrew, die übrigen sind Unteroffiziers- und Offiziersanwärter der Bundesmarine. Natürlich folgt noch ein Besichtigungsrundgang durch das gesamte Schiff.

Als der Kommandant und sein Erster Offizier dann zu einem Gegenbesuch auf die FREYDIS mitkommen, sieht es dort bei weitem nicht so aufgeräumt und gepflegt aus wie an Bord des geschrubbten und gewienerten Ausbildungs- und Repräsentationsschiffes. Die „Neuen" sind gerade dabei, ihre persönlichen Sachen zu verstauen, und so

119

liegt ziemlich viel Zeug in Messe und Kombüse herum. Aber die Gäste bewahren höflich Haltung. „Eben ein richtiges Gebrauchsschiff", meinen sie wohlwollend und nippen an ihrem Sherry.

In Reykjavik lerne ich auch den Kapitän des Walfangschiffes kennen, an dem wir liegen. Dabei gelingt es mir, einige interessante Dinge über den isländischen Walfang zu erfahren. Der Kapitän, gleichzeitig Chef der gesamten Walfangflotte, erzählt mir, daß von den ehemals neun nur noch vier Fangschiffe übriggeblieben sind; davon können wegen der starken Fangquotensenkung lediglich zwei eingesetzt werden. Während einer Saison – sie dauert 70 Tage – werden im Durchschnitt 80 Finnwale und 40 Seiwale gefangen. Bis 1965 hatten sie auch den ehemaligen deutschen Walfänger RAU IX (er gehörte zu einem der zehn Fangboote des Fabrikschiffes WALTER RAU) in ihren Diensten. Der wurde aber später an die Faröer verkauft. Ich kann dem Kapitän erzählen, daß dieses Schiff nun im Bremerhavener Schifffahrtsmuseum ausgestellt ist, wohin meiner Meinung nach auch alle übrigen Walfangschiffe gehören. Als die Walfänger am nächsten Morgen auslaufen, wünsche ich ihnen keinen guten Fang. Und daß Uwe in seiner Pension ein Walsteak – wohl der Größe wegen – bestellte, habe ich ihm bis heute nicht verziehen.

Am nächsten Morgen erhalten wir den versprochenen Wetterbericht von der GORCH FOCK: Auf unserem geplanten Törn um die Westküste der Insel nach Husavik müssen wir demnach mit Starkwind von vorn rechnen. Keine guten Aussichten. Skipper Folkmar verschiebt das Auslaufen daher noch um einen Tag. Für die GORCH FOCK aber steht der Wind günstig. Sie bereitet sich aufs Ablegemanöver vor. An der Pier hat sich eine große Zahl Zuschauer eingefunden, um die eindrucksvolle Bark gebührend zu verabschieden. Die ganze Segelmannschaft steht zum Segelsetzen auf den Rahen, später in Reih und Glied an der Reling. Alles hat seine Ordnung und geht auf Kommando, selbst das Winken.

Nicht lange nach dem Auslaufen der GORCH FOCK schon wieder aufgeregtes Winken: Sarah und Lindsay auf der neuseeländischen Yacht ELKOUBA, die Folkmar schon von St.John's her kennt, sind eingelaufen. Nach freundlicher Begrüßung erfahre ich Näheres über die ELKOUBA und ihre beiden couragierten Segler. Lindsay kommt aus Neufundland, Sarah aus dem englischen Cornwall. Kennengelernt haben sie sich vor fünf Jahren in der Karibik, wo sie auf Charterbooten jobbten, Lindsay als Skipper, Sarah als Smut. Seit drei Jahren besitzen sie nun ihr eigenes Boot, die ELKOUBA, eine robuste, zwölf Meter lange Stahlslup. Mit mehrmonatigen Unterbrechungen zwecks Geldverdienens waren sie an der Ostküste Nordamerikas entlang nach St. John's gesegelt, wo sie damals das erste Mal mit der FREYDIS zusammentrafen. Nach zahlreichen Stopps auf den Westmänner-Inseln sind nun auch sie in Reykjavik.

Gemütlichkeit ist Trumpf an Bord der ELKOUBA, obwohl der Innenausbau noch nicht ganz fertig ist. Ein Kohleofen bullert, und davor räkelt sich genußvoll ein Prachtkerl von Bordkater namens Luigi. Nach kurzem Aufenthalt in Reykjavik wollen die beiden zu den Shetlands weitersegeln, wo sie gute Freunde haben, und dort den Winter über arbeiten. Lindsay und Sarah machen einen so ausgeglichenen und zufriedenen Eindruck, daß ich Sarah frage, ob sie sich denn wirklich wohlfühle bei diesem Leben ohne feste Bleibe und ohne ständigen Kontakt zu Freunden und Verwandten. Die Antwort kommt spontan, ohne Zögern: „Ja! Ich kann mir ein anderes Leben gar nicht mehr vorstellen."

Abenteuer zu Lande

Gletscherläufe und Sandwüsten – Wo heiße Asche den Himmel beleckt – Feuer unter dem Eis – Die Lagune der Singschwäne – Erde im Rohzustand – Bericht der Ballonfahrer

Inzwischen ist auch unser Crewmitglied Erich „Musto" eingetroffen, so genannt nach seinem Ölzeug und zur Unterscheidung von Skipper Erich. Musto hatte als Jugendlicher die Seefahrt sogar als Beruf gewählt und fuhr auf Hapag-Dampfern zwei Jahre lang über die Meere, bevor er dieses Leben satt hatte. Heute ist er Diplomkaufmann. Sein Hobby blieb die Seefahrt, allerdings unter Segeln. Auf der FREYDIS ist er schon häufiger mitgesegelt, doch immer waren es stürmische und kalte Törns gewesen. Mit Stürmen kennt sich Musto also aus, Sorgen bereitet ihm nur das Schönwettersegeln; mit Spinnaker und Blister bei leichten Winden hat er nämlich keinerlei Erfahrung.

Auch Gitta und Rüdiger aus Wilhelmshaven sind nun an Bord. Rüdiger will an Skipper Erichs Stelle den kurzen Törn um Island mitsegeln, während Gitta und ich eine Autotour mit dem Mietwagen entlang der Süd- und Ostküste nach Husavik geplant haben, wo ich wieder an Bord gehen will. An unserem letzten Abend in Reykjavik berichtet Oswald Knudson, der in seinem kleinen Kino Dokumentarfilme („Vulkano-Show") über die Vulkaneruptionen der letzten 25 Jahre auf Island zeigt, daß in den letzten Tagen im Süden der Insel gehäuft kleinere Erdbeben registriert worden seien. Außerdem sind die vom Vatnajökull, dem größten Gletscher Europas, herabfließenden Bäche stark angeschwollen. Ein untrügliches Zeichen für Vulkantätigkeit unter dem Eis, meint Oswald. Die Gletscher Islands, muß man wissen, sind nicht so friedlich wie die Grönlands oder Spitzbergens. Unter ihnen schlummern Vulkane, die –

wenn sie sich regen – verheerende Schmelzwasserfluten, sogenannte Gletscherläufe, freisetzen können. Beklommen schauen wir uns an, Gitta und ich. Sollen wir nicht doch besser mitsegeln, statt über Land zu fahren?

Wir wagen es trotzdem. Bei schönstem Sommerwetter gondeln wir am nächsten Tag durch die Vulkanlandschaft der Hellisheidi, durch die fruchtbare Hvita-Ebene, an Hverendi vorbei, überqueren bald die mächtige Pjorsa, Islands längsten Fluß, und den Markaflöt mit seinen tausend Nebenarmen. Am Ufer eines dieser gurgelnden, kristallklaren Rinnsale legen wir eine erste Rast ein und freuen uns an den Blumen, dem leuchtenden Wollgras auf Wiesen, die sich saftig grün bis zur Küste hinziehen, während weit draußen die Westmänner-Inseln dunkel aus der silbrigen See ragen: Island im Sommerkleid. Der Irmingerstrom, ein warmer Arm des Golfstroms, der hier an der Südküste entlangstreicht, spült nicht nur Kokosnüsse, Mahagoniholz und Zuckerrohr an die nördlichen Strände, sondern auch südliche Träume und beinahe Badeurlaubsstimmung.

Allerdings werden wir gleich wieder daran erinnert, daß dieses Land „Island" heißt und daß ein Neuntel seiner Oberfläche unter dem ewigen Eis von Gletschern liegt. Vor uns erhebt sich der 1666 Meter hohe, sämtliche Berge der näheren Umgebung überragende Eyafjallajökull mit seiner Eiskappe, dessen Schmelzwasser im Skogafoss über eine Steilwand 60 Meter in die Tiefe stürzen. Das Sonnenlicht läßt die Regenbögen im Gischt des Wasserfalls so prachtvoll schimmern, daß er einem einzigen riesigen Juwel gleicht. Nach diesem glitzernden, nassen Naturschauspiel warten schon die ersten „Sander" auf uns: Wüsten aus Geröll und Sand, in Jahrtausenden abgelagert von unzähligen schuttbeladenen Schmelzwasserflüssen, die im Südland münden. Einer davon riecht intensiv nach faulen Eiern – ein Gruß aus der Hexenküche eines Vulkans?

Nächster Stopp ist das Südkap. Wir bewundern das schwarze Lavafelsentor (eines der beliebtesten Postkartenmotive), das wie ein Triumphbogen ins Meer hinausragt. Der weiße Leuchtturm auf dem Kliff des Kaps gibt sich alle Mühe, die Schiffe von der gefährlichen Küste fernzuhalten, an der sie keine schützende Bucht, keinen natürlichen Hafen finden würden. Nur 15 km vom Kap entfernt liegt die Jugendherberge Reynisbrekka, ein einsamer Hof zwischen Ausläufern des Myrdalsjökull, des nächsten größeren Gletschers. Wir sind die einzigen Gäste.

Kein Zweifel, die Saison auf Island ist beendet. Über der Gletscher-
landschaft liegt ein tiefer Friede. Ist er trügerisch hier am Fuß des
Vulkans Katla, quasi am Rockzipfel der Hexe (isländisch Katla =
Hexe)? „Katla die Hexe", erzählt uns die Jugendherbergsmutter, „ist
der Sage nach eine verzauberte Klostermagd, die wegen Männermor-
des in einen Vulkan oben im Myrdalsgletscher verwandelt wurde."
Zu jeder Stunde könne dieser Vulkan wieder ausbrechen, prophe-
zeien isländische Vulkanologen schon seit Jahren. Schöne Aussichten,
wenn man weiß, daß ihren verheerenden Eruptionen stets riesige und
unberechenbare Gletscherläufe gefolgt sind, die blühende Landstri-
che verwüstet und ganze Höfe mit Mann und Maus ins Meer gespült
haben.

In der Nacht schlägt das Wetter um. Regen peitscht gegen die
Windschutzscheibe, als wir auf der Wallstraße durch den riesigen
Myrdalsandur fahren. Diese zweitgrößte Sanderfläche Islands ist 1918
im Gefolge eines Katla-Ausbruchs unter dem Gletschereis des Myrdalsjökull von gewaltigen Wassermassen überflutet worden. Aus der
schwarzer Aschenwüste wächst nichts anderes als kahle Telegra-
phenmasten, von denen herab uns große Raben, anscheinend die
einzigen Lebewesen in dieser öden Gegend, Okkultes entgegenkräch-
zen. Zu den dramatischen Klängen von Schuberts „Erlkönig", die
ausgerechnet jetzt aus dem Autoradio ertönen, wirbelt eine Horde
schwarzer Sandteufel heran und nimmt uns die Sicht. Es ist düster,
die Fenster werden zugeweht von schwarzem Sand. Sand dringt
durch alle Ritzen und Lüftungsklappen des Wagens. Sand kommt
überall durch und sitzt schließlich auch in den Kleidern, im Haar, in
Nase und Ohren und knirscht zwischen den Zähnen.

Links und rechts der Straße liegen stumme Zeugen verlorener
Materialschlachten: zerfetzte Reifen, verrostete Auspufftöpfe und
-rohre, Radkappen, Stoßfänger, Zierleisten . . . Wir fahren langsam
und übervorsichtig von Schlagloch zu Schlagloch. Hier eine Panne
während des Sandsturms – nicht auszudenken! Wir haben Glück im
Unglück. Die obligatorische Panne erwischt uns erst, als wir das
anschließende, gras- und moosüberwachsene Lavaschotterfeld des
Eldhraun schon fast hinter uns gebracht haben. Nach dem Reifen-
wechsel muß schleunigst wieder ein Reservereifen her (auf Islands
einsamen Straßen bekommt er für den Autofahrer eine ähnliche Bedeutung wie der Rettungsring für Über-Bord-Gefallene). Kirkjubae-
jarklaustur, das kleine Dorf mit dem unaussprechlichen Namen am

Ende des Eldhraun, ist nicht mehr weit, und eine Werkstatt gibt es dort auch – kein Wunder, das muß ja eine Goldgrube sein! Berühmt ist der Ort aber nicht deswegen, sondern weil sich hier während des „Skaftafell-Feuers", der größten Spalteneruption in geschichtlicher Zeit, ein „Wunder" ereignete. Glutflüssige Magmamassen aus der Lakispalte am Fuß des Vatnajökull, des größten Gletschers Europas, ergossen sich 1783/84 über eine Fläche, die größer war als der Bodensee, auch über das heutige Eldrhaun; als sie sich am 20. Juni 1783 der kleinen Siedlung Kirjubaejarklaustur gefährlich genähert hatten, rief der Dorfpastor die Siedler in höchster Not zum Gottesdienst in die kleine Kirche. Noch während dieser „Feuermesse" soll die glühende Lavawalze zum Stehen gekommen sein.

Bei dieser größten Katastrophe in der Geschichte Islands fanden 10 000 Menschen den Tod, und nahezu der gesamte Viehbestand der Insel wurde vernichtet. Wie eine Dunstglocke hatten sich giftige, fluorhaltige Gase über die ganze Insel gelegt, und die vulkanische Asche war so hoch in den Himmel geschleudert worden, daß sie rund um den Erdball zu einer Verfinsterung der Sonne führte. Wie heißt es in den Völuspa-Versen der „Edda"?

„Schwarz wird die Sonne, die Erde sinkt ins Meer,
vom Himmel fallen die heiteren Sterne,
Glutwirbel umhüllen den allnährenden Weltenbaum,
die heiße Asche beleckt den Himmel.
Yggdrasil bebt, die Esche, doch steht sie,
es dröhnt der alte Baum, da der Riese frei wird."

Als eine Eruptionswolke über einem Vulkan deutete Walter Hansen in seinem Buch „Asgard" die von den Völuspa-Dichtern beschriebene Weltesche Yggdrasil, den Schicksalsbaum, der gleichzeitig als Symbol für das Werden wie für das Vergehen steht, denn aus dem Untergegangenen wird neues Leben entstehen. Und tatsächlich bedeutet ja eine Vulkaneruption nicht nur eine Katastrophe für Mensch und Tier; das ständige Hervorquellen neuer Landmassen garantiert auch den Nachschub lebensnotwendiger Bioelemente, ohne den die Welt wohl längst nicht mehr bewohnbar wäre.

Unwillkürlich drängen sich mir hier andere Gedanken, ein anderer Vergleich auf. Ich brauche nur dem Schicksalsbaum Weltesche einen Pilz gegenüberzustellen, einen Atompilz; der allerdings stammt nicht aus der Natur, die nach dem Vergehen wieder ein Werden garantiert. Der wurde von uns fabriziert und garantiert allein Verderben. Auch er würde Asche so hoch und dicht in den Himmel schleudern, daß sich die Sonne verfinstert, allerdings so lange und tödlich, daß es keine Möglichkeiten für neues Leben mehr geben würde. Unser Schicksalsbaum – sollten wir ihn emporwachsen lassen – wird sich nur als radikaler Vernichter auswirken, von Neuschöpfung keine Spur.

Die trüben Gedanken verdrängend, fahren wir wenigstens mit einem neuen Reserverad im Kofferraum über Dämme und Brücken des Skeidararsandur, der größten zusammenhängenden Sanderfläche an der Südküste Islands. Schier endlos scheinen die schwarzen Geröllwüsten, durch die sich die zahllosen und teilweise mächtigen Schmelzwasseradern des gigantischen Vatnajökull wie silbrige Schlangen einen Weg zum Meer bahnen. Der ekelerregende Schwefelwasserstoffgeruch erinnert uns wieder an die zahlreichen Vulkanherde, die sich unter seinem Eis verbergen. Zwar können wir mangels Vergleichsmöglichkeit nicht beurteilen, ob die Flüsse zur Zeit tatsächlich mehr Wasser als sonst führen; aber allein die Vorstellung genügt, daß irgendwann in nächster Zeit – alle vier bis sechs Jahre sollen hier Gletscherläufe vorkommen – wieder unvorstellbar große Wassermassen den Berg herabdonnern und sintflutartig die Sände überfluten werden, daß wir uns auf dieser Wegstrecke mit ihren zahlreichen Brücken nicht gerade sicher fühlen. Bis 1974, bevor die Straße fertiggestellt wurde, konnten die Sände und Flüsse nur auf dem Pferderükken und schwimmend überquert werden, weil die flachen Strände keine Schiffahrt in Küstennähe zuließen.

Wie gefährlich die Südküste Islands ist, haben wir vorher schon dem Seehandbuch entnommen:

„Von See her ist die niedrige Küste wegen des hohen Hinterlandes, das sich aber erst zehn bis zwölf Seemeilen landeinwärts erhebt, nur schwer zu sehen. Dieses Hinterland lenkt außerdem die Aufmerksamkeit von der Küste ab, so daß Seefahrer sie häufig erst entdecken, wenn sie die Brandung in ihrer Nähe bemerken. Hinzu kommt, daß die von jedem Pflanzenwuchs entblößte Küste hauptsächlich aus Sand besteht, der bei einer bestimmten Beleuchtung nur schwer vom Wasser zu unterscheiden ist, und weiter, daß der im allgemeinen westwärts an der Küste entlanglaufende Strom stellenweise auf Land zusetzt und beträchtliche Stärke erreichen kann. Das flache Küstenland von Skeidararsandur ist

besonders unzugänglich. Ein Schiffbruch bedeutet für die Besatzung des Schiffes unmittelbare Lebensgefahr."

Bei Strandungen in früherer Zeit waren die Schiffbrüchigen hier oft verloren. Oder sie erreichten, wenn sie Glück hatten, erst nach langem Umherirren bewohntes Gebiet. Seit Anfang dieses Jahrhunderts wurden deshalb entlang der gefährlichen Küste eine Kette von Schutzhütten mit Wegweisern zu den nächsten Höfen aufgestellt. Ein Verzeichnis dieser Hütten findet sich auch im Seehandbuch.

Der Skeidarar-Gletscher erhebt sich nun vor uns, eine breite Zunge des Vatnajökull, die fast bis zur Straße zu reichen scheint. Erst jetzt, als sie vor der weißen Wand hin- und herfliegen, können wir die großen braunen Raubmöwen ausmachen, die sich zuvor kaum von der Farbe des Sandes abgehoben haben. Wegen der gefährlichen Angriffe, mit denen sie ihre ungeschützt auf dem Boden verstreuten Gelege und später ihre Jungen verteidigen, muß man sich vor ihnen gehörig in acht nehmen. Der Sekeidararsandur soll einer ihrer wichtigsten Brutplätze sein.

Und dann, nach all der menschenfeindlichen Wildnis aus Sand, Wasser und Eis, kommt endlich der Skaftafell-Naturpark: eine grüne Oase auf der Asche und dem Moränenschutt des Öraefajökull, Islands höchstem Berg (2109 m) und südlichstem Ausläufer des Vatnajökull. Geradezu üppige Vegetation empfängt uns, darunter auch etwas, das wir lange vermißt haben: Bäume oder doch wenigstens Bäumchen, kleine Birken, die sich im Tal vor dem eisigen Wind verstecken, der über den Gletscher weht. Das Grün lockt uns wie mit magischer Kraft auf einen kleinen, mit Birkensträuchern, Farnen und aquamarinblauen Glockenblumen gesäumten Trampelpfad, wobei uns kecke Rotdrosseln durch tiefhängende, regennasse Wolken hinaufbegleiten zum Svartifoss, dem „schwarzen Fall", der sein Wasser zwanzig Meter tief über eine prachtvolle Barrikade aus schwarzen Basaltsäulen stürzen läßt. Völlig durchnäßt, aber mit einigen prächtigen Birkenpilzen, die wir unterwegs gesammelt haben, kehren wir zum Auto zurück.

Noch stundenlang kurven wir in Richtung Höfn, unserem Tagesziel, am Massiv des Gletscherriesen Vatnajökull entlang. An Ingolfsheidi vorbei, einem Felsenkap weit draußen auf einer Nehrung, wo Ingelfur Arnarson, der erste normannische Siedler, um 870 n. Chr. gelandet sein soll, erreichen wir den azurblauen Gletschersee, in dem die breite Zunge des Breidamerkurjökull endet. Hunderte asche- und geröllbedeckter Eisberge und Eisschollen treiben unter einer Hängebrücke hindurch aufs offene Meer. Wir übernachten in der Jugendherberge in Höfn, wo wir uns ein feines Abendessen aus unseren Pilzen zubereiten.

Am Morgen begleitet uns ein englischer Vogelkundler, den wir in der Jugendherberge kennengelernt haben, bis zur Lagune Papos, wo sich Hunderte von Singschwänen versammelt haben, um gemeinsam zu ihrem Winterquartier an der irischen Küste zu fliegen. Den Start scheinen sie gerade zu proben, denn wie auf Kommando fliegen alle gleichzeitig auf, um sich dann aber auf der gegenüberliegenden Lagunenseite wieder niederzulassen: ein großartiger Anblick, der an südliche Flamingoschwärme erinnert. Neben den Schwänen und ein paar Gänsen tummeln sich auch Lummen und Alken auf dem Wasser. Früher soll noch ein anderer sonderbarer Vogel – der Riesenalk – hier gelebt haben: flugunfähig und dadurch eine leichte Beute für die Siedler; der letzte seiner Art wurde vor rund 150 Jahren auf Island erlegt.

Nach einer Berg- und Talfahrt an der Küste entlang machen wir Mittagspause im alten Fischerdorf Djupivogur, früher bevorzugter Handelsposten Hamburger und Bremer Kaufleute. Natürlich essen wir Fisch. Angelandet werden hier Dorsch, Heilbutt, Schellfisch, aber auch Hummer und Krabben. Vor der Küste liegt die kleine Insel Papey, einst Zufluchtsort irischer Mönche und Einsiedler, über die der irische Chronist Dikuil schrieb: *„Weder Wagemut noch Abenteuerlust trieb sie, sondern einzig die Sehnsucht nach stillen, weltfernen Einöden, wo sie ihrem Gott in Frieden leben konnten.“*

In Richtung unseres abendlichen Ziels führt die Straße dann steil hinauf ins Landesinnere. Immer wieder müssen wir jungen, flugunfähigen Möwen ausweichen oder Schafen, denen noch Fetzen der nachgewachsenen Winterwolle vom Körper herabhängt, so daß sie aussehen, als gingen sie in Lumpen. Kurz vor der Dunkelheit erreichen wir Egilsstadier an einem langen schmalen See, an dessen Ufern die einzigen Nadelbäume Islands wachsen. Hier wird der Versuch unternommen, das Land wieder aufzuforsten, das einst – bevor der Mensch mit Feuer, Axt und Schafen kam – längst nicht so baumlos war wie heute. Quartier machen wir im Farmhaus Skipalaekur am See. Mit Reiten, Forellenfischen und langen Spaziergängen könnte man sich hier noch ein Weilchen länger aufhalten, nur leider haben wir keine Zeit.

Als ich am nächsten Morgen aufwache, blicke ich verdutzt auf eine „Gletscherwand", die mir am Abend zuvor gar nicht aufgefallen war. Bei näherem Hinsehen entpuppt sie sich als schneebedeckter Hang. Nachts hat es also tüchtig geschneit, nichts Ungewöhnliches im September, meinen unsere Wirtsleute. Es komme sogar vor, daß die Straßen nach Norden durch Schneewehen unpassierbar würden. So rasch wie möglich machen wir uns auf den Weg, denn im Schnee steckenzubleiben, das können wir uns nicht leisten. Schon am Abend müssen wir ja in Husavik sein, um Erich vom Flugplatz abzuholen.

Ein eisiger Wind pfeift zwischen den dunklen Berghängen, fegt über die weiten Ebenen und durch die engen Flußtäler. Wie es wohl der FREYDIS und der LAGA jetzt ergeht? Phantastische Wolkengebilde jagen über den Himmel, seltsame Lichtreflexe erwecken die Erdfarben zu strahlendem Leben. Unwirtliche Regen-, Schnee- und Hagelschauer wechseln ab mit freundlichem Sonnenschein und versöhnlichen Regenbögen über dem kargen, strengen Land. Im Hintergrund dräut der Vulkan Herdurbreid, „der Breitschultrige", nach Walter Hansen angeblich identisch mit der mythischen Götterburg Asgard. Etwas weiter südlich liegt das 1510 m hohe Askja-Massiv, aus dem 1961 zum vorläufig letzten Mal bis zu 300 m hohe Lavafontänen und giftige Gase ausgestoßen wurden.

Über ein Hochplateau erreichen wir das Gebiet des Myvaten, des Mückensees, mit seinen unzähligen Plagegeistern. Doch anders als in den Tundren Lapplands wird man hier von keiner dieser Mücken gestochen, sie wirbeln nur ununterbrochen in Massen um einen herum. Der See liegt am Rand der aktiven Vulkanzone der Insel; ähnlich wie auf der Thingebene sind auch hier tektonische und vulkanische Kräfte unablässig am Gestalten und Erschaffen.

In den letzten Jahren ist es um den Zentralvulkan Krafla nördlich des Sees immer wieder zu kleineren Spalteneruptionen gekommen – nur Vorgeplänkel eines mächtigen Ausbruchs? Experten halten es für möglich. Am Ort der jüngsten Vulkaneruption (1984) ist die Lava noch tiefschwarz und ohne Bewuchs, aber auch sonst scheint die Erde um den Myvaten überall noch im Rohzustand zu sein. Grobe Felswände ragen über labyrinthischen Lavaschluchten empor, Heißwassergrotten verbergen sich in Felsspalten, groteske Lavaruinen recken sich aus schwarzer Asche, und kleine Krater sitzen wie Eiterpusteln auf der Lavahaut. Schwefelgeruch hängt in der Luft. Vor den gelbleuchtenden Hängen des Namafjall (früher wurde hier Schwefel abgebaut) steigen Dampfsäulen auf, schwappt zäher, graublauer Schlamm, stülpen sich Blasen auf und zerplatzen, brodelt und kocht es in hundert Hexenkesseln, und der zerfressene Boden schimmert in Rotbraun, Gelblichweiß und Anthrazit. Wie erholsam wirkt dagegen das üppige Grün an den Rändern des Sees! Aber noch eine weitere Augenweide verziert das Ufer: der wunderbar ebenmäßig geformte Ringwallkrater Hverfjall.

In der kleinen Fischerstadt Husavik treffen wir gerade noch rechtzeitig ein, um Erich und Uli am Flugplatz abzuholen; Uli ist Crewmitglied der LAGA. Er kommt erst in Husavik an Bord. Als freischaffender Fotograf hat er in Erwartung aufregender arktischer Motive eine umfangreiche Ausrüstung mitgebracht. Besonders sein kanonenrohrgroßes Teleobjektiv wird von den Amateuren an Bord der FREYDIS ausgiebig bewundert. Mir gefällt allerdings viel mehr der zierliche kleine Schäkel, den er im Ohr trägt. Heutzutage ist ein Ohrring bei Männern zwar meist nur ein Modegag; früher aber war er bei Seefahrern Usus, vor allem auch bei ostfriesischen Seeleuten, und galt als eine Art Versicherung für den Fall, daß sie in der Fremde den Seemannstod sterben und irgendwo an einer Küste antreiben sollten, wo sie niemand kannte. Der goldene Ring im Ohr sollte dann ein Zeichen dafür sein, daß es sich um einen christlichen Seemann handelte, und gleichzeitig Zahlungsmittel für ein christliches Begräbnis.

Endlich bekomme ich Post von zu Hause, darunter auch einen Brief von Henk und Evelien, unseren Ballonfahrern. In Reykjavik habe ich bisher nur gehört, daß ihre Atlantiküberquerung geglückt ist. Jetzt erfahre ich nähere Einzelheiten über ihren Flug und ihre Landung. Zusammen mit Willem Hageman waren die beiden am 31. August um 03.00 Uhr nachts unter dem Jubel tausender Schaulustiger vom Sportplatz in St. John's gestartet.

„Die ersten beiden Stunden waren besonders aufregend", schrieb Evelien, „ständig fragten wir uns, ob der Ballon auch hält, welche Höhe wir haben, und anderes. Gleich nach dem Abheben lag unter uns nur noch das Meer, und das Wasser wäre viel zu kalt gewesen, um – falls etwas schiefgegangen wäre – lange darin zu überleben. Der erste Tag war ruhig, und wir genossen die Sonne und den Ausblick: über uns blauer Himmel, kleine Wolken tief unter uns, und darunter wieder das blaue Meer. Dank kräftiger Winde passierten wir mit Spitzengeschwindigkeiten bis zu 100 km/h die Südspitze von Grönland. In der folgenden

130

Nacht wurde es sehr kalt, außerdem gab es wieder viel zu tun. Eine Person mußte sich ständig hinten auf dem Deck aufhalten, um den Ballon zu beobachten, eine mußte vor den Instrumenten sitzen. Nur einer von uns dreien konnte versuchen, ein bißchen Schlaf zu tanken. Mit 120 Stundenkilometern – für eine Ballonfahrt geradezu eine Wahnsinnsgeschwindigkeit – ging es Richtung Europa. Unser Flugzentrum sah eine ungünstige Landezeit mitten in der Nacht voraus und riet uns, unsere Höhe (4200 m) zu verlassen und langsamer zu fliegen.

Die dritte Nacht war wunderschön. Wir überquerten Irland. Weit unter uns konnten wir die Lichter von Dublin, Birmingham und Blackpool erkennen. Der Kontrollturm nannte uns jede Stadt, über der wir in der Dunkelheit schwebten.

Bei Tagesanbruch waren wir über der Nordsee, dunkle Wolken zeichneten sich über der Küste von Holland ab. Um unter diese Wolken zu kommen, mußten wir tiefer gehen. Im Sinken gerieten wir in heftigste Turbulenzen. Wir fielen wie ein Stein vom Himmel. Erst als wir eiligst die letzten mit Bleischrot gefüllten Ballastsäcke über Bord warfen, fing sich der Ballon wieder, schwebte über Amsterdam und einen Teil des Ijsselmeeres in Richtung Almere. Das schien günstig, also nichts wie runter. Am Morgen des 2. September um 08.08 Uhr landeten wir nicht gerade sanft in einem Kornfeld: todmüde, erschöpft, aber glücklich."

Jenseits des Polarkreises

Wettfahrt rund Kap Nord – Härtetest für die LAGA-*Crew –*
Aufbruch nach Ostgrönland – Schreck in der Mitternachtsstunde

Als wir auf der FREYDIS ankommen, steht ein großer Topf Fisch-
suppe auf dem Tisch, und Dorschfilets brutzeln in der Pfanne: Carols
Einstand als exzellenter Hobbykoch. Gitta und Rüdiger, unsere Is-
landbegleiter, verlassen uns. Sie wollen mit dem Leihwagen an der
Westküste entlang nach Reykjavik zurückfahren. Während wir dann
gemütlich beim Essen sitzen, tauschen wir unsere Island-Erlebnisse
aus. Von Folkmar, dem Umsegler, erfahren wir, wie es FREYDIS und
LAGA erging:

Noch am selben Morgen, an dem Gitta und ich zu unserer isländischen Autotour starteten, liefen die beiden Schiffe bei strahlendem
Sonnenschein und guter Sicht gemeinsam aus Reykjavik aus. Ziel war
das nordisländische Husavik, unser Verabredungsort. Dazu mußten
sie quasi im „Vorübersegeln" das berüchtigte Kap Nord runden. Wie
Folkmar nun berichtet, muß es dieser von der zeitlichen Dauer her gar
nicht so lange Törn ganz schön in sich gehabt haben.

Als ihr erster Ansteuerungspunkt diente der eisbedeckte Gipfel des
Gletschervulkans Snaefellsjökull – in Jules Vernes phantastischer
„Reise zum Mittelpunkt der Erde" muß dieser markante Vulkan als
Eingangstor für die Reisenden in die Unterwelt herhalten. Danach
schlug Folkmars Temperament als Wettkampfsegler durch. „Bei stark
auffrischendem Wind brach in beiden Crews schon bald das Regatta-
fieber aus", erzählt er. „Wir konnten allerdings zunächst bloß nei-
disch hinter der LAGA herschauen, die uns noch unter Vollzeug davon-
segelte, während wir schon das erste Reff einstecken und die Genua
gegen die Fock austauschen mußten. Dafür liefen wir mehr Höhe. Die

LAGA wurde immer kleiner und segelte weit in die Bucht von Faxafloi hinein. Dank einer Winddrehung schaffte sie es später aber doch noch, sich ohne Kreuzschläge wieder zu befreien."

Bereits im Hafen von Reykjavik war nach einem Barometersturz ein gewaltiges Trogtief über die FREYDIS hinweggezogen. Nach ihrem Auslaufen fiel das Barometer noch weiter: in 25 Stunden um 24 Hektopascal. In der Folge entwickelte sich ein Sturm aus Nord mit Spitzenböen bis zu 55 Knoten, der die gesamte West- und Nordküste Islands in eine Winterlandschaft verwandelte (und den ja auch Gitta und ich mitgekriegt hatten). Folkmar: „Der Wind legte weiter zu, die Logge zeigte mittlerweile auf Raumschotkurs acht Knoten an. In der ersten Nachtwache wurde ein zusätzliches Reff erforderlich. Während des Manövers tauchte gespenstisch aus der Dunkelheit die Topplampe der LAGA auf, geschätzter und später über Funk bestätigter Abstand fünf Seemeilen. Als wir sicher waren, die Nordhuk von Breidafjördur mit dem Leuchtfeuer Bjargtangar gut anliegen zu können, änderten wir den Kurs und gleisten uns mit ausgebaumtem Vorsegeln praktisch auf dem Wind auf. Eine rauschende Fahrt begann. Die FREYDIS lag wie ein Brett im Wasser, und der Abstand zur LAGA, die noch mehr freien Seeraum gewinnen wollte, wurde immer größer." Bei den letzten Worten blitzen Folkmars Augen geradezu vor nachträglicher Befriedigung, und eine gewisse Schadenfreude ist in seiner Stimme nicht zu überhören. Was soll's? Er hat ja recht, beim Regattasegeln kommt es schließlich darauf an, die Konkurrenz zu schlagen. Und das ist ihm offenbar gelungen.

In der Folgezeit wurden sie aber wieder ganz von der rauhen See des Nordatlantiks in Anspruch genommen. Segeln bedeutete harte Arbeit, spielerische Wettfahrten konnten sie sich kaum mehr leisten. Wegen der ständig über die FREYDIS hinwegrauschenden Regen-, Schnee- und Hagelschauer wurde die Sicht so schlecht, daß die Crew die Weite der Fjorde zwischen den imposanten, schneebedeckten und steil abfallenden Bergen meist nur ahnen konnte. Auch vom Kap Nord, das sie am späten Nachmittag rundeten, sahen sie kaum mehr als schemenhafte Umrisse. Nach einem Etmal von 162 Seemeilen hatten sie den Kurs zwar direkt auf Husavik abstecken können, kurz vor dem Ziel aber zwangen erneut schwere Hammerböen zum Beidrehen.

Selbst noch im Hafen von Husavik trieb der Sturm mit der FREYDIS ein böses Spiel. Trotz Einsatzes aller verfügbaren Fender und doppelt ausgebrachter Leinen drückte er sie mit Macht gegen die Pier. Erst einige Lastwagenreifen, die freundliche Fischer zur Verfügung stellten, schufen eine wirksame „Knautschzone". „Wir waren froh, als wir unser Schiff endlich sicher vertäut hatten", schließt Folkmar. „Und daß das herrliche Schwimmbad so nahe am Hafen liegt. Kurz nachdem wir die letzten Handgriffe erledigt hatten, konnten wir uns darin unter freiem Himmel in 40 Grad warmem Wasser entspannen und dachten natürlich auch voller Mitgefühl an unsere Freunde auf der LAGA (als er das so unschuldsvoll erwähnt, denke ich mir meinen Teil), die einen etwas unglücklichen Kurs gewählt hatten und leider erst 16 Stunden nach uns einliefen."

16 Stunden, könnte man meinen, seien im Rahmen einer solchen Reise nur eine kurze Spanne, für die Crew der LAGA aber dehnte sich diese Zeit schier endlos, da sie die volle Wut des Sturms zu fühlen bekam. Die noch nicht aufeinander eingespielte Besatzung wurde gleich zu Anfang auf eine äußerst harte Probe gestellt. Viel später erst bekannten einige Crewmitglieder freimütig, daß sie Todesängste ausgestanden hätten, als eiskalte, überkommende Brecher das Schiff bedrohten und niemand wußte, ob das Deckshaus den Belastungen standhalten würde.

Aus Angst, daß dies erst der Auftakt zu noch weit Schlimmerem sein könnte, hatten einige Crewmitglieder in Husavik ernsthaft mit dem Gedanken gespielt, von Bord zu gehen und das Ganze bleiben zu lassen. Zum Glück taten sie es nicht (das meinten sie nachher stolz selber). Denn wie so oft im Leben bestätigte sich auch in diesem Fall die alte Erfahrung: Eine gemeinsam durchgestandene harte Prüfung hat natürlich auch ihre guten Seiten, sie schafft ein ganz spezielles Gemeinschaftsgefühl und das notwendige Vertrauen in die Seetüchtigkeit des Schiffes. Ab Husavik war die Besatzung der LAGA eine richtige Crew mit recht gut entwickeltem Selbstbewußtsein.

Skipper dieser Crew ist Dieter, ein 41jähriger Fernmeldetechniker aus München. Seine Segelausbildung hat er im Mittelmeer erhalten. Später folgten zahlreiche Langstreckentörns mit dem eigenen Sechs-Meter-Boot nach Dänemark, Schweden und Norwegen und eine zweimonatige „Traumreise" mit einer Elf-Meter-Yacht in die Südsee. Zur FREYDIS kam Dieter 1981 als Crewmitglied auf dem Transatlantiktörn von den Bahamas nach Leer. Die Schilderungen Erichs, der damals gerade von der Antarktis zurückgekehrt war, hatten in ihm den Wunsch geweckt, auch einmal ins Eis zu segeln. Als besonderes

Symbol für seine Sehnsucht nach Meer und Ferne und einem Leben in Freiheit trägt er denn auch, sogar im Berufsleben, statt Krawatte eine geschnitzte Walzahn-Scheibe von den Azoren um den Hals. Dieters Frau Helga, die ihm bisher auf fast allen Törns kräftig zur Seite stand, war zwar zunächst nicht angetan gewesen von dieser Reise in die Kälte, als es dann aber ernst wurde, zog sie doch voll mit.

Während unserer Liegezeit in Husavik sind wir bei Mathias, einem Deutschen, und seiner schottischen Freundin Jane eingeladen. Die beiden leben hier schon seit fünf Jahren, sie arbeiten in der Fischfabrik und können uns viel über das Leben in ihrer Wahlheimat Island und besonders über Husavik erzählen: Die meisten seiner 2500 Bewohner sind in der Fisch- oder Wollindustrie tätig. Aber die Einwohnerzahl dieses ehemaligen Ausfuhrhafens für den Schwefel von Myvaten wächst ständig, denn immer mehr Menschen ziehen dem harten Leben auf Einödhöfen oder kleinen Dörfern die Bequemlichkeit der Stadt vor. Allein in Reykjavik leben etwa die Hälfte der 240 000 Inselbewohner. Die Bevölkerungsdichte Islands ist die geringste Europas. Zwar sind die Lebenshaltungskosten hier sehr hoch, dafür ist aber auch der Lebensstandard überdurchschnittlich.

An Bord gibt es wie üblich vor unserem Start zur Ostküste Grönlands noch einiges zu erledigen. Mathias hilft uns, den großen Dieselofen im Salon vor dem Messetisch zu installieren. Eine neue Warmwasser-Umwälzpumpe wird in den Kühlwasserkreislauf der Hauptmaschine eingebaut. Wasser- und Dieseltanks müssen gefüllt und letzte Lücken im Proviant geschlossen werden. Besonders „beliebte" Tätigkeiten kurz vor dem Auslaufen sind das Reinigen der Fender und Außenhaut vom öligen Hafenschlamm und das Säubern des wieder einmal verstopften Ansaugventils. Letzteres meistert Folkmar in bewährter Manier.

Aber dann hält uns nichts mehr auf. Selbst das Meteorologische Institut in Reykjavik, mit dem wir telefonieren, gibt grünes Licht: Scoresbysund zur Zeit eisfrei! Wir verlassen die „Tierra del Fuego des Nordens" und beginnen bei nordnordwestlichem Wind, in Richtung Scoresby aufzukreuzen. Schon gleich vor der Küste Islands treffen wir auf Eisberge. Für die neuen Crewmitglieder sind es die ersten. Während der Süden der Insel wie erwähnt von einem Ausläufer des Golfstroms erwärmt wird, umspült ein Zweig des kalten Ostgrönlandstroms den Norden und läßt vor der Küste häufiger Eisberge stranden.

Nach gut vier Stunden drehen wir bei, um auf die etwas langsamere LAGA zu warten, denn bis Spitzbergen wollen wir ja nach Möglichkeit in Sichtweite voneinander segeln. Die Wartezeit vertreiben wir uns mit einem echt isländischen Abschiedsmahl: Es gibt Lammkoteletts mit Pilzen, die Jane und Mathias gesammelt haben, und Tomaten aus vulkanisch beheiztem Treibhaus.

An Backbord, zehn Seemeilen entfernt, liegt Grimsey, die Insel, durch die der Polarkreis führt. Gegen Abend dann Flaute. Die LAGA, die Ärger mit den Segeln hatte – so war das Genuaschothorn ausgerissen –, entschließt sich, unter Motor Strecke zu machen. Auf optimalem Kurs läuft sie uns prompt davon, während wir mit killenden Segeln knapp südlich des Polarkreises auf Wind warten. Erst gegen Morgen kommt er mit dem Sonnenaufgang, erfreulicherweise von achtern aus SSW. Folkmar und Uwe, die beiden Wachhabenden, setzen eilig den roten Spinnaker, und dann geht's ab mit sechs bis sieben Knoten bei strahlend blauem Himmel. Schon kurze Zeit später können sie mit einem Glas heißer Milch auf die Überquerung des Polarkreises (66°30′ Nord) anstoßen – der Grenze zwischen Wohlbehagen und Gänsehaut, wie ihn jemand genannt hat. Während dieses „feierlichen" Augenblicks liegt die übrige Mannschaft schlafend in der Koje. Schließlich gibt's ja auch nichts zu sehen, der Polarkreis ist nicht aufs Wasser gemalt, damit er fotografiert werden kann. Die Crew erwacht erst nördlich des Polarkreises in dem Gebiet, in dem bekanntlich die Sonne wenigstens einmal im Jahr für 24 Stunden nicht über den Horizont steigt bzw. nicht untergeht. Der seemännische Brauch früherer Zeiten, daß die Überquerer des Polarkreises nach dem Essen beide Beine auf den Tisch legen dürfen – die Umsegler von Kap Hoorn nur eines –, stößt bei unserem halbkardanisch aufgehängten Messetisch allerdings auf gewisse Schwierigkeiten.

Gegen Mittag des zweiten Tages nach Husavik ist's mit der Traumsegelei schon wieder vorbei. Nach kurzer Flaute kommt Wind von vorn und Nebel auf, Luft 6° C, Wasser 5° C. Den Rest des Tages verbringen wir damit, unsere Segelfläche dem Wind anzupassen, dessen Stärke ständig zwischen drei bis sieben Beaufort wechselt. Aber den Gefallen, auch einmal seine Richtung zu ändern, tut er uns nicht, sondern bläst hartnäckig weiter aus NNW. Unser Vorankommen in Richtung Norden ist mehr als bescheiden, aber beinahe wäre es damit ganz zu Ende gewesen, nämlich gegen Mitternacht: Wir sind gerade wieder mal beim Segelwechsel, als plötzlich kaum drei Kabellängen entfernt ein schwarzer Felsblock an uns vorbeigeistert. Schemenhaft hebt er sich gegen den Nachthimmel ab und jagt uns einen mörderischen Schrecken ein. Ein Blick in die Karte genügt, um Klarheit zu schaffen: Das war Kolbeinsey, eine kleine Felseninsel, die nur acht Meter aus dem Wasser ragt, ungefähr 36 Seemeilen nordnordwestlich von Grimsey. Glück muß der Segler haben . . .

Außergewöhnlich intensive Polarlichter wabern durch die Nacht. Sie scheinen alles in Bewegung zu setzen, den Himmel, die See, uns selbst – „alles fließt". In der Frühe aber steht alles wieder still: lähmende Flaute. Und dabei sind es nur noch 150 Seemeilen bis Scoresby! Erst ein paar Stunden später zeigt Rasmus Erbarmen und schickt Wind aus WNW. Wir tun das Unsere, setzen Vollzeug, und die FREYDIS beginnt zu marschieren. „Es läuft wie geschmiert", ist Folkmars freudiger Kommentar beim Wachwechsel am nächsten Morgen. Der Wind hat auf West gedreht, kommt also günstiger, und die FREYDIS trägt jetzt zwei Vorsegel; das macht sie nicht nur schneller, sondern bringt auch mehr Höhe.

Alle zwei Stunden gibt es einen UKW-Kontakt und Positionsvergleich mit der LAGA, die sich in den beiden Flauten deutlich von uns abgesetzt hat. Doch schon am Mittag ist ihr Vorsprung von 35 Seemeilen auf 17 Seemeilen geschrumpft. Wir lassen die FREYDIS laufen, was sie kann. Noch 60 Seemeilen bis Scoresby! Etwa 30 Seemeilen vor der grönländischen Küste wird es neblig. Ab und zu müssen wir Eisschollen und Growlern ausweichen. Gruppen von Krabbentauchern ziehen mit raschen Flügelschlägen dicht über dem Wasser an uns vorbei und kündigen das Land an. Seit Husavik sind wir vier Tage gesegelt.

Die Sonne blinzelt durch den Eisnebel, kann ihn aber noch nicht ganz durchdringen. Eisberge ziehen majestätisch an uns vorbei. Es ist kalt, Luft 2° C, Wasser 1° C. Ich habe meine beiden Spritöfchen in die Handschuhe gesteckt und bedauere, daß ich nicht noch zwei für die Moonboots habe. Diese Handöfchen sind eine Art Miniwärmflasche aus Metall, die entweder mit Feuerzeugbenzin oder mit Kohlestäbchen beheizt werden und bis zu 15 Stunden behagliche Wärme abstrahlen. Wenn es so schöne Hilfsmittel gibt, muß man nicht unbedingt nach der Devise „gelobt sei, was hart macht" leben. Den Tip mit den Öfchen habe ich übrigens von einer Skifahrerin bekommen; sie sind also nicht nur etwas für „kaltblütige" Seglerinnen.

Aufpassen muß man aber schon mit den kleinen Dingern. Bruno, der seine Brikettöfchen in die Socken gestopft hatte, bevor er sich in die Koje legte, wachte mit üblen Brandblasen wieder auf. Er hatte im Schlaf nichts davon gemerkt, denn bei Unterkühlung und Erschöpfung ist eben auch das Schmerzempfinden herabgesetzt.

Wir aber träumen von einer heißen Dusche. Unter Groß und Genua kämpfen wir uns mühsam gegen den starken Ostgrönlandstrom voran. Die LAGA, mit der wir wieder über UKW Kontakt haben, liegt sechs Seemeilen westlich von uns. Eigentlich hatten wir vor, unter dem Radarschutz der LAGA in den Scoresbysund einzulaufen, aber als am Abend, dicht vor der Küste, der Nebel aufreißt, wird die Sicht besser.

Im Fjord der Fjorde: Scoresbysund

Eispreß-Gefahr – Zweisprachiges Schulleben – Auch heute noch: kurze Lebenserwartung der Inuit – Jäger und Hunde an der Kette – Flucht vor dem Packeis

Märchenhaft präsentiert sich die Silhouette der höchsten Berge Grönlands mit ihren bis 3000 Meter aufragenden Gipfeln im goldgelben Licht der untergehenden Sonne. Die tiefhängenden, flammend rot gefärbten Wolken, die sich im sanft bewegten Wasser spiegeln, zeichnen um die Gebirgsketten einen feurigen Schein. Backbord voraus kommt wenig später, halb von Nebelschwaden verdeckt, Kap Brewster in Sicht, vor dessen Ufer auf einem flachen Schelf zahlreiche große Eisberge gestrandet sind. An Steuerbord liegen die schneebedeckten Hänge Kap Tobins mit seiner Rundfunkstation. Recht voraus schließlich öffnet sich der über 20 Seemeilen breite Scoresbysund, mit 314 Seemeilen der längste Fjord der Erde.

Aber die traumhaft schöne Szenerie kann nicht über die wilde, lebensfeindliche Natur dieser Küste hinwegtäuschen. Die meiste Zeit des Jahres macht gefrorenes Meereis hier jede Schiffahrt unmöglich, und selbst in den kurzen Sommermonaten zieht grobes Treibeis, auch dänisch „storis" genannt, in breitem Gürtel an der Küste entlang und gefährdet die Schiffe. Schweres Eis hatte schon Hudson von dieser Küste ferngehalten, der sie 1603 auf seiner Suche nach der Nordwestpassage – bei der er auch die Insel Hudsons-Touches (das heutige Jan Mayen) entdeckte – als erster sichtete.

Später, im 18. Jahrhundert, als sich die Walfanggründe um Spitzbergen langsam erschöpften, kamen immer mehr Walfänger auch in das ostgrönländische Meer, wo sie noch reiche Beute machen konnten. Aber gerade hier war der Walfang nicht nur ein gewinnbringendes Geschäft, sondern forderte auch hohe Menschenverluste. Zu einer Katastrophe kam es 1777, als vor diesem berüchtigten Landstrich – bekannt als Liverpool-Küste –, an dem wir gerade entlangsegeln, hundert holländische, englische, deutsche und friesische Walfängerschiffe vom Packeis eingeschlossen und 25 davon vom Eis zermalmt wurden. 320 Menschen fanden den Tod.

Aber diese schweren Verluste an Menschen und Material schreckten die Seeleute nicht ab. Die Walfänger operierten zunächst in mehr oder weniger unerforschten Gewässern, dem sogenannten „Westeis" (im Gegensatz zum „Osteis" um Spitzbergen), da der breite Packeisgürtel vor der Ostgrönländischen Küste jahrhundertelang eine genauere Erforschung verhindert hatte. Es gab nur fehlerhafte Karten, in denen die wenigen Landmarken der Küste auch noch falsch eingezeichnet waren, da sich die Seefahrer dieser Zeit wegen der besonderen Lichtverhältnisse im Polarmeer häufig verschätzt hatten. Das änderte sich erst durch die beiden Scoresbys, Vater und Sohn. Als Walfänger und gleichzeitig hervorragende Forscher hatten sie 1822 große Teile der grönländischen Ostküste und auch des Sundes, der ihren Namen trägt, kartographiert.

Aber auch in jüngster Zeit gingen vor diesem an den Sund grenzenden Küstenabschnitt Schiffe durch Eispreß verloren, so Ende August 1977 das norwegische Fischereischiff Santhö und die Rundö des Norwegers Karl-Emil Peterson, ein 13,50 m langes Holzboot vom Typ Colin Archer.

Den Scoresbysund anlaufen zu können, hatten wir zwar immer gehofft und unseren Zeitplan nach den Angaben im Arctic Pilot gewählt: *„Der Sund ist gewöhnlich von Mitte August bis Anfang September zugänglich. In einer besonders kalten Saison kann allerdings die Zufahrt den ganzen Sommer über durch Packeis versperrt sein."* Aber nach allem, was wir gehört und in Erfahrung gebracht haben, sind wir uns doch darüber klar, daß die Wahrscheinlichkeit, es zu schaffen, ziemlich gering ist. Nur einer außergewöhnlich guten Wetterlage und kurzfristig sehr günstigen Eisverhältnissen haben wir es nun zu verdanken, daß wir dieses Ziel tatsächlich erreichen.

Trotzdem besteht weiterhin die Gefahr, bei einer Winddrehung und anderen Unbilden hier vom Eis eingeschlossen zu werden; auch mit Schiffsvereisung müssen wir rechnen. Darauf haben wir unsere

Ausrüstung eingestellt. Es gibt zwar kein hundertprozentiges Mittel, im Falle eines Einschlusses das Schiff zu retten, aber immerhin Möglichkeiten, die Chancen zu verbessern, den Eisdruck zu mindern, das Schiff aufs Eis zu ziehen und sich rechtzeitig zum Überwintern in eine geschützte Bucht zu verholen. Der Hamburger Friedrich Martens, Barbier (Arzt) auf einem Walfänger, berichtet in einem 1675 erschienenen Walfangbericht von einem anderen recht wirkungsvollen Schutz vor Eispreß: Die Walfänger benutzten tote Wale quasi als Fender.

Zwischen Kap Brewster und Kap Tobin laufen wir in den Scoresbysund – unser ersehntes Ziel – ein. Die LAGA ist noch immer nicht in Sicht. Trotz Blister kommen auch wir nur mühsam voran. Der Tidenstrom läuft uns jetzt aus dem Sund entgegen. Die Maschine wird gestartet. Zum Abendessen gibt's Bratkartoffeln mit Zwiebeln, dazu pinkfarbene dänische Cervelatwurst. Etwas Heißes im Magen tut gut. Als das Topplicht der LAGA in Sicht kommt, ist es fast schon dunkel. Auch voraus sieht man jetzt zahlreiche schwache Lichter. Das muß die Gemeinde Scoresbysund sein, an der Spitze der Halbinsel Scoresbyland, die in die Mündung des großen Fjords hineinragt.

Die 3000 km lange Ostküste von Kap Farewell im Süden bis Kronprins-Christian-Land im Norden ist fast unbewohnt. Insgesamt leben hier nur 3200 Menschen, verteilt auf die beiden Orte Angmagssalik und Scoresbysund, abgesehen von den paar Leuten in Wetterstationen. Erst seit knapp hundert Jahren hat die Bevölkerung näheren Kontakt mit Europäern. Als Hans Egede im Westen Siedlungen gründete, waren vorher nur einige vergebliche Versuche unternommen worden, das Eystribygd, die Ostsiedlung der Wikinger, von der man fälschlicherweise glaubte, daß sie im Osten der Insel läge, zu finden.

David Cranz, dieser überaus fleißige Chronist, beschreibt, was er von Westgrönländern, die auch den Osten der Insel kannten, über die Menschen dort gehört hatte:

„Einige schöne Fjorde sollen sie gesehen haben, aber nicht hineingefahren sein aus Furcht vor den Menschenfressern, die in derselben Gegend wohnen sollen. Alle Grönländer fürchten sich vor denselben von alters her. Nach dieser Reisenden Meinung hätten sie im Anfang aus Not Menschen gegessen, weil sie einmal bei großer Hungersnot im Winter nichts anderes zu essen gehabt, und da es ihnen geschmeckt, so hätten sie nun die Gewohnheit, aus ihren Toten Mikkiak zu machen, d. i. sie in einem Loch mit anderem Fleisch aufzuheben und sodann roh und halb

141

verfault gefroren zu essen. Die Leute von mittlerem Alter schlachten sie zur Zeit der Not nicht leicht, sondern nur alte Leute und verlassene Kinder, und sodann schonen sie lieber ihre Hunde wegen ihrer Brauchbarkeit und schlachten dafür einen unbrauchbaren Menschen. "

Lange Zeit war tatsächlich die Vorstellung verbreitet, daß es sich bei den Bewohnern der Ostküste um mystische Lebewesen oder Menschenfresser handle. Diese Vorurteile konnten erst im 19. Jahrhundert nach und nach abgebaut werden, als Europäer aus dem Südwesten Grönlands in Kontakt mit ostgrönländischen Eskimos kamen. Aber erst Gustav Holm, ein dänischer Marineoffizier, der 1884 in die Gegend von Angmagssalik kam und dort eine kleine Eskimogemeinschaft entdeckte, studierte die Gewohnheiten der Eskimo eingehender und trug wesentlich zur Erforschung ihrer Vergangenheit bei. Zehn Jahre später (1894) errichtete er die dänische Siedlung von Angmagssalik. Erst 1925 gründeten hundert Einwohner Angmagssaliks, die auf der Suche nach neuen Jagdgründen waren, 1100 km weiter nördlich die zweite Ortschaft der Ostküste: Scoresbysund. Nach Thule in Nordwestgrönland ist sie die nördlichste Siedlung der Insel.

Zum zweiten Mal in diesem Jahr hissen wir die schöne grönländische Flagge. Sie zeigt eine rote, im Meer halb versinkende – oder aufgehende – Mitternachtssonne. In Deutschland gab es die Flagge nirgends zu kaufen, deshalb hat Dieters Frau Helga sie genäht, freundlicherweise gleich für beide Yachten.

Noch einige Meilen von der Siedlung entfernt werden wir von den Inuit, die mit Speedbooten angejagt kommen, als seltene Gäste freudig begrüßt. Um Mitternacht liegen wir dann endlich in der Bucht vor dem Dorf vor Anker. Müde, aber glücklich trinken wir unseren üblichen Landfall-Lumumba (Kakao mit Rum) und essen frisch gebackene, dänische Hefepfannkuchen. Erst um 03.00 Uhr nachts läuft die Laga ein und ankert ganz in unserer Nähe. Dann endlich kommt Ruhe ins Schiff, und nur das Heulen der Schlittenhunde, das vom Dorf zu uns herüberklingt, ist noch zu hören.

Als ich aufwache, scheint die Sonne durch das Fenster an meiner Koje. Die kleinen Speedboote, die in aller Frühe schon in der Bucht hin- und herrasen, haben mich geweckt. Die Zeit der leisen Kajaks gehört offensichtlich auch hier der Vergangenheit an. Von der Koje aus kann ich die bunten dänischen Fertighäuser erkennen, die einen kahlen, nur von kleinen Eisflächen unterbrochenen Felshang hinaufgebaut sind. Auf der anderen, südlichen Seite des Fjords sehe ich lange Kolonnen von Eisbergen am schneebedeckten Gebirge entlangziehen. Schon allein seiner Größe und der Vielzahl der einfließenden Gletscher wegen ist die Behauptung sicher richtig, daß dieser Fjord einer der größten Eisberg-Produzenten der Erde ist.

Nach einem ausgiebigen Seemannsfrühstück fahren wir mit dem Dingi zum Ufer und legen an einer kleinen Steinpier an. Vor zahlreichen Häusern trocknen Felle von Moschustieren, Eisbären und Robben auf Holzgestellen. Auf dem Geröll um die Häuser wächst nichts außer privaten Müllbergen. Dazwischen kauern oder balgen sich verdreckte Schlittenhunde, die an kurzen Ketten liegen. Mit Ausnahme von „Marilyn Monroe" und „Blacky" im Höllen-Eck haben wir in Grönland bisher noch keine Schlittenhunde gesehen. In Südgrönland stellen diese halbwilden Tiere ein zu hohes Risiko für die Schafherden dar. Deshalb gibt es den grönländischen „Hunde-Äquator", der nördlich der Stadt Holsteinborg im Westen verläuft.

Wir fragen nach Lars, dessen Adresse wir von der dänischen Lehrerin in Augpilattoq erhalten haben. Dann gehen wir die Schotterstraße hinauf, vorbei an der Kirche, dem KGH-Supermarkt und dem Tanklager bis zur Schule. Gleich daneben wohnen Eva und Lars in einem der gegen die Kälte gut isolierten dänischen Fertighäuschen. Sie nehmen uns mit offenen Armen auf, und ich empfinde es fast als Wunder, an diesem einsamen und seiner Natur nach so abweisenden Ort herzliche dänische Gastfreundschaft genießen zu dürfen, zu der auch die ersehnte heiße Dusche gehört.

Lars lebt schon einige Jahre in Scoresbysund. Er spricht fließend grönländisch und fühlt sich eigentlich recht wohl hier – im Gegensatz zu seiner Freundin Eva, die sich offenbar ihr Lehrerinnenleben hier doch anders vorgestellt hat. Auf die Frage, warum dänische Lehrer überhaupt nach Grönland gehen, erhalten wir unter anderem auch folgende Antwort, die mir die wichtigste scheint: Sie kommen nach Grönland, weil sie im einfacheren Leben, das in so hohem Maß von der Natur bestimmt wird, eine sinnvolle Aufgabe und Frieden zu finden hoffen; Wünsche, die sie in der eigenen, nur leistungs- und profitorientierten Gesellschaft nicht glauben verwirklichen zu können.

Eva hat es aber nicht besonders einfach in der Schule, wofür der Hauptgrund ihre Unkenntnis der grönländischen Sprache ist. Zwar verstehen die Kinder alle dänisch, weil der Unterricht von der ersten

143

Klasse an zweisprachig gehalten wird, aber einem dänischen Lehrer, der die grönländische Sprache nicht beherrscht, tanzen sie doch gern auf der Nase herum.

In der Schule unterrichten sieben dänische und sechs grönländische Lehrer die insgesamt siebzig Kinder des Dorfes. Für die zweisprachige Erziehung (seit 1977 ist das Grönländische allerdings erste Unterrichtssprache) hat man sich nicht nur deshalb entschieden, weil es an grönländischen Lehrern mangelt, sondern weil man einerseits die grönländische Muttersprache als einen wichtigen menschlichen und kulturellen Faktor erhalten und pflegen will, andererseits aber auf die dänische Sprache nicht verzichten kann, weil allein durch sie der Weg zu den Höheren Schulen und Universitäten eröffnet wird.

In Jakobshavn gibt es eine Höhere Schule. Dort können die Grönländer ein Internat besuchen und anschließend in Nuuk (Godhaab) beispielsweise für den Lehrerberuf ausgebildet werden. Aber nur selten werden diese Fortbildungsmöglichkeiten genutzt. Die Erfahrung hat gezeigt, daß die Menschen aus dieser isolierten Siedlung, die keinen Baum und kein Auto kennt, die Umstellung auf eine andere Umgebung, eine größere Stadt, nicht verkraften, sich dort einsam und verloren fühlen und meist schnell zurückkommen in ihr Heimatdorf Scoresbysund, wo sie in der Großfamilie noch Geborgenheit finden.

Wir besuchen die Kinder in der Schule. Lars und Eva erklären ihnen anhand einer Karte die Reise, die wir mit dem roten Schiff gemacht haben, das unten in der Bucht liegt. Daß grönländische und dänische Kinder in getrennten Klassen unterrichtet werden, können wir nur schwer verstehen. Die Begründung, daß bei einem gemeinsamen Unterricht die Lernziele nicht erreicht werden, will uns nicht einleuchten. Fördert das nicht schon in der Schule eine gewisse Art von Zwei-Klassen-Gesellschaft?

Aber auch andere Probleme erschüttern die dörfliche Ruhe: Krawalle alkoholisierter jugendlicher Gangs, Einbrüche in KGH-Läden und Morddrohungen gegen dänische Polizisten. Das alles hat im vergangenen Jahr damit angefangen, daß der Dorfpolizist eine betrunkene Grönländerin verhaftete, die dann in der Ausnüchterungszelle starb. Die Ursachen dieser Unruhen sind einerseits in den Aggressionen gegen die dänische „Obrigkeit" – neben den Lehrern leben noch weitere sechzig Dänen im Dorf, die alle übergeordnete Stellen in der Gemeindeverwaltung bekleiden – als auch im übermäßigen Alkoholkonsum zu suchen.

144

Die Grönländer, erzählen uns Eva und Lars, seien sonst die umgänglichsten Menschen, würden aber unter Alkoholeinfluß sehr aggressiv (nicht nur die Grönländer, glaube ich), und wenn sie betrunken seien, käme es auch zu Ausschreitungen. Um dem Problem Herr zu werden, haben die Behörden ein Rationierungssystem nach Punkten eingeführt. Eine Flasche Bier entspricht einem Punkt, eine Flasche Wein fünf Punkten, eine Flasche Gin zehn Punkten. Jeder Däne oder Grönländer hat wöchentlich Anspruch auf Alkohol im Wert von zehn Punkten.

Aber die Grönländer waren es nie gewohnt, Vorratswirtschaft zu betreiben, und haben es auch bisher nicht gelernt, sich lebensnotwendige Dinge so einzuteilen, daß magere Zeiten überbrückt werden können. Das wirkt sich auch auf den Umgang mit der Alkoholrationierung aus. Deshalb sind sie – besonders die Jugendlichen – am Zahltag, wenn sie auch ihre Punkte bekommen, oft total betrunken, weil sie dann ihre gesamte Wochenration auf einmal vertrinken.

Leberzirrhosen oder Delirien gäbe es trotzdem nicht, sagt mir der dänische Arzt, als Eva und ich nach Schulschluß das Zehn-Betten-Krankenhaus im Ort besuchen. Denn die Grönländer seien keine Gewohnheitstrinker. Viele litten dagegen an Krankheiten der Atemwege, die noch durch Rauchen verschlimmert würden. Trotz intensiver Bekämpfung kämen immer noch Tuberkulosefälle vor.

Betroffen bin ich von der Aussage des Arztes, daß zwei Drittel der Bevölkerung eines unnatürlichen Todes sterben, durch viele Unfälle bei der Jagd, durch Mord oder Selbstmord. Die Ursachen für die hohe Selbstmordrate sind seiner Ansicht nach seelische Konfliktsituationen, hervorgerufen durch das allgemeine Unbehagen an den herrschenden Verhältnissen und dem daraus resultierenden „Identitätsverlust". Er führt besonders bei den jungen Grönländern, die ihrem Naturell nach ohnehin zu extremen Gefühlsschwankungen neigen, zu „Kurzschlüssen". Die durchschnittliche Lebenserwartung beträgt deshalb in Scoresbysund nur 40 Jahre, für Männer wie für Frauen.

Auch heute noch lebt ein Großteil der Bevölkerung fast ausschließlich von der Jagd, während der zahlreiche Unfälle passieren, teilweise mit tödlichem Ausgang. Schließlich handelt es sich dabei nicht um eine mitteleuropäische Feld-, Wald- und Wiesenjagd. Für die Gründung des Ortes Scoresbysund waren 1925 allein seine idealen Voraussetzungen für die Jagd ausschlaggebend. Die Felle, die wir überall vor den Häusern hängen sehen, sind sichtbarer Beweis dafür, daß dieses

Gebiet immer noch hält, was es einst den ersten Siedlern aus Angmagssalik versprach. Zur Eisbärenjagd fahren die Jäger hauptsächlich im Februar und März mit ihren Hundeschlitten nach Kap Brewster und von dort zu der kleinen Insel Steewart. Um diese Zeit nämlich verlassen die Eisbären das Festland, wo sie ihre Jungen zur Welt bringen, und jagen Seehunde auf dem Packeis.

Die Eisbärenjagd ist nur grönländischen Berufsjägern vorbehalten, wobei diese sich an gewisse Auflagen halten sollen: Trächtige Bärinnen und Bären unter dem Mindestalter von zwei Jahren dürfen nicht gejagt werden. Gejagt werden darf auch nicht im größten Naturpark der Erde. Er erstreckt sich 200 bis 300 km nördlich von Scoresbysund bis hin zum Petermanngletscher an der Nordwestküste. Neben Moschustieren, Schneehasen, Polarfüchsen und vereinzelten Polarwölfen leben dort auch 1000 bis 1500 Eisbären. Das Überleben des bis zu 3 m großen und 800 kg schweren grönländischen Wappentiers, das lange Zeit vom Aussterben bedroht war, scheint somit gesichert; obwohl nach Lars' und Evas Worten viele Jäger bis 500 km nördlich Scoresbysund fahren und wohl auch im Naturpark wildern. Wer kann das schon nachprüfen? Eisbären sind übrigens auch schon wiederholt ins Dorf gekommen, aber rechtzeitig unschädlich gemacht worden.

Im Gegensatz zu den Eisbären dürfen Robben – neben Grönlandrobben und Klappmützen hauptsächlich Ringelrobben – von allen Grönländern im Dorf gejagt werden. Die Felle sind dabei nur ein willkommenes Nebenprodukt des benötigten Robbenfleisches. Sie werden von der grönländischen Einkaufsgenossenschaft zu einem subventionierten Preis abgenommen, da sie sich auf dem Weltmarkt kaum mehr absetzen lassen. Die berechtigte Kampagne der Umweltschützer gegen die kanadische Robbenjagd hat für Grönland, das eine ganz andere Art der Robbenjagd betreibt, große Nachteile gebracht.

In der letzten Augustwoche erlebte der Ort ein großes gemeinsames Unternehmen: die Jagd auf Moschustiere, die nur zweimal im Jahr – im August und zu Weihnachten – stattfindet. Nachdem Walfänger und Entdeckungsreisende die Zahl der Tiere in den vergangenen Jahrhunderten erschreckend dezimiert haben, stehen sie seit 1917 in der übrigen Zeit des Jahres unter Naturschutz. Dank der Bemühungen, sie in anderen Gebieten erneut anzusiedeln, um sie vor dem Aussterben zu bewahren, sind heute auch in Norwegen und an der Küste Alaskas wieder Moschustiere zu finden.

Da das Moschustier oder auch der „Moschusochse", der übrigens nicht mit Rindern, sondern mit Schafen und Ziegen verwandt ist, das grönländische Klima weit besser verträgt als das Schaf und sowohl schmackhaftes Fleisch als auch gute Wolle liefert, sind in Grönland Bestrebungen im Gang, die ursprünglich nur im Osten der Insel lebenden Tiere auch in Westgrönland heimisch zu machen und zu domestizieren.

Eva und Lars haben an der Jagd teilgenommen. Mit 28 vollbesetzten Booten fuhren sie in einen der Seitenarme des Scoresbysundes zu den Revieren der Moschustiere. Offiziell durfte zwar nur ein Tier pro Boot geschossen werden, tatsächlich aber wurden so viele wie möglich erlegt. Nach einer solchen Jagd muß die Beute an das Commune Contor abgeliefert werden. Es ist üblich, daß der Schütze Kopf und Fell erhält, während das Fleisch an die Bevölkerung verteilt wird. Diesmal gab es für jeden immerhin sechs Kilogramm.

Auf dieser Jagd kam es auch zu einem tragischen Unfall: zwei Männer kenterten mit ihrem Boot und ertranken im eiskalten Wasser, nur 50 m vom rettenden Ufer entfernt. Auf dem Friedhof, dessen hartgefrorener Boden keine Erdgräber zuläßt, finden wir dann auch die mit Plastikblumen geschmückten Steingräber der Toten. Dieses Land ist schön, aber auch hart und verzeiht keine Fehler.

Der Blick auf die Bucht, in der LAGA und FREYDIS dümpeln, und auf den breiten Sund mit den eisgepanzerten Bergen ist so phantastisch, daß ich ihn auf unserem Weg durch das Dorf immer wieder mit der Kamera einzufangen suche. Bei dieser Gelegenheit gerate ich öfter zwischen die angeketteten Rudel von Schlittenhunden. Zum Glück geben sie sich mit drohendem Knurren und Bellen zufrieden, und ich kann unbeschadet den Rückzug antreten. Es gelingt mir dagegen nicht, mit den halbwüchsigen Jungtieren, die noch frei herumstreunen dürfen, fertig zu werden. Eine ganze Meute überrascht mich beim Filmwechseln, wobei es ihr mit Leichtigkeit gelingt, meinen eben gedrehten Film zu einem aufregenden Hundespielzeug umzufunktionieren.

Die Hunde sollen von dem Sarqaq-Volk auf die Insel mitgebracht worden sein, einem um das Jahr 1000 von Sibirien her über die Beringstraße, Alaska, Kanada und die Davisstraße nach Grönland eingewanderten Volksstamm. Er gilt als die älteste Kulturstufe der Inuit. Durch absolutes Einfuhrverbot für Hunde ist man auf der Insel bemüht, diese außerordentlich widerstandsfähige, kräftige Rasse mög-

147

lichst rein zu erhalten. Es ist für ganz Grönland aber auch vorge-
schrieben, daß alle Hunde, die älter als ein halbes Jahr sind, in den
drei Sommermonaten, in denen es keine Arbeit für sie gibt, ununterbrochen an der Kette liegen müssen, da vor diesem Erlaß immer
wieder Kinder und sogar Erwachsene von ihnen angefallen wurden. Trotzdem ist es ein trauriger Anblick, wie diese armen Kreaturen – verwahrlost und oft mit unversorgten Wunden – zwischen
Flaschenscherben und anderen Abfällen dahinvegetieren. In den Sommermonaten werden sie, damit sie nicht zuviel Fett ansetzen, nur
einmal in der Woche gefüttert. Eigentlich ist es nicht zu verstehen,
warum die Menschen diese Tiere, die doch lebensnotwendig für sie
sind, nicht besser behandeln.

Zwar sehen wir nur noch wenige Kajaks im Dorf, aber Hundeschlitten, außer dem Hubschrauber das einzige Transportmittel in den
langen Wintermonaten, stehen noch vor jedem Haus.

Als wir am Abend mit Lars und Eva, die vor dem Auslaufen FREYDIS
noch einen Besuch abstatten wollen, zum Bootssteg hinuntergehen,
kommen gerade einige Jäger ins Dorf zurück; ihre Jagdbeute – vorwiegend Seevögel und Schneehühner – tragen sie neben dem Gewehr
über die Schulter gehängt. Lars und Eva überreichen uns an Bord ein
ganz besonderes Mitbringsel: ein großes Stück gefrorenes Moschus-
tierfleisch von der letzten Jagd. Die Crew ist begeistert, denn Frisch-
fleisch bleibt auf Segeltörns Mangelware.

Es ist Freitag, der Tag, an dem es den Wochenlohn und die Punkte
für Alkohol gibt. Deshalb sind unsere Besucher besorgt und warnen
uns noch einmal vor betrunkenen, aggressiven jugendlichen Inuit.
Tatsächlich ballern dann auch betrunkene Halbstarke mit ihren Ge-
wehren durch die Gegend und rasen in Speedbooten über die Bucht.
Es wird eine unruhige Nacht. Um 02.00 Uhr dreht plötzlich auch noch
der Wind, und Sturmböen bis 40 Knoten heulen in der Takelage. Der
Anker fängt an zu slippen, und die FREYDIS geht auf Drift. Das
„Schlafanzug-Manöver" in kalter Nacht ist nicht gerade angenehm,
zumal der Anker erst beim zweiten Versuch wieder hält.

Auf einem Berg am Rand des Dorfes liegt die Wetter- und Funkstation, die wir am Morgen besuchen und auf der gerade ein Wetterbal-
lon gestartet wird. Dort telefonieren wir erst einmal mit der Heimat
und lassen uns dann den neuesten Wetterbericht geben. Von den
Mitarbeitern der Funkstation wird unser außergewöhnliches Glück
mit dem Wetter bestätigt. Noch eine Woche vorher hätten uns hier

148

Schneestürme und Temperaturen bis −7° C erwartet. Trotz der momentan guten Eislage wird uns eindringlich geraten, so bald wie möglich auszulaufen. Durch windbedingte Verlagerungen des Packeises kann die Küste vor dem Sund von heute auf morgen dicht sein, dann sitzen wir im Scoresbysund in der Falle und müssen uns, falls das Packeis den Eingang nicht wieder freigibt, auf eine Überwinterung einstellen. Vor etlichen Jahren (1952) hatte Tristan Jones hier im Scoresbysund sogar freiwillig überwintert, indem er sich mit seiner kleinen Yacht CRESSWELL und seinem dreibeinigen, einäugigen Hund in einem der Seitenarme des Fjords vor den Eis- und Schneestürmen des arktischen Winters verkroch und lange Monate in der Einsamkeit der Polarnacht verbrachte.

Jan Mayen lüftet die Nebelkappe

Schlemmen hilft gegen Flautenfrust – Die zweimal entdeckte Insel – Eine Hochburg des Walfangs – Zu Gast in der Wetterküche – Der höchste Vulkankegel der Arktis

Am Mittag heißt es Anker auf! Wir laufen bei flauen, südsüdöstlichen Winden unbehelligt von Packeis aus dem Sund. Unter Blister ziehen wir vorbei an 50 bis 70 m hohen Eisungetümen, die mit ihren scharfen Kanten, tiefen Rissen und gewaltigen Spalten ihre Abstammung aus den zahllosen riesigen Gletschern des Sundes deutlich zu erkennen geben. Licht und Sicht passen ungewöhnlich gut zusammen: hervorragende Bedingungen für eine kleine Fotoexkursion mit dem Dingi. Folkmar und ich holen dazu auch Uli von der LAGA ab, und wir fotografieren und filmen zu dritt, wie die beiden Yachten zwischen Eiswänden aus dem Scoresbysund laufen. Es ist ein nasses und kaltes Unterfangen, bei dem wir uns mit den teuren Kameras vor überkommendem Spritzwasser höllisch in acht nehmen müssen.

Am Abend schläft der Wind ein. Während die LAGA unter Motor gen Osten dampft, entscheiden sich die Skipper der FREYDIS – Folkmar und Erich – als sportlich ambitionierte Segler fürs Dümpeln. Eine ganze Schule Buckelwale, offensichtlich auf dem Weg in den Sund, kommt uns entgegen, und zahlreiche Dreizehenmöwen umkreisen uns, als seien wir ein Fischerboot. In der Nacht wird es kalt, das Thermometer zeigt −1° C. Eine dünne Eisschicht überzieht das Deck. Zuckende Polarlichter erhellen gespenstisch den mondlosen Himmel.

Erst als am Morgen die Sonne aufgeht, regt sich wieder Wind. Er kommt aus Südwest, und wir können unter Spinnaker endlich wieder

Kurs auf Jan Mayen nehmen. Von der grönländischen Küste entfernen wir uns nun rasch.

Gleich nach dem Mittagessen – es gibt das Moschusfleisch von Lars und Eva als saftige Steaks mit Reis und Bohnen – ist es mit der herrlichen Segelei schon wieder vorbei. Der Spinnaker muß geborgen werden, denn der Wind hat plötzlich auf Ost gedreht, kommt also genau gegenan. Unter Genua geht's mit drei Knoten an der Kreuz weiter.

Selbst der fast kitschig schöne Sonnenuntergang kann die niedergedrückte Stimmung kaum heben. 80 km landeinwärts von der grönländischen Küste heben sich die gewaltigen Berge des Knut-Rasmussen- und des Liverpool-Landes nur noch als kleine dunkle Zacken vom leuchtenden Rot des Abendhimmels ab: letzte Grüße Grönlands. Mit der LAGA haben wir am späten Abend noch einmal Funkkontakt über UKW. Sie ist mindestens schon 40 sm von uns entfernt. „Wir kommen langsam voran, wir kommen trotzdem voran", diesen Song haben wir zwar bisher LAGA-Lied genannt, aber inzwischen hat sich das Verhältnis umgekehrt. In der Flaute bringt's eben nur der Motor.

Während der nächsten Tage wechseln mit hartnäckiger Eintönigkeit Flauten und leichte Winde aus allen Himmelsrichtungen ab. Zusätzlich macht sich der Ostgrönlandstrom bemerkbar, indem er uns ständig nach Süden versetzt. Als abends wieder mal der Wind einschläft und uns eine graue, ölige See mit alter Dünung umgibt, kommt es endlich zu der überfälligen Diskussion, ob man den Motor zu Hilfe nehmen soll oder nicht.

Die beiden Skipper Erich und Folkmar und auch Uwe, unser Jüngster, wollen einen reinen Segeltörn bis Spitzbergen durchhalten, während der Rest der Crew – Carol, Bruno, Musto und ich – inzwischen genug haben von der Flautendümpelei und sehnsüchtig nach dem Zündschlüssel schielt. Als unser Hauptargument – kostbare Zeit gehe uns für Landaufenthalte verloren – überhaupt nicht zur Kenntnis genommen wird, bricht schließlich offene Meuterei aus. Carol und Bruno, die als nächste auf der Backschaftsliste stehen: „Wir hören einfach auf, die Backschaft zu machen." Ich schließe mich solidarisch an: „Und ich höre auf zu kochen." Darauf Musto, unser mit Abstand stärkster Esser: „Da triffst du aber gerade den Falschen!" Schallendes Gelächter, ein Komplott ist wieder einmal durch Uneinigkeit in den eigenen Reihen gescheitert.

Die Flautenstimmung an Bord wird nur gelegentlich von außen etwas aufgeheitert, zum Beispiel als ein 15 m langer Finnwal dicht um die FREYDIS kreist. Immer wieder schreckt er mit seiner Atemfontäne, die wie ein Geysir aus dem Wasser schießt, die Möwen auf, die zu Hunderten um das Schiff paddeln und auf Fischabfälle warten.

Die Wassertemperatur liegt konstant bei 0° C, wie es sich gehört für den kalten Ostgrönlandstrom. Auch die Luft wird immer kälter, nachts schneit es mehrmals, und die Mittagstemperaturen der Luft sind die bisher tiefsten unserer Reise, auch sie liegen um 0° C. Die Benzin- und Kohlehandöfchen stehen hoch im Kurs, und oft riecht und qualmt es wie in einem Pagodentempel, wenn Bruno mit Hingabe seine Minibriketts zündet. Die warmen Mahlzeiten werden nun endgültig nicht mehr im offenen Deckshaus eingenommen, wo sie im Nu kalt werden, sondern unten in der Messe.

Am Sonntagmorgen treffen wir uns nach einer langen Nacht nervtötenden Dümpelns zum gemeinsamen Frühstück – es gibt Spiegeleier auf Speck –, und Bruno liest mit dem Tonfall eines Pastors, der das Wort zum Sonntag spricht, aus einem Urlaubsratgeber für Nordmeerfahrten vor: *„Manche meinen, das Leben an Bord sei langweilig, es biete keine Abwechslung, es sei eben nichts los. Solche Gedanken können nur aus Unkenntnis entstehen . . . Wer sich zu einer Kreuzfahrt in den Norden entschließt, darf eben nicht enttäuscht sein, wenn er nicht tagtäglich im Bikini die Sonne an Deck genießen kann.“* (Bruno sieht seine vermummten Kameraden und besonders mich an, weil ich ständig über kalte Füße klage.) *„Im Vordergrund steht das Erlebnis großartiger Naturschönheiten. Sie begleiten den Kreuzfahrer auf jeder Seemeile . . .“* Wir können nur säuerlich lächeln; weit und breit ist nichts als Wasser, Wasser, Wasser. „Es muß an der inneren Einstellung liegen, ich muß unbedingt in Ruhe darüber nachdenken", meint Bruno und verzieht sich mit dem Ratgeber und einem Marmeladebrot wieder in seine warme Koje.

Während der Flautenzeiten – und das waren nicht wenige – nehmen die Kombüsen-Aktivitäten erheblich zu. Nicht nur zu den Hauptmahlzeiten wird aufwendiger gekocht, auch zwischendurch werden ständig Brote und Kuchen gebacken, Süßspeisen kreiert und heiße Getränke wie Lumumba und aromatischer Glühwein zubereitet. Schon allein diese längst nicht vollständige Aufzählung zeigt im Vergleich zu den uns bekannten Proviantlisten der Walfänger zu Scoresbys Zeiten, wie gut wir es wenigstens in dieser Hinsicht haben. Damals gab es nur Grütze, gelbe und graue Erbsen, daneben Stockfisch, Salzfleisch oder Speck und hin und wieder Brot, das nicht selten von Mehlwürmern wimmelte. Außer Wasser wurde leichtes Schiffsbier und ab und zu eine Ration Branntwein ausgeschenkt. Die Eintönigkeit und Kargheit dieser Kost führte gelegentlich zu Mangelerscheinungen, beispielsweise zu Skorbut oder „Scharbock", wie diese gefürchtete und damals oft tödliche Erkrankung genannt wurde. Nicht nur Seeleute auf langen Reisen, vor allem auch Überwinterer in arktischen Regionen wurden von ihr befallen. Der bereits erwähnte Hamburger Friedrich Martens schrieb: *„Der Scharbock ist die gemeinste Krankheit auf dieser Reise* (in die Arktis), *darauf ein Barbier bedacht sein muß, gute Medikamente vom Lande mitzunehmen, denn man nichts auf der See bekommen kann."*

Vitamintabletten, wie wir sie auf der FREYDIS vorbeugend einnehmen, gab es zwar damals noch nicht, aber man kannte schon Pflanzen, die gegen Skorbut halfen. David Cranz schreibt in seiner Historie von Grönland:

„Löffelkraut, das allerbeste Mittel gegen den Scharbock, wächst hier in unbeschreiblicher Menge, wo nur im Sande etwas Seehundfett und anderer Unrat oder auf einer Klippe, sonderlich in den unbewohnten Inseln, da die Vögel nisten, von ihrem Mist hinfällt. Der Samen geht im Frühling noch unter dem Schnee auf, unter welchem die vorjährigen Pflanzen grünen, aber sehr klein bleiben. Man sammelt es im Herbst und erhält es den ganzen Winter durch mit Schnee bedeckt, um Kohlsuppen daraus zu kochen, die wenigstens in diesem dürren Lande vortrefflich schmecken und die beste Arznei gegen allerlei Zufälle sind. Man ißt es auch wie Salat und am liebsten gleich so, wie man es von der Pflanze abbricht. So oft mich im Winter bei dem Mangel genugsamer Bewegung die Vorboten des Scharbocks als Trägheit, Gliederdrücken, Hitze, Schwindel, Brustbeschwerden, worauf dann bald einige brennende Geschwüre folgen, überfallen haben, ist eine Handvoll Löffelkraut und kalt Wasser dazu getrunken meine beste und geschwindeste Arznei gewesen."

Am Morgen des 16. September sind es immer noch 50 sm bis Jan Mayen. Grauer Himmel, nur einige schmale wolkenfreie Streifen am Horizont gewähren ein paar Sonnenstrahlen Durchlaß.

Carols 37. Geburtstag wird mit einer selbstgebastelten Schwarzwälder Kirschtorte à la FREYDIS und einer Flasche Sekt begangen. Als Geburtstagsgäste haben sich Drottellummen, Krabbentaucher und ein kleiner Wal eingefunden. Auch Rasmus bekommt einen Schluck Geburtstagssekt ab. Zwar schickt er uns daraufhin den Wind aus etwas günstigerer Richtung, aber immer noch so schwach, daß wir nicht wesentlich schneller werden.

Eine letzte harte Geduldsprobe folgt am Abend, als wir erneut für vier Stunden in totale Flaute geraten. Erst am nächsten Morgen um 05.00 Uhr erreichen wir endlich Jan Mayen und laufen in die Guineabucht am südwestlichen Zipfel der Insel ein. Über vier Tage waren wir für den nur 300 sm langen Schlag unterwegs, unsere Durchschnittsgeschwindigkeit lag bei traurigen 2,6 Knoten.

Von der LAGA keine Spur. Wie wir erfahren, hat sie einen Tag vor uns die Insel erreicht und ist bereits wieder ausgelaufen. In der Walroßbucht im mittleren Abschnitt der Westküste ging die Crew an Land und wurde von den Mitgliedern der Wetterstation mit großer Gastfreundschaft empfangen. Von außen nur unscheinbare graue Containerschachteln und ein alles beherrschender weißer Öltank, entpuppte sich die Station innen als geradezu luxuriös. Duschraum und Sauna durften von der LAGA-Crew ausgiebig benutzt werden. Bei einem Drink erfuhren sie Näheres über die Station: 25 Männer und zwei Frauen bilden die „Bevölkerung" der Insel. Bis auf den Kommandanten wird die Besatzung jedes halbe Jahr ausgewechselt. Ihre Hauptaufgabe ist derzeit der Aufbau und Betrieb einer neuen Funkstation für das Navigationssystem Loran, daneben der Betrieb der Küstenfunkstelle und einer meteorologischen Station. Weiterhin werden die seismischen Aktivitäten durch mehrere auf der Insel verteilte Meßstellen überwacht.

Auch eine Sightseeingtour über die Insel wurde für die LAGA-Crew arrangiert. In Geländewagen ging es kreuz und quer durch wegloses Ödland und Berge aus grauer Lava-Asche, gesprenkelt mit Brocken aus Bims in allen Größen, aber auch über sanfte Hügel, deren dichter Moos- und Flechtenbewuchs in seiner Farbigkeit fast bunten Frühlingswiesen glich. Nur einige Gräber und riesige, verwitterte Skelettreste der großen Meeressäuger erinnerten daran, daß die Insel einst eine Hochburg des Walfangs gewesen war.

In einer alten Wetterstation, die von Zeit zu Zeit als Ausweichquartier noch bewohnt wurde, gab es ein Gästebuch, in das sich alle eintrugen. Der Kommandant erzählte dabei die Geschichte des Meteorologen, der hier im Schneesturm die Daten der Außenstation ablesen wollte und die Orientierung verlor. Keine 100 m vom Haus entfernt fand man ihn am Morgen tot auf, erfroren.

Die abgelegene Vulkaninsel Jan Mayen, die wahrscheinlich bereits von Wikingern und irischen Mönchen entdeckt worden war, wurde erst zu Beginn des 17. Jahrhunderts wiedergefunden, als englische und holländische Walfänger neue Jagdgründe suchten. Wer die Insel

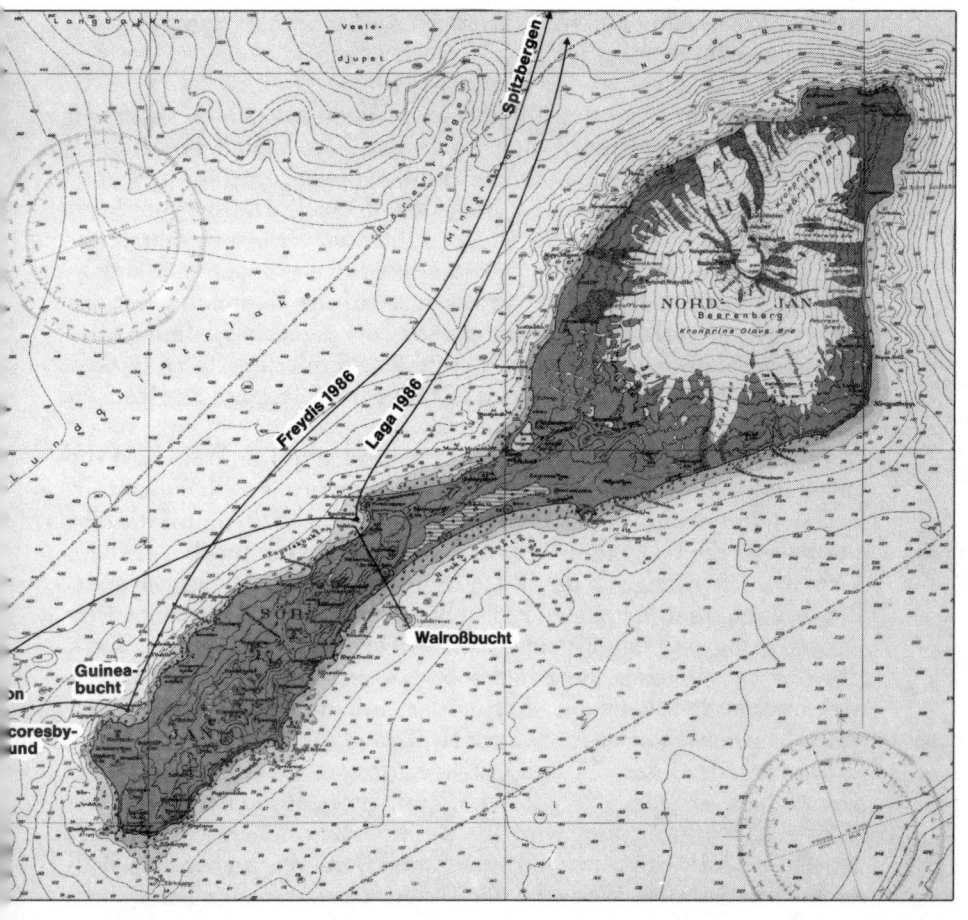

als erster wiedersah, ist nicht genau bekannt, da Informationen über neu entdeckte, wirtschaftlich interessante Fangplätze vor möglichen Konkurrenten geheimgehalten wurden. Es wird aber vermutet, daß es der Engländer Hudson war, der sie 1607 auf seiner Reise zur Erforschung der Arktis sichtete und „Hudsons-Toutches" nannte.

Aber weder dieser noch andere Namen – wie „Mr.-Joris-Island", „Lounge's Foreland", „Ile de Richelieu", „Trinity Island", „Young Foreland" –, die vermeintliche Entdecker der Insel zur damaligen Zeit gaben, konnten sich durchsetzen. „Jan Mayen" wurde sie schließlich nach dem holländischen Walfänger Jan Jakob May benannt, der die Insel 1614 besuchte und im Auftrag der holländischen Kompanie das Nutzungsrecht beanspruchte.

In den folgenden Jahren wurde Jan Mayen trotz seines unwirtlichen Klimas zur Basis des holländischen Walfangs. An den Buchten längs der Küste, in denen eine große Zahl von Walen zur leichten Beute wurde, entstanden mehrere Trankochereien und Niederlassungen. Das Fanggebiet war so ergiebig, daß oft ein Teil des gewonnenen Trans am Ende der Saison wegen fehlender Transportmittel nur eingegraben werden konnte. Verständlicherweise lockte der Reichtum auch Walfänger anderer Nationen an. Einige Kanonen schützten zwar vor Übergriffen während der Saison, außerhalb dieser aber waren die Stationen unbewacht. Nach der Plünderung durch Basken 1632 erboten sich deshalb sieben Männer freiwillig, auf der Insel zu überwintern. Alle starben an Skorbut.

Wegen der intensiven Nachstellungen mieden die Wale bald die Insel und zogen sich ins nördliche Polarmeer zurück. Die Folge war, daß sich bereits Mitte des 17. Jahrhunderts der Walfang nicht mehr lohnte und die Holländer ihre Stützpunkte nach und nach aufgaben. Über 200 Jahre lang war die sturmumtoste Insel danach nur gelegentlich Anlaufpunkt für Seeleute, Robbenfänger und Fallensteller. Ihre Ansteuerung war damals sehr riskant. Das ist sie auch heute noch, obwohl wir – im Gegensatz zu den Seeleuten der damaligen Zeit, die sich nur auf die ungenauen Karten der Holländer stützen konnten – auf sehr genaue Karten zurückgreifen können.

Eingehender erforscht und erneut kartographiert wurde die Insel von W. Scoresby jun. 1817. Sie ist 373 km² groß, 55 km lang, zwischen 2,5 bis 15 km breit und wird im wesentlichen beherrscht von den Bergen Rudolfs-Topp im Südwesten und dem eindrucksvollen Beerenberg im Norden. Während des Ersten Internationalen Polarjahres

1882/83 wurde Jan Mayen zur Basis einer österreichisch-ungarischen Expedition, die wissenschaftliche, geographische und geologische Untersuchungen vornahm.

Danach hielten sich erst wieder Anfang des 20. Jahrhunderts Menschen länger auf der Insel auf: norwegische Jäger, die dort überwinterten. Neben Eisbären, die manchmal auch heute noch im Winter über das Packeis auf die Insel kommen, waren Polarfüchse ihre Hauptbeute, unter denen sie gründlich aufräumten. Nachdem Norweger 1921 eine Radio- und Wetterstation eingerichtet hatten, wurde Jan Mayen 1930 endgültig von Norwegen annektiert.

Wegen des auflandigen Windes entscheiden wir, in der Guineabucht gar nicht erst zu ankern, sondern drehen bei und halten die FREYDIS mit Hilfe des Motors auf der Stelle. Wir können deshalb auch nicht gemeinsam an Land gehen. Eine Gruppe muß immer auf dem Schiff bleiben. Der starke Schwell, der in der kleinen, von schroffem vulkanischem Basaltgestein umgebenen Bucht steht, läßt das Landemanöver mit dem Dingi zu einem risikoreichen Unternehmen werden. Schließlich schaffen wir es aber doch, in etwas ruhigerem Wasser hinter einer kleinen Felsnase fast trockenen Fußes an Land zu kommen. Durch scharfkantiges Gestein klettern wir 20 m höher bis zur Kante eines ausgedehnten Lavafeldes, von dem aus wir einen herrlichen Blick über die Bucht mit der darin auf dem Schwell tanzenden FREYDIS haben.

Wie nicht anders erwartet, treten in dieser Wetterküche, in der polares und gemäßigtes Klima (Polarstrom und Golfstrom) aufeinanderprallen, die unterschiedlichsten Wetterzustände auf: Schneeschauer wechseln mit Nieselregen, dichtem Nebel oder Sonnenschein ab, die Sichtverhältnisse variieren von miserabel bis sehr gut, so daß wir gelegentlich sogar den 760 m hohen eis- und schneebedeckten Rudolfs-Topp zu sehen bekommen.

Das eintönige Schwarz des Lavafeldes wird nur durch die blaßgrünen Flecken armseliger Moose und Flechten unterbrochen, die sich an diesem unwirtlichen Ort als Pionierpflanzen einen ersten Lebensraum eroberten. Über dieses Geröll hinweg kommen wir auf die unserer Landungsstelle gegenüberliegende Seite der Bucht, die zum Meer hin flach abfällt. Neben allem möglichen Zivilisationsmüll sind hier auch große Mengen Holz – riesige, blankpolierte Stämme – angeschwemmt worden, aus denen man gut und gerne auf dieser sonst baumlosen Insel mehrere Häuser bauen könnte. Wie das Treibholz, das uns vor der grönländischen Küste begegnete, stammt auch dieses aus den Wäldern Sibiriens, wo es bei Hochwasser die Flüsse hinuntertreibt. Im Eismeer friert es ein und wird nach langer Westdrift am Nordpol vorbei schließlich mit einem Ausläufer des Polarstromes, dem Jan-Mayen-Strom, an die Küsten der Insel gespült.

Ein paar Stunden später sind wir alle wieder an Bord der FREYDIS, und die Fahrt wird an der teilweise wolkenverhangenen Westküste der Insel entlang nach Norden fortgesetzt. Am Nachmittag reißt die Wolkendecke endgültig auf und gibt den Blick frei auf den mächtigen, gletscherbedeckten 2270 m hohen Beerenberg, den größten Vulkankegel der arktischen Region, der fast den gesamten Norden der Insel einnimmt.

Recht anschauliche Berichte über Vulkanausbrüche des Beerenberges aus früheren Zeiten sind uns von dem Hamburger Bürgermeister Anderson (1732) und von William Scoresby (1818) überliefert. Unser Handbuch von 1968 – eine Neuauflage war zu dieser Zeit noch nicht erschienen – spricht noch von dem „erloschenen" Vulkan Beerenberg, aber schon 1970, als es zu einer relativ großen Eruption kam, wurde diese Aussage Lügen gestraft. Der neuerliche Ausbruch wurde mehr oder weniger zufällig bei guter Sicht von einem Flugzeug entdeckt. Es ist anzunehmen, daß sich der Vulkan auch bereits in den Jahren zuvor regte. Da sich der Berg 300 Tage im Jahr unter einer Tarnkappe aus Nebel verbirgt, hatte es jedoch niemand gesehen. Auch die letzte bekannte Eruption im Januar 1985 wurde von einem Flugzeug aus beobachtet.

Die Ursache des Vulkanismus und der auf Jan Mayen immer wieder registrierten seismischen Erschütterungen läßt sich durch die Lage der Insel auf dem nördlichen Ausläufer der mittelatlantischen Schwelle erklären, die sich aus dem Raum der Azoren über Island und Jan Mayen bis westlich Spitzbergen erstreckt.

Langsam entfernen wir uns von der Insel mit Kurs auf Spitzbergen. 600 sm offenes Meer liegen vor uns. Die Insel verschwindet. Im fahlgelben Licht des Vollmonds sehen wir bald nur noch die schneebedeckten Gipfel des Beerenberges wie von Wolken getragen am Himmel hängen.

Auf zum kalten Ende der Welt!

Schnee, Sturm und immer wieder Flautendümpelei – Was heißt hier „Seekrankheit"! – Spitzbergen oder Svalbard? – LAGA *und* FREYDIS, *zwei ungleiche Schwestern – Gefährliche Schiffsvereisungen*

In der Nacht haben wir so wenig Wind, daß unsere Frühwache – Folkmar und Uwe – beim ersten Sonnenlicht noch einen letzten Blick auf den Beerenberg werfen kann. Als es dann hell wird, kommt Wind aus Südost auf, der sich langsam bis auf 6 Bft. verstärkt. Endlich kann wieder richtig gesegelt werden. Unter Groß und Genua III geht es mit rauschender Fahrt von bis zu acht Knoten Richtung Nordosten. Das leichte Ansteigen der Lufttemperatur, besonders aber der Wassertemperatur auf 4° C führen wir auf den Norwegerstrom zurück, einen Ausläufer des warmen Golfstroms, der, von Süden kommend, sich nördlich von Jan Mayen mit den kalten Wassern des Jan-Mayen-Stroms (eines Ausläufers des Polarstroms) im sogenannten Jan-Mayen-Wirbel vermischt. Ein Teil des Golfstromausläufers zieht unvermischt nach Norden, vorbei an der Westküste Spitzbergens, und sorgt dort in der Regel von Anfang Juni bis spät in den Herbst für Eisfreiheit; in dieser Zeit kann die Westküste von nicht eisbrechenden Schiffen angelaufen werden. Auch uns kommt diese Strömung zugute.

Die LAGA ist bereits „über alle Berge". Nach unseren Berechnungen muß sie mindestens 200 sm Vorsprung haben. Dementsprechend werden wir wohl erst wieder in Longyearbyen, der norwegischen Hauptsiedlung Spitzbergens, mit ihr zusammentreffen.

159

Ein Tief zieht offensichtlich nördlich von uns durch, denn am Abend dreht der Wind auf West, dann auf Nordwest. Trotz der Richtungsänderung machen wir bei konstanter Windstärke von 5 bis 6 Bft die ganze Nacht über rasche Fahrt. „Die Stürme sind auch nicht mehr das, was sie mal waren", stöhnt Erich, als sich am Nachmittag dann doch wieder Flaute einstellt und der Blister, der in der letzten Stunde schon mehrfach einfiel, endgültig geborgen werden muß. Ohne Stütze durch Wind und Segel wird die Freydis in der hohen Dünung zum Spielball der Wellen, die sie mit einem Rollwinkel bis zu 30 Grad nach jeder Seite werfen. Nicht nur die dauernde Schaukelei, auch der immer größere Verlust an Zeit für den nächsten Landaufenthalt machen es uns nicht gerade leicht, die Nerven zu behalten. Abermals flackert der alte Hader über das Für und Wider der Motorbenutzung auf. Aber auch diesmal bleiben die Skipper hart, füttern uns mit weisen Sprüchen (etwa: „Geduld braucht Charakter") oder ringen sich hinterlistige Versprechungen ab: „Wenn wir bis morgen Abend keine Meile gemacht haben, reden wir noch mal darüber." Dabei wissen sie natürlich ganz genau, daß der Golfstrom uns hier mindestens drei Meilen pro Tag mitzieht. Kein Wunder, daß nach dieser Enttäuschung der gesamte Rest der Hefepfannkuchen des vorherigen Tages unserem Musto zum Opfer fällt, während Carol und Bruno mit diversen Frust-Cocktails an der Bordbar gehörig Trost suchen. Völlerei und Suff feiern Triumphe.

Während unserer Auseinandersetzung muß ich an die Frage denken, die mir der verstorbene Segelbuchautor Wolfgang J. Krauss einmal gestellt hat: „Was halten Sie eigentlich vom Grundsatz: ‚Skipper's word is law‘? Ich habe ihm darauf geantwortet, ich hielte ihn in Gefahrensituationen, wenn rasch gehandelt werden müsse, für das einzig Richtige. An dieser Meinung hat sich auch grundsätzlich nichts geändert. In (lebens-)wichtigen Fragen scheint mir die Diktatur des Erfahrensten für alle Beteiligten das Beste. Sonst aber geht es bei uns an Bord sehr demokratisch zu. Die Zeit patriarchalischer Schiffsführung, die noch in den sechziger Jahren gang und gäbe war, als Erich lange in der Crew einer Hamburger Segelkameradschaft mitsegelte, die dem Skipper Alleinentscheidungen zu treffen erlaubte, ohne Anhörung oder Mitwirkung der Mannschaft (sie kannte manchmal nicht einmal das Reiseziel!), war doch nun wirklich überholt. Seit eh und je herrscht auf der Freydis ein kooperatives Prinzip. Nur dann – finden wir – kann eine Reise gelingen, die ja nicht nur Skippers Tatendrang befriedigen, sondern für jedes Crewmitglied zu einem positiven Erlebnis werden soll.

Das habe ich Krauss damals geantwortet. Aber wo ist nun die Demokratie auf der FREYDIS geblieben? Immerhin sind vier pro und nur drei contra Motoren. Zur Entlastung unserer Skipper sei aber zugegeben, daß sie – aus ihrer Sicht – im Recht sind. Schon vor der Reise haben sie allen Teilnehmern unmißverständlich erklärt, daß sie einen „supersportlichen Törn" segeln wollen, „möglichst wenig unter Maschine", und wir waren damit einverstanden.

Üble Flautendümpelei also auch die ganze Nacht hindurch. Trotz Verkeilung mit allen verfügbaren Kissen und Decken rollt es uns in der Koje erbarmungslos hin und her. An Schlaf ist nicht zu denken. Um 04.00 Uhr früh verlasse ich gerädert mein Marterbett und mache mich ans Brotbacken. Als es hell wird, beruhigt sich die See langsam. Ganze Scharen von Eissturmvögeln sitzen auf dem glatten, in langen Wellen auf- und niederwogenden Wasser. Es gackert wie auf einem Hühnerhof.

Frische dampfende Brötchen, Filterkaffee und Rührei mit Schinken gibt's zum Frühstück, als Trostpflaster für die flautengeschädigte Crew. Und Shanties als Tafelmusik. Hans Albers singt: „Vom Nordpol zum Südpol ist's nur ein Katzensprung." Muß der beneidenswert guten Wind gehabt haben! „Und es vergingen Tage und Wochen, und die Zeit schien stillzustehen", kalauert Erich, als sich mittags immer noch kein Lüftchen regt. „Und zu Weihnachten wendeten sie ihre Hemden von innen nach außen und wuschen sich mit einer Vierteltasse heißen Wassers", blödelt Bruno weiter, wobei er aus einem Buch über arktische Entdeckungen zitiert, in dem er gerade liest.

„Delta-Charly-Hotel-Victor", tönt es aus dem Radio, „für die FREYDIS liegt ein Anruf vor." Der ist schon wieder für Carol. Seit seinem Geburtstag wird er täglich von mehreren Gratulanten – vorwiegend weiblichen – angerufen. „Nicht einmal in der Arktis lassen sie ihn in Ruhe", frotzeln die anderen voller Neid.

Um 03.00 Uhr nachts endlich Wind, aber was für einer! Er bläst nicht nur genau von vorn, sondern steigert sich bis zum Morgen sogar zu einem handfesten Sturm mit anhaltenden Hagel- und Schneeschauern. Die Sichtweiten liegen unter 50 m. Auf dem Weg nach Spitzbergen wird uns wahrhaftig nichts geschenkt; aber wer kann auch schon etwas anderes erwarten?

161

Mit Groß und Fock II kämpft die F REYDIS oft mehr unter als über Wasser gegen die immer gröber werdende See an. Unter Deck haben wir fast das Gefühl, als Beobachter in einem Tauchboot zu sitzen. An Deck dagegen türmen sich die Schneemassen und kleistern zeitweise sogar die Fenster zu. Von den regelmäßig überkommenden Brechern wird die ganze Schneepracht aber bald wieder ins Meer gespült.

Der freistehende Rudergänger hat nichts zu lachen. Ein schmerzhaftes Bombardement aus Hagelkörnern und Schneegraupeln geht auf ihn nieder, und ständige Eiswassergüsse durchbrechen schließlich selbst die dicke Handtuchblockade um den Hals. Jeder sucht sich so gut es geht zu schützen, zum Beispiel durch seitliches Rudergehen. Diese Eiswasserduschen werden wohl vorerst unsere einzigen Duschen bleiben, denke ich deprimiert. Wie angenehm muß es jetzt auf der L AGA mit ihrer Zweitsteuerung im geschlossenen Deckshaus sein! Aber wir sollen ja – laut Erich – immer die Nase im Wind und ein Gefühl für Segel und Seegang haben. Das erhöht die Sicherheit an Bord. Daß ich in Händen und Füßen kein Gefühl mehr habe, ist dabei wohl völlig gleichgültig.

Wegen der elenden Bolzerei gibt es zu Mittag nur eine der bewährten Sturmmahlzeiten: mit Kartoffelbrei eingedickten Linseneintopf und Würstchen. Großen Hunger hat sowieso niemand. Durchfroren, der eine mehr, der andere weniger seekrank, verschwindet die Freiwache so rasch wie möglich in der Koje. Aber auch dort ist es mit der sonst gewohnten Gemütlichkeit vorbei. Die Polster sind naß von Schwitzwasser, das ständig in kleinen Rinnsalen an der Bordinnenwand herunterfließt. Dadurch werden sogar unsere Seekartenstapel, die wir unter die Kojen geschoben haben, richtig schön eingeweicht.

Nachdem uns zur Mittagszeit noch die Seekrankheit gebeutelt hat, schmeckt uns aber dank Scopoderm-Pflaster das Abendessen schon wieder. In den letzten Jahren haben wir während heftiger Stürme an der Westküste Irlands und Schottlands dieses Mittel erprobt, das bereits von Astronauten auf Space-Shuttle-Flügen erfolgreich eingesetzt worden ist: Scopolamin, ein natürliches Belladonna-Alkaloid. Zwar sind Extrakte aus Tollkirsche, Stechapfel und Binsenkraut bereits seit über 150 Jahren als Mittel gegen die Bewegungskrankheit bekannt, für den darin enthaltenen Wirkstoff Scopolamin wurde aber erst in jüngerer Zeit eine Darreichungsform entwickelt, bei der die unangenehmen Begleiterscheinungen dieses Stoffes umgangen werden können. Ein kleines, kreisrundes Pflaster, das Scopolamin enthält, wird auf die Haut hinter dem Ohr geklebt, wo die Resorptions-verhältnisse erwiesenermaßen günstig sind. Das einfache Zukleben unserer „Achillesferse" hat sich als guter Schutz erwiesen. Nach einigen Tagen stellen sich bei uns allerdings als bekannte Nebenwirkung Akkommodationsstörungen der Augen ein, die besonders beim Lesen und beim Arbeiten in der Seekarte unangenehm sind.

Die positive Wirkung von Ingwer – heute wieder ein beliebtes Mittel gegen die Seekrankheit – war übrigens schon den Seeleuten früherer Jahrhunderte bekannt. Friedrich Martens schreibt in seiner „Spitzbergischen oder Groenländischen Reise-Beschreibung, gethan im Jahr 1671" folgendes über die Behandlung der Seekrankheit:

„Die besten Mittel vor diese Kranckheit achte ich starcke Gewürtz im Munde gekauet, z. B. Ingwer, Muskatnuß und dergleichen. Viele meynen, diese Kranckheit mit Fasten zu vertreiben, welches doch vergebens. Der Ungeschmack zu vertreiben seynd die besten Mittel meines Erachtens. Frisch in den Wind sehen und auf dem Schiffe spatzieren gehen, schadet auch nicht. "

Sonst aber ist in den Büchern, die von Entdeckungs-, Kriegs- und Handelsreisen berichten, zwar viel zu lesen über den an Bord so gefürchteten Skorbut und seine erfolgreiche Behandlung mit Sauerkraut und Malzextrakt, die Seekrankheit aber scheint bei den Kummer gewohnten Seeleuten der damaligen Zeit kaum ein erwähnenswertes Thema gewesen zu sein. Allenfalls ist die Rede von einer „beschwerlichen Zeit", die durchgestanden werden mußte, bis die notwendigen Seebeine gewachsen waren.

Am Nachmittag des 23. September, zur Tag- und Nachtgleiche also, überqueren wir den Nullmeridian. Unsere Position – 00°00′ Ost und 74°37′ Nord – zeigt das Loran-C-Gerät an. Wegen der defekten Logge und des ewig bewölkten Himmels arbeiten wir jetzt nur noch mit Loran-C und Satelliten-Navigator, während wir bis Jan Mayen die Navigation im wesentlichen auf das Koppeln und auf Gestirnsmessungen gestützt haben.

Wegen des unverändert gegen uns gerichteten Sturmes können wir trotz aller Mühe schließlich die notwendige Höhe zur Ansteuerung unseres Ziels an der Westküste Spitzbergens, den Eisfjord mit Longyearbyen, unseren LAGA-Verabredungsort, nicht mehr halten.

An ein Aufkreuzen ist bei dem starken Wind und der groben See nicht zu denken, und für eine Wetterbesserung oder Winddrehung zu unseren Gunsten gibt es keine Anzeichen. Wir entscheiden uns deshalb dafür, erst einmal die Südwestküste Spitzbergens anzulaufen und dort im Bellsund für die Nacht Zuflucht zu suchen. Mit Motorunterstützung (die Skipper haben ein Einsehen) ist es uns dann nicht nur möglich, unseren neuen Kurs anzuliegen, sondern noch einige Meilen zusätzlich herauszuholen. Ergebnis: Bereits am Nachmittag kommt Land in Sicht, unverkennbar Spitzbergen, das „Alpenland im Eismeer", wie es treffend bezeichnet wurde. Die Abendsonne zaubert zarte Rosatöne auf die schweren Schneewolken über dem Eingang des Bellsundes, als wir Kap Martin bei langsam abnehmendem Wind passieren.

Den Namen Spitzbergen erhielt diese Inselgruppe von dem berühmten holländischen Seefahrer Wilhelm Barents. Bei seinem Versuch, die Nordost-Passage zu finden, stieß er 1596 auf eine Küste mit ungewöhnlich hohen und spitzen Bergen. Ob Barents aber tatsächlich der erste war, der sie erblickte, ist nicht ganz sicher. Es könnten auch Wikinger gewesen sein. In einer isländischen Quelle, den „Islandske Annaler" (um 1200) heißt es: „Svalbard gefunden". Und ein isländisches Landnahmebuch aus dem 12. Jahrhundert berichtet, daß es von Islands Nordspitze nach Svalbard nördlich am Ende des Meeres „vier Tage und Nächte Schiffahrt seien". Ob nun allerdings mit Svalbard – was soviel wie „Land der kalten Küsten" bedeutet – ein Teil Grönlands oder aber Barents' Spitzbergen gemeint war, ist ungeklärt. Zudem geriet das Svalbard der Wikinger rasch wieder in Vergessenheit. Erst als Barents den Archipel fand, auf dessen immensen Reichtum an Walen, Walrossen, Robben und wertvollen Pelztieren Hudson rund zehn Jahre später die Welt hinwies, rückten diese entlegenen Inseln plötzlich in den Mittelpunkt europäischer Wirtschaftsinteressen und wurden ein halbes Jahrhundert lang von ganzen Flotten aller Walfangnationen angelaufen.

Lange Zeit hielten die Seeleute an Barents' Irrtum fest, Spitzbergen sei ein Teil Grönlands. Man sprach deshalb allgemein von der „grönländischen Walfischerei", von „Grönlandfahrten" und vom „Grönland-Wal" und meinte damit zunächst hauptsächlich den Fang bei Spitzbergen. Bei dieser Bezeichnung blieb es auch später noch, als die wirklichen geographischen Gegebenheiten längst bekannt waren.

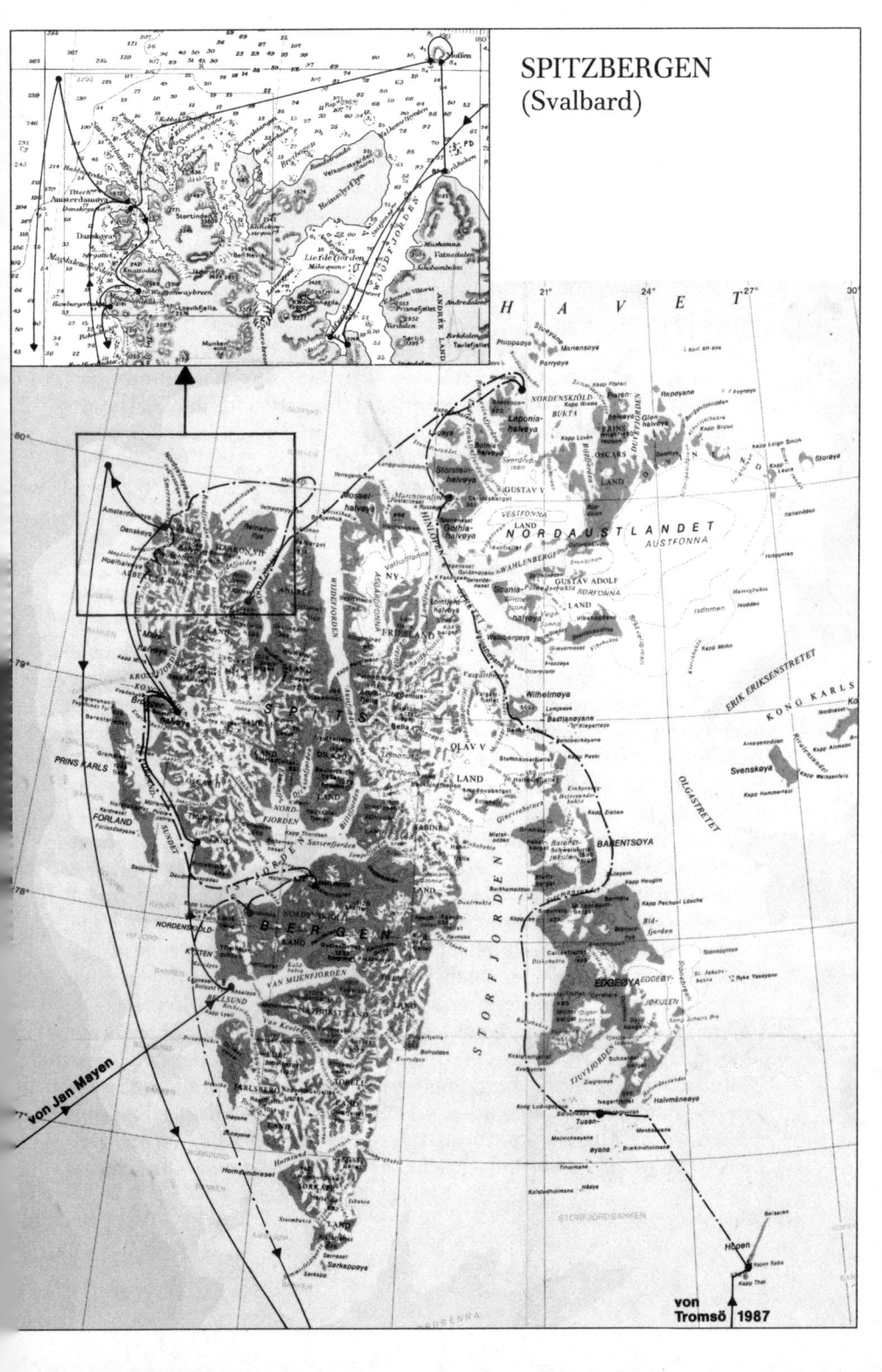

SPITZBERGEN
(Svalbard)

Spitzbergen war lange Zeit ein Niemandsland. Selbst die Besitzansprüche auf die reichen Jagdgründe, die während der Walfangperiode im 17. Jahrhundert häufig zu Streitereien und schließlich sogar zur Verteilung der Buchten auf die einzelnen Fangnationen geführt hatten, wurden bedeutungslos, als es dort keine Wale mehr zu fangen gab. Erst zu Beginn des Industriezeitalters, als man auf der Suche nach Energiequellen und Rohstoffen die Spitzbergenkohle fand, stellte sich erneut die Besitzfrage.

Nach internationalen Verhandlungen wurde 1920 der 62 300 km² große Archipel den Norwegern zugesprochen, allerdings unter bestimmten Einschränkungen ihrer Souveränitätsrechte (den 32 Unterzeichnerstaaten wurde ein gemeinsames wirtschaftliches Nutzungsrecht auf der arktischen Inselgruppe zugesichert). Wie die Wikinger, ihre Vorfahren, nannten die Norweger Spitzbergen wieder „Svalbard".

Der Bellsund, in den wir am Abend einlaufen, ist also unsere erste Spitzbergenstation. Dreizehenmöwen und Eissturmvögel begleiten uns in die östlich von Kap Martin gelegene Van-Muyden-Bucht, in der uns überraschend die Ankerlaterne einer Yacht entgegenleuchtet. Es ist die Laga, die hier eigentlich gar nicht sein dürfte, schließlich sind wir doch in Longyearbyen verabredet. Groß ist die Wiedersehensfreude. Im wärmenden Deckshaus der Laga wird der glückliche Zufall dieses Treffens mit Tee und Rum gebührend begossen. Danach sind unsere unterkühlten und erschöpften Lebensgeister wieder einigermaßen geweckt, und das große Erzählen beginnt.

Die Laga ist in den Flauten dauernd unter Motor gelaufen und liegt bereits seit zwei Tagen im Bellsund. Auch sie hat wegen des Sturmes, der nicht nur bei uns draußen auf See wütete, in dieser kleinen Bucht Schutz gesucht. Hier verbrachte ihre Crew die vergangenen zwei Tage aber wesentlich angenehmer als wir. Angenehmer, länger und abwechslungsreicher war ja auch ihr Aufenthalt auf Jan Mayen, von dem sie uns jetzt begeistert erzählt. Diese Vorteile des Motorens bei Flaute lassen sogar unsere beiden Skipper und Uwe an ihrer sturen „Nur-Segeln-Philosophie" zweifeln. Und dennoch kann beim Thema Motorbenutzung keine Einigung erzielt werden. Es prallen einfach zwei Seglerwelten aufeinander, wie es besonders an der Diskussion zwischen Meinhart (Laga) und Uwe (Freydis) deutlich wird. Der eine – Meinhart – ist der Ansicht, er habe einen Törn mit festen

Reisezielen gebucht, die bei Flaute oder leichten Winden eben mit dem Motor erreicht werden müssen, während der andere – Uwe – aus sportlichen Gründen möglichst überhaupt keinen Motor benutzen will.

Meinharts Argumentation fürs Motoren gilt nicht für die gesamte LAGA-Crew. Andere Crewmitglieder behaupten, es habe schon deshalb keinen Zweck, bei wenig Wind mit uns im Geleit zu segeln, weil die FREYDIS wesentlich schneller sei als die LAGA: zwei ungleiche Schwestern. Das ist bei schwachen raumen und achterlichen Winden auch richtig. Die LAGA ist immerhin zehn Tonnen schwerer als die FREYDIS, die im übrigen mit zwanzig Tonnen auch nicht gerade leicht ist. Außerdem kann die LAGA weder Spinnaker noch Blister setzen. Ein Spinnakerbaum ist zwar auf unser Verlangen vom Vercharterer kurz vor dem Start noch geliefert worden, konnte aber nicht mehr getestet werden und stellte sich als viel zu schwach heraus. Schon auf der ersten Etappe nach Island knickte er wie ein Streichholz. Die beiden kräftigen Spibäume der FREYDIS aber, von denen wir einen hätten abgeben können, paßten nicht in die unterdimensionierten Beschläge. Einen Blister hatte die LAGA gar nicht an Bord, und für unseren Reserveblister fehlte das geeignete kräftige Fall.

Für Dieter, den Skipper der LAGA, ist allein der Sicherheitsaspekt, die Minimierung der Gefahr, ausschlaggebend fürs Motoren, denn wir haben bereits Mitte September. Für die zu erwartenden Herbststürme ist das Schiff nicht optimal ausgerüstet. Vor allem bereitet der Zustand der Segel Sorgen, und obwohl die FREYDIS nach Kräften mit Ersatzsegeln aushilft, steht Segelnähen bei der LAGA fast schon auf der Tagesordnung; zudem ist die Crew nicht aufeinander eingespielt und großenteils wenig hochsee-erfahren. Unter diesen Bedingungen will Dieter in dem als besonders gefahrenreich bekannten Gebiet verständlicherweise kein vermeidbares Risiko eingehen. Mit dem Motoren bei Flaute und leichten Winden kann die LAGA vielen Stürmen einfach davonlaufen oder sie doch wenigstens in einem sicheren Hafen, einer geschützten Bucht abwettern.

Dieters Argumente sind einleuchtend, und seine Entscheidung wird von uns allen akzeptiert, auch von den beiden FREYDIS-Skippern. Trotzdem sind wir enttäuscht, denn die gemeinsamen Aktionen werden dadurch auf ein Minimum reduziert. Unsere Vorstellung, wir seien eine Crew auf zwei Yachten mit einem gemeinsamen Ziel, hat sich aber auch aus ganz anderen, rein persönlichen Gründen als falsch erwiesen. Mit Ausnahme von Dieter und Udo, die schon öfter mit uns auf der FREYDIS gesegelt sind, haben wir zu den anderen Crewmitgliedern der LAGA, die überwiegend durch Inserate oder bei Erichs Vorträgen zu uns gestoßen sind, keine gewachsenen Freundesbeziehungen. Bunt zusammengewürfelt wie sie sind, müssen sie außerdem erst einmal unter sich einen Konsens finden, der sich dann oft mit den Ideen auf der FREYDIS nicht deckt. Es zeigt sich schon bald, daß jede Crew mehr oder weniger eigene Interessen und Ziele verfolgt. Wegen des frühen Wintereinbruchs auf Spitzbergen, der eine erhöhte Gefahr für beide Schiffe mit sich bringt, entschließt man sich aber, wenigstens an der Spitzbergenküste zusammenzubleiben, um einander im Notfall Hilfe leisten zu können.

Als ich am Morgen die öden, schneebedeckten Felsen und Hügel um die Bucht und die spitzen, von Gletschern durchbrochenen Berge im Hintergrund betrachte, kann ich mir leicht vorstellen, was die Männer aus London gefühlt haben müssen, die nach der Walfangsaison 1630 versehentlich im Bellsund zurückgelassen und damit zum Überwintern gezwungen wurden. *„Ihre Verzweiflung ist dem Entsetzen einer U-Boot-Besatzung vergleichbar, die in ihrem Tauchboot tief unter der Meeresoberfläche eingeschlossen ist"*, schreibt Jeannette Mirsky in ihrem Buch über die Erforschung der Arktis. Die Männer ließen sich von ihrer verzweifelten Lage aber nicht lähmen. Durch die Jagd, die sie ständig in Bewegung hielt, durch frisches Fleisch und Löffelkraut, das sie vor dem Skorbut rettete, wurde nicht nur ihre körperliche Gesundheit erhalten, sondern auch ihr Lebenswille gestärkt. Sie überstanden den Winter in so guter Verfassung, daß sie im folgenden Sommer von den Walfängern aller Nationen als „Überlebenskünstler" allgemein bestaunt und bewundert wurden.

Dieses Erstaunen wird verständlicher, wenn man weiß, welche Panik zur damaligen Zeit der bloße Gedanke an eine Überwinterung auf Spitzbergen auslöste. Besonders eindrucksvoll zeigt dies die Reaktion einiger zum Tode verurteilter russischer Sträflinge, die sich – auf eine Milderung ihrer Strafe hoffend – euphorisch für eine Überwinterung zum Schutz der Walfangstation gemeldet hatten, ohne die geringste Ahnung zu haben, auf was sie sich da einließen. Es dämmerte ihnen erst, als sie sich auf Spitzbergen umsahen. Der Schock muß so groß gewesen sein, daß sie es vorzogen, sogleich wieder mit den Schiffen nach Hause zu fahren, selbst auf die Gefahr hin, am Galgen zu enden.

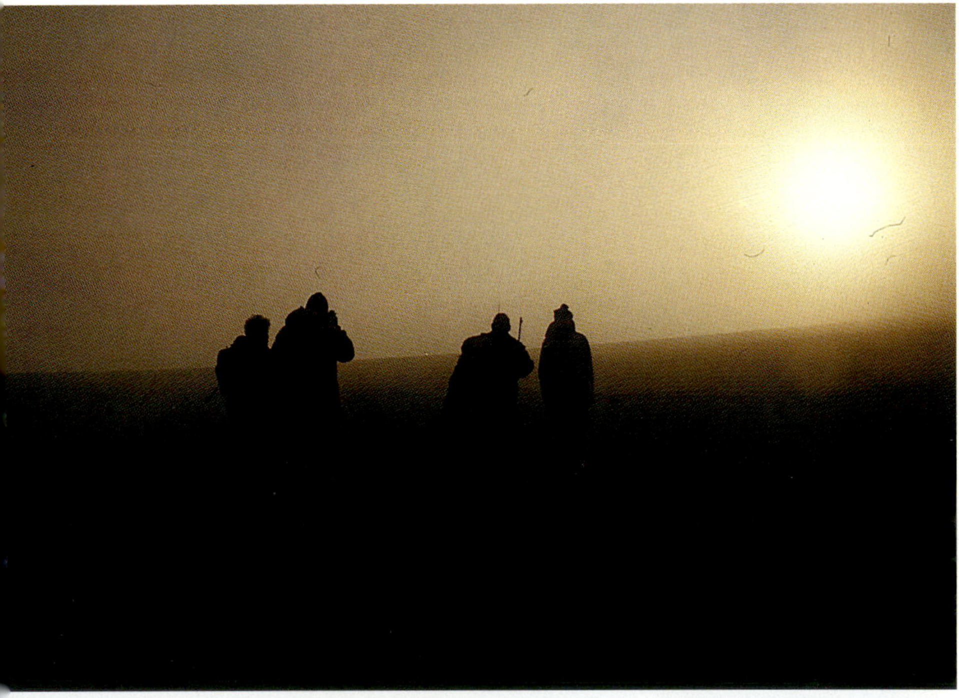

26

28

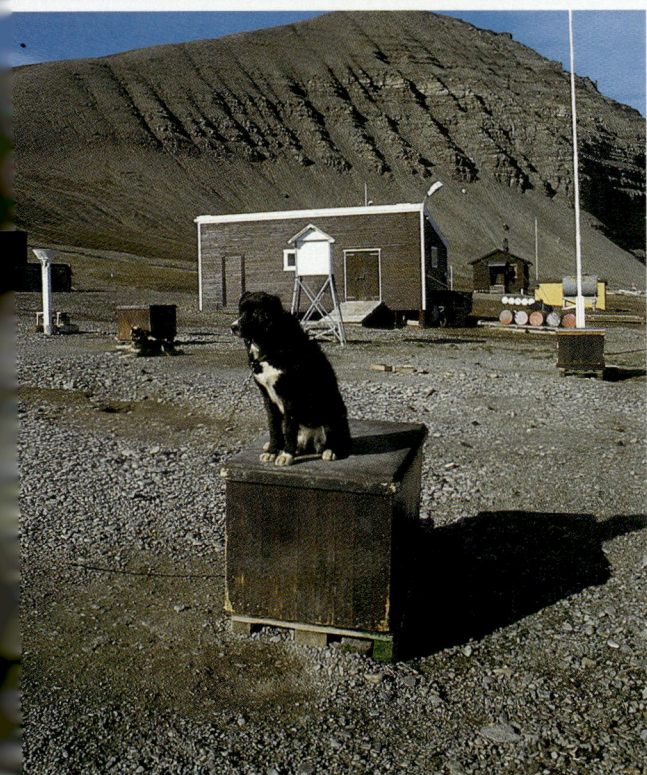

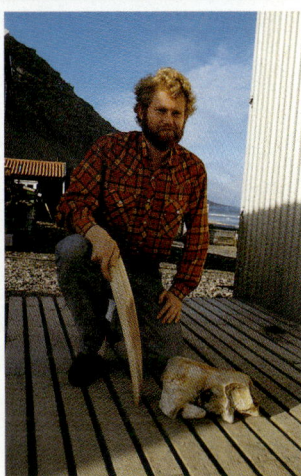

26 Hopen-Ausflug im Nebel

27 Schlittenhunde, Wachposten der Station

28 Geir mit Walroßzahn und Eisbärenschädel

27

29 Blick auf Virgohavn mit
   FREYDIS

30 Badefreuden in warmen
   Quellen am Bocksfjord

31 Aufgegebene Trapperhütte
   im Danskegatt

32 Smeerenburg: Reste einer
   gemauerten Trankocherei

33

33 + 34 Unsere ersten Eisbären in der
Hinlopenstraße

35 Walroßbegegnung bei
den Tausend Inseln

34

Wir aber wollen weder gehenkt werden noch überwintern, sondern so rasch wie möglich Richtung Norden weitersegeln. Dazu müssen erst einmal die Vereisungen am Schiff entfernt werden, mit denen wir bereits seit einigen Tagen zu kämpfen haben. Also heraus mit Gummihämmern, Hacken, Spateln, Kehrblechen und anderen Hau- und Kratzgeräten! Nach über einer Stunde harter gemeinsamer Arbeit sind Deck, Rumpf und vor allem das stehende und laufende Gut zum größten Teil wieder aus dem Eispanzer geschält. Endlich kann es losgehen.

Aus Zeitgründen vereinbaren wir mit der LAGA-Crew, nicht den Eisfjord und Longyearbyen (Sitz des norwegischen Gouverneurs oder „Sysselmannes" von Svalbard) anzulaufen, sondern gemeinsam direkt im Kongsfjord Ny Alesund anzusteuern. Bei nordnordwestlichen Winden um 4 bis 5 Bft und strahlendem Sonnenschein segeln wir entlang der schneebedeckten hohen Gebirgsketten des Nordensjköldlandes in Richtung Forlandsund. Bei vorlichem Wind lassen wir nun ab und zu den Motor mitlaufen, um fünf bis sechs Knoten Fahrt zu machen. Mit dem Motor kommt auch das an ihn angeschlossene Heizungssystem in Gang: ein zusätzlicher Vorteil also. Endlich können wir sämtliche Matratzen in den Kojen zum Trocknen aufstellen und alle nassen Kleidungsstücke – viele haben bereits häßliche Stockflecken – auf und um die Heizkörper ausbreiten. Als schließlich alles arrangiert ist – sogar der kleine Stoffigel Ignaz, Carols geliebtes Maskottchen, hat noch ein warmes Plätzchen gefunden –, fällt prompt der Motor aus.

Das gleiche passiert zur selben Zeit auch auf der LAGA, und wir geben uns über UKW gute Ratschläge und Tips zur Behebung des Schadens, wobei man schließlich von der Annahme ausgeht, daß das in der Kälte gelierende Dieselöl schuld ist. Während der intensiven Ursachenforschung ist dann das Tohuwabohu unter Deck komplett, wie nach einer Durchkenterung liegt alles wild in der Gegend herum: halb ausgeleerte Werkzeugkästen, Motorenteile, die alles blockierenden Abdeckbretter des Maschinenraums und die zum Trocknen bereiten Sachen. Aber was macht das schon? Bald läuft der Motor wieder, und wohlige Wärme verbreitet sich unter Deck.

Auf dem Vorschiff aber gefriert bereits wieder das Spritzwasser. Ganze Reihen langer Eiszapfen wachsen am Bugkorb und an der Bugreling. Sie haben unverkennbare Ähnlichkeit mit einem riesigen Haifischgebiß. Langsam verwandelt sich unsere FREYDIS in ein weißes, zähnefletschendes Ungeheuer. Nur noch die Wachen halten auf die Dauer der Eiseskälte stand. Dabei muß man aber ständig, auch wenn es schmerzt, in Bewegung bleiben, um drohenden Erfrierungen vorzubeugen. Wie Jan Mayen, aber um rund zehn Breitengrade nördlicher, liegt auch Spitzbergen in einer Randzone, in der relativ milde Luftmassen aus dem Süden mit kalter arktischer Luft aus dem Norden konkurrieren. Uns hat leider letztere fest im Griff.

Auf Kap Linné am Südufer des Eisfjordeinganges kommen die Funkmasten von Isfjord-Radio, einer bereits 1933 eingerichteten Station, in Sicht. Am Eisfjord vorbei, dem größten Fjord Spitzbergens, laufen wir in den Forlandsund ein, der sich in fast nördlicher Richtung erstreckt, zwischen der Westküste Spitzbergens und dem Prins-Karls-Forland, dieser 47 sm langen, schmalen, westlichsten Insel Spitzbergens.

Über seine teilweise in dunkelgraue Wolken gehüllten, dolomitenähnlichen Bergketten, die sich hinter einer breiten, flachen Ebene erheben, wandert ein bleicher Halbmond. Es dämmert bereits, denn die Zeit der Mitternachtssonne, deren Licht nur die Nächte von Mitte April bis Mitte August erhellt, ist längst vorbei. Auch am Tag ist jetzt die Sonne nur noch schwach und bringt es mittags nicht über eine kümmerliche Kulminationshöhe von 12 Grad. Bevor es aber ganz dunkel wird, suchen wir die geschützte, von Gletschern umgebene Eidemsbucht an der Ostseite des Forlandsundes auf und gehen wieder bei der LAGA längsseits.

Abends beim Zusammensein mit der LAGA-Crew bei Glühwein und Nordlicht ist es spät geworden, zudem haben wir die Uhr um eine Stunde (auf UTC-Zeit) vorgestellt, so daß wir beim Aufstehen um 06.00 Uhr früh alle noch hundemüde sind. Aber die kurzen Tage müssen optimal genutzt werden, und wir wollen ja weiter. Also an die Arbeit! Die Winschen haben sich in kleine Eishügel und die Tampen in dicke, starre Eiswürste verwandelt. Das Kratz-, Hack- und Klopfkommando rückt wieder an. Was uns fehlt, ist Streusalz oder besser noch Streugranulat, um auch während der Fahrt das spiegelglatte Deck einigermaßen begehbar zu machen. Ein Überbordgehen kann man sich bei einer Wassertemperatur von −1° C einfach nicht leisten! Obwohl der Dieselofen die ganze Nacht gebrannt hat, wachsen Eisblumen an der Innenseite der Fenster, und gefrorenes Schwitzwasser überzieht die Luken so stark, daß sie sich nicht mehr öffnen lassen.

Bei leichtem Nordwest setzen wir nur noch das gereffte Großsegel sozusagen als Stützsegel. Die festgefrorenen, innerhalb des Großbaums laufenden Smeerreps machen beim Reffen die meisten Schwierigkeiten. Das dritte Reff läuft glücklicherweise außerhalb, so daß wir nur noch das erste und das dritte benutzen. Unter Motor zockeln wir Richtung Kongsfjord. Der Himmel ist grau. Erst nach Mittag blinzelt die Sonne zögernd durch die Wolken und gewährt uns einige Lichtblicke, die sogleich von den Bordfotografen genutzt werden; auf beiden Seiten bieten sich herrliche Motive: gezackte, zerfurchte Gletscher, einer hinter dem anderen, und schneebedeckte Berge, darunter der über 1000 m hohe Monaco-Berg des Prins-Karl-Forlandes, einst ein Dorado für Pelzjäger, heute aber Naturpark.

Etwas weiter nördlich verläuft eine Sandbank quer durch den Sund. Sie entpuppt sich als wesentlich breiter als in der Karte angegeben. Wo eigentlich Wasser hätte sein sollen, erstreckt sich über eineinhalb Meilen eine trockengefallene Barre. Mit Hilfe des Echolots und anhand der Wasserfärbung mogeln wir uns am Rand des Flachs entlang. Beim ersten Versuch, nach Norden durchzukommen, haben wir mehrmals leichte Grundberührung, die aber dank des Schwenkkieles keine bösen Folgen zeigt. Erst beim zweiten Anlauf dicht unter dem Prins-Karls-Forland können wir schließlich einen sicheren Durchlaß finden. Uns tröstet die Tatsache, daß schon Barents hier Probleme hatte. An dieser Stelle mußte er umkehren und außen am Prins-Karl-Forland entlang nach Norden segeln. Deshalb nannte er auch den Sund „Keerwijk" – Umkehrweg. Noch heute fahren größere Schiffe nicht durch den Sund, sondern nehmen den kleinen Umweg um das Prins-Karls-Forland in Kauf.

Die LAGA ist uns in sicherer Entfernung gefolgt und hat dadurch eine Grundberührung vermeiden können, die bei ihren 2 m Tiefgang und starrem Kiel sicher nicht so glimpflich abgegangen wäre. Aber auch sie hat hier ihr Fett abbekommen. Eine der hohen Grundseen ist an Deck gestiegen und hat durch eine undichte Luke der Achterkajüte zwei Kojen unter Wasser gesetzt. Dieses Mißgeschick beschäftigt die gesamte Crew so stark, daß sie beinahe den Eingang zum Kongsjford verpaßt. Nach etwa sieben Seemeilen legen wir in bereits stockfinsterer Nacht am südlichen Ufer des Kongsfjordes an der kleinen Pier von Ny Alesund an. Ich habe das Gefühl, als wäre ich von einem fernen Planeten zurückgekehrt auf die Erde, wo Menschen leben.

Während wir erschöpft unseren Landfall-Lumumba schlürfen, wird es plötzlich laut auf der LAGA. Dieter, sonst stets ruhig und beherrscht, stößt ungewohnt harte Flüche gegen sein „total vergammeltes Schiff", den „Seelenverkäufer" LAGA aus, und dabei sind auch Vorwürfe gegen Erich als den letztlich für alles Verantwortlichen. Was ist geschehen? Ein undichtes, innen geführtes Lenzrohr ist im unteren Bereich durch Eisbrei verstopft worden, und das überkommende Wasser, das nicht ablaufen konnte, ist ins Schiff gesickert. Die Folgen sind zwei weitere tropfnasse Kojen, Helgas und Lothars, des Bordältesten auf der LAGA. Ein bißchen viel auf einmal! Dieters Ärger ist verständlich, deshalb nimmt Erich die gegen ihn persönlich gerichteten Vorwürfe auch nur als das, was sie sind: Ausdruck überreizter Nerven. Kein Wunder, denn die physischen und psychischen Anstrengungen des Törns haben bei beiden Crews deutliche Spuren hinterlassen.

Die vier Wassergeschädigten aber machen sich trotz der Dunkelheit auf den Weg nach Ny Alesund, um sich nach einer Möglichkeit zum Trocknen der Polster umzusehen. Schon nach kurzer Zeit kehren sie mit einem Landrover und der verblüffenden Nachricht zurück, sie könnten hier im Hotel übernachten.

Das Problem der LAGA löst ein einfacher Holzpfropf, der das Lenzrohr endgültig verschließt. Trotz ihrer bereits erwähnten unzureichenden Segelausrüstung und dieser Mängel ist die LAGA aber alles in allem ein robustes, hochseetüchtiges Schiff. Besonders um die Geräumigkeit und das große, geschlossene Deckshaus mit Innensteueranlage, in dem sogar beide Crews behaglich zusammensitzen können, beneiden wir die LAGA-Crew oft.

Geisterstadt Ny Alesund

Vielseitige Forschungsstation – Aus nassen Kojen ins Nordpolhotel – Warnung vor dem Bär – Spitzbergen-Tourismus gestern und heute – Früher Wintereinbruch

Nach dem Abendessen statten wir dem norwegischen Trawler einen Besuch ab, der hier wegen Maschinenschadens einlief und uns gegenüberliegt. Wir wollen den neuesten Wetter- und vor allem den Eisbericht von ihm einholen, denn es ist uns bekannt, daß zur Eisüberwachung von Norwegen aus Flugzeuge eingesetzt und die Ergebnisse über Satellit an die Fischer weitergegeben werden.

Der Kapitän schätzt die momentane Eislage als ausgesprochen schlecht ein: Die anhaltenden Nordwinde der vergangenen Woche hätten das Eis weit nach Süden getrieben. Unseren Plan, Westspitzbergen durch die Hinlopenstraße zu umrunden, hält er für undurchführbar. Er erzählt, daß auf unserer vorgesehenen Route ein Fischerboot mit 2000-PS-Maschine im Eis eingeschlossen liege und wohl erst im Frühjahr wieder freikommen werde. Der Trawler mit seiner nur zehnköpfigen Besatzung will noch bis Anfang November hier vor Spitzbergen auf Krabbenfang gehen. Vor Svalbards Küsten werden allerdings nicht nur Krabben gefischt, sondern auch Dorsch, Hering, Heilbutt, Salm und Polarhai. Als wir wieder von Bord gehen, überreicht uns der freundliche Schiffskoch ein riesiges Paket als Kostprobe ihres Fangs: 5 kg Eismeerkrabben und 5 kg Dorschfilets.

Am Morgen wache ich fröstelnd auf. Der Ofen ist in der Nacht ausgegangen. Folkmar schwingt sich in seine Arbeitsmontur, um ihn schleunigst wieder in Gang zu bringen. Bei den ständig fallenden Temperaturen – auf der Station in Ny Alesund werden sogar bereits bis −15° C gemessen, was erstaunt als außergewöhnlich früher Kälte-

177

einbruch interpretiert wird – ist ein funktionierender Ofen immer wichtiger.

Eine freundliche arktische Sonne strahlt vom zartblauen Himmel und versöhnt uns mit der klirrenden Kälte. Sie bietet uns außerdem einen faszinierenden Rundblick über den Kongsfjord und die Bucht, in die er mündet: Im Süden und Osten wird sie von zwei imposanten, kilometerbreiten und bis zum Wasser reichenden Gletschern begrenzt, zwischen denen sich der Dreikronenberg mit seinen drei bis zu 1200 m hohen pyramidenartigen Gipfeln erhebt und die charakteristische Silhouette der Bucht bildet. Am Liegeplatz spielen zwischen unseren beiden Yachten kleine Süßwassergrowler Verstecken, Sprößlinge der Gletscher, und tellergroße Meereisfladen – auch treffend als Pfannkucheneis bezeichnet – schwimmen in der Bucht.

In Ny Alesund, diesem einst bis zu 200 Einwohner zählenden Kohlengräberort, entfaltet heute nur noch eine Zweigstation des norwegischen Polarinstitutes ihre Aktivitäten. Auf dem Weg von der Pier dorthin kommen wir an den Bruchstücken und Resten der vormals nördlichsten Stadt der Welt vorbei: an zugeschütteten Eingängen von Kohlengruben, an verlassenen und verfallenen Häusern und Barakken, an vor sich hin rostendem Bergwerksgerät und sogar an einer Miniaturlok, die als Ausstellungsstück jedes Verkehrsmuseum zieren würde. Sie ist bereits 1911 in Berlin ausrangiert worden, hat dann aber hier noch viele Jahre treu und brav die Kohleloren von den Gruben zum Kai gezogen.

Ny Alesund ist auf den Ruinen einer alten englischen Walfängerstation erbaut worden, nachdem die Norweger hier 1916 eine Kohlengrube anlegten. Wie schon die Walfängerstation 200 Jahre zuvor, erlebte auch die Stadt Ny Alesund nur eine relativ kurze Blütezeit. Nach einer Serie von Grubenexplosionen – die letzte ereignete sich 1962 –, bei denen insgesamt 76 Menschen umkamen, wurden die Kohlengruben an der Kingsbay stillgelegt. Ny Alesund verwandelte sich in eine Geisterstadt.

Wieder etwas Leben brachte erst Jahre später das erwähnte norwegische Polarinstitut. Das heutige Ny Alesund, eine lockere Streusiedlung aus Holzhäusern und -baracken, die in den verschiedensten Pastellfarben gestrichen sind, liegt auf einer weiträumigen, von hohen Bergen gesäumten Ebene. Es gibt Wohnhäuser, Werkstätten, einen kleinen Laden, eine Post, das Nordpolhotel (jawohl, auch das!), das Hauptgebäude der Forschungsstation und den Kantinenbau mit Kasino.

Im Hauptgebäude der Forschungsstation führt uns einer der Ingenieure durch die Labors, die vor Instrumenten geradezu überquellen. Sämtliche Daten werden an das Polarinstitut in Oslo weitergegeben. In internationaler Zusammenarbeit werden heute hauptsächlich geologische, geophysikalische und biologische Studien auf dem Archipel und in den angrenzenden Seegebieten vorgenommen. Während im Winter oft nur die zehnköpfige Stammbesetzung des Instituts zur Wartung der Geräte und Instandhaltung der Station zurückbleibt, ist Ny Alesund im Sommer oft mit über 50 Personen besetzt.

Viele der Wissenschaftler arbeiten im Rahmen von Feldversuchen in der freien Natur oder auf Außenstationen. Dabei fällt uns auf, daß sie die Station nie ohne Gewehr verlassen, und manchmal werden sie auch von einem der drei prächtigen Polarhunde begleitet. Grund für diese Vorsichtsmaßnahmen sind die Eisbären. In Svalbard werden jährlich noch fünf bis zehn Bären geschossen, weil sie Menschen angreifen. Eines der Stationsmitglieder erzählt uns, daß er vor einigen Wochen nur zwei Kilometer vom Dorf entfernt einen Bären gesehen habe. Daß auch an der Westküste Spitzbergens tatsächlich immer mit Eisbären gerechnet werden muß, zeigen mehrere Unfälle in den letzten Jahren. Im Magdalenenfjord war 1977 ein zeltender österreichischer Alpinist von einem Bären getötet und in der Nähe von Barentsburg 1972 ein Russe von einem Bären angegriffen worden. Obwohl der Russe dabei schwere Gesichtsverletzungen erlitt, konnte er den Bären dadurch verjagen, daß er ihm die Finger in die Augen stach: eine Art Manöver des letzten Augenblicks.

Als wir unser Vorhaben, nach Spitzbergen zu segeln, seinerzeit beim Sysselmann in Longyearbyen meldeten, bekamen wir eine Broschüre mit Verhaltensregeln auf Spitzbergen; darunter befaßte sich ein Abschnitt ausführlich mit Warnungen vor Eisbären. Hier nur einige der Hinweise:

1. Vorsicht, der Bär greift ohne Warnung an. Halten Sie Abstand!

2. Bären sind zwar nicht unbedingt angriffslustig, aber sehr neugierig. Sind sie hungrig oder fühlen sie sich bedroht, greifen sie an.

3. Niemals Bären mit Futter locken oder von Schiffen aus füttern. Keine Nahrungsmittel in Zeltnähe deponieren.

4. Ein noch 100 m entfernter Bär ist schon ein gefährlicher Bär.

5. Auch wenn man einen angreifenden Bären aus 20 m Entfernung trifft, wird er den Schützen noch töten können.

Außerdem wurde darauf hingewiesen, daß der Bär seit 1976 geschützt ist und nur zur Selbstverteidigung geschossen werden darf. Vor dem Jagdverbot war es jedem Spitzbergentouristen erlaubt, wenn er über das nötige Kleingeld verfügte, Bären zu erlegen, so daß ihr Bestand bedrohlich abnahm. Dieses Schutzabkommen, das zirkumpolar getroffen wurde, ist deshalb so wichtig, weil die Eisbären im Lauf eines Jahres weite Strecken wandern und dabei natürlich auch die Grenzen der in das Nordpolargebiet hineinreichenden Staaten überqueren. Thor Larsen, renommierter Eisbärenforscher des norwegischen Polarinstituts, und Forscher anderer Nationen sammelten neuere Erkenntnisse über das Wanderungsverhalten der Spitzbergenbären unter anderem mit Hilfe der Satelliten-Telemetrie (der Bär bekommt nach einem Betäubungsschuß ein Halsband mit Sender umgelegt. Sein jeweiliger Standort kann dann auf dem Umweg über einen Satelliten bestimmt werden.). So konnte zum Beispiel festgestellt werden, daß die Bären Spitzbergens, des westlichen Polargebiets der Sowjetunion und Ostgrönlands zu einer gemeinsamen Population gehören.

Außerdem nimmt Thor Larsen aufgrund seiner Beobachtungen an, daß seit Beginn des Schutzabkommens die Zahl dieser größten Raubtiere der Erde (aufgerichtet 2,5 bis 3 m hoch, dazu 16 Zentner schwer) wieder auf 3000 bis 5000 angestiegen ist. Als ich von diesen relativ hohen Beständen höre, rechne ich mir doch wieder eine kleine Chance aus, wenigstens vom Schiff aus sicherer Entfernung eines dieser Tiere zu Gesicht zu bekommen.

Auf der Ny Alesunder Station wird heute auch das Verhalten von Rentieren erforscht. Wir beobachten den Physiologen der Station, als er an einigen Rentieren aus einer kleinen Herde Minisender anbringt, die noch in einer Entfernung von ein bis zwei Kilometer die Herzfrequenz der Tiere übermitteln. Dadurch will man herausfinden, in welchem Maße sie durch menschliche Aktivitäten (Flugzeuge, Landrover und anderes) gestört werden und welchen Streßsituationen sie sonst noch ausgesetzt sind.

Svalbard-Rene unterscheiden sich in der Rasse von den Rentieren des Festlands auch äußerlich. Vor allem fehlt ihnen der stark ausgeprägte Herdentrieb, sie haben sich offensichtlich aufgrund der Futterknappheit zu größeren Individualisten entwickelt. Wie mir der Physiologe erklärt, sterben die wenigsten eines natürlichen Todes. Krankheiten finden sich selten bei ihnen, die meisten gehen an Nahrungsmangel ein. Das Rentier, ursprünglich aus Asien nach Svalbard eingewandert, hat sich mangels natürlicher Feinde hier rasch vermehrt. Die extensive Jagd während des 19. und beginnenden 20. Jahrhunderts verringerte die Bestände allerdings so drastisch, daß Rene bereits 1925 unter Schutz gestellt werden mußten. Seitdem wächst ihre Zahl langsam wieder.

In der Nähe des Instituts steht sowohl das Amundsenhaus, wo der berühmte Polarforscher während der Vorbereitungen zu seinen Flügen wohnte, als auch die bronzene Amundsenbüste, die 1976 anläßlich des 50. Jahrestages des NORGE-Fluges aufgestellt wurde. Etwas östlich der Siedlung ragt immer noch der Ankermast gen Himmel, der zum Festmachen des Luftschiffs NORGE und später auch der unglückseligen ITALIA Nobiles gedient hat.

Wichtigstes Gebäude in Ny Alesund ist jedoch für unsere beiden Crews das Nordpolhotel. Wir machen es zum Zentrum unserer Aktivitäten an Land. Das in den dreißiger Jahren erbaute Hotel für Touristen, Abenteurer und Jäger war viele Jahre geschlossen. Erst seit drei bis vier Jahren kommen wieder vereinzelt Gäste, meist Angehörige der Forschungsstation, Wissenschaftler, gelegentlich aber auch so zweifelhafte Gestalten wie wir.

Eigenartigerweise war dieses Hotel im eisigen Spitzbergen gar nichts so grundlegend Neues. Grundlegend neu war vielmehr jenes, das bereits 1896 am Eingang des Advenfjordes gebaut worden war – von der Vesteraalen-Dampf-Schiffahrts-Gesellschaft, die eine Touristikroute von Norwegen nach Spitzbergen eingerichtet hatte. In dieser vorher nur Walfängern, Pelzjägern und Polarforschern zugänglichen Einöde war dieses Projekt ein solch ausgefallenes, ja fast unvorstellbares Unternehmen, daß Nansen, der am 26. Juli 1896 nach dreijähriger Abwesenheit aus dem Polareis auf Sankt-Josephs-Land wieder in die Zivilisation zurückkehrte, über keine Neuigkeit aus der Heimat mehr staunte als über die Kunde von diesem auf Spitzbergen erbauten Hotel.

Die hoch- und geldadeligen Gäste dieses Hotels, die hier meist einem snobistischen „Zurück-zur-Natur"-Pathos frönten, rekrutierten sich vornehmlich aus dem kaiserlichen Deutschland (Wilhelm II. galt als Norwegen- und Eismeerfan), aus Frankreich, wo der Fürst von Monaco eine Reihe ozeanographischer Expeditionen nach Spitzbergen finanzierte und sie selbst leitete, sowie aus Österreich, das seinen Prinzen Heinrich von Bourbon samt Gemahlin als aktive Teilnehmer an Forschungsreisen nach Spitzbergen entsandte.

Das Hotel, das seinen Betrieb wegen Unrentabilität bereits nach einem Jahr wieder einstellte, konnte jedoch längst nicht den Komfort und Chic bieten wie die Kreuzfahrten, die um die Jahrhundertwende zum Beispiel mit den Luxusdampfern AUGUSTE VIKTORIA (Hapag) oder GROSSER KURFÜRST (Norddeutscher Lloyd) von Deutschland nach Spitzbergen organisiert wurden. Auch das leisteten sich natürlich nur wenige Betuchte oder schon ganz Ausgebuffte auf der Suche nach immer neuen Reizen. Die damalige Hautevolee zog es eben auf der AUGUSTE VIKTORIA schick in die Mitternachtssonne – oder durfte es vielleicht ein Spitzbergenausflug mit GROSSER KURFÜRST sein, Gewehrträger inbegriffen?

Da in Spitzbergen kein Jagdschein notwendig war, blieb es lange Zeit das Dorado aller Jäger. Heute ist nicht nur die Jagd in Spitzbergen für alle Nichtansässigen grundsätzlich verboten, auch eine ganze Latte von weiteren Auflagen und Sicherheitsvorkehrungen ist von Kreuzfahrern und anderen Reisenden zu beachten. Damit soll der Grad der Umweltbelastung und die Störung des ökologischen Gleichgewichts auf ein Minimum begrenzt werden. Denn der Ausspruch des amerikanischen Naturphilosophen Thorau ist durchaus berechtigt: „In der Wildnis liegt die Rettung der Erde". So achten die Norweger geradezu verbissen darauf, daß die Unberührtheit ihres Svalbard erhalten bleibt, und wehren sich gegen alle drohenden Anfänge des organisierten Massentourismus. Einzelreisende werden nur geduldet, wenn sie sich vorher mit dem Gouverneur (Sysselmann) in Longyearbyen in Verbindung gesetzt haben und alles Erforderliche zur Unterkunft, Fortbewegung und zum Lebensunterhalt mitbringen.

Der Tourismus auf Svalbard hat nur dann eine Zukunft, wenn er sich strikt innerhalb der bisher erfolgreich praktizierten Vorsichtsmaßnahmen hält, denn die Behörden haben wenig Lust, Rettungsaktionen in die Eiswildnis zu organisieren. Entsprechend abschreckend sind auch die Forderungen, die an unternehmungslustige Individualreisende gestellt werden, da jede Selbstgefährdung zwangsläufig auch eine große Gefahr für die Helfer bedeutet.

Nun wird von mancher Seite gegen diese „rüde", angeblich fremdenfeindliche Haltung eingewendet: Wenn eines der eindrucksvollsten Naturerlebnisse, das unsere Erde noch zu bieten hat, nur so wenigen zuteil wird, ist auch die Zahl derer gering, die verstehen, wie wichtig es ist, dem Druck zu stärkerer wirtschaftlicher Ausbeutung der Inselgruppe (und der gesamten Arktis) zu widerstehen. Ich halte

das jedoch für ein äußerst zweifelhaftes Argument, denn erstens muß man nicht unbedingt vor Ort gewesen sein, um zu verstehen, daß die Natur nicht auch noch in der Arktis mißhandelt werden darf. Und zweitens: Sollten sich wirklich ökonomische „Sachzwänge" für eine wirtschaftliche Ausbeutung herbeizerren lassen, dann würden auch die Proteste vieler privater „Ökologen" nichts mehr bewirken.

Da wir uns weder als touristische Kletten noch als Umweltverseucher verstehen, sondern nur als Kurzbesucher einer Art Wärmestube vor der Weiterfahrt ins Eis, wagen wir uns auch in das Nordpolhotel. Dabei ist es wohl vor allem unserem Verhandlungsgenie Lothar (Geschäftsmann auf internationalem Parkett: „Wenn einer nein sagt, wird's für mich erst interessant") zu verdanken, daß der Stationsleiter von Ny Alesund den vier Crewmitgliedern der LAGA, deren Kojen durchnäßt sind, bereits in der ersten Nacht die Erlaubnis gibt, sich hier einzuquartieren. Nach einer kurzen Anlaufzeit gehen wir alle in dem Hotel, das übrigens ansonsten völlig leersteht, lustig ein und aus, und den ganzen Tag sieht man kleinere Gruppen zwischen dem Hotel und den Yachten hin- und herpilgern. Polster, Kissen, Decken werden getrocknet, Wäsche wird gewaschen, es wird geduscht und gekocht.

Ein unvergeßliches Ereignis wird das erste gemeinsame Abendessen der beiden Crews im Nordpolhotel. Meinhard und Karl von der LAGA und Carol von der FREYDIS, alles gestandene und anerkannte Hobbyköche, kümmern sich bereits am Nachmittag um die Zubereitung und den Ablauf des Festmahls. Als die hungrigen Crews dann am Abend eintrudeln, ist die lange Tafel im Speiseraum liebevoll gedeckt, und es duftet vielversprechend: wohltuender Luxus nach den harten Tagen auf See. Nach ein paar kurzen Toasts dann das köstliche Mahl: Krabbencocktail als Vorspeise, danach eine delikate Champignoncremesuppe mit Croutons à la Carol und schließlich der Hauptgang: Dorschfilets in Bierteig à la Meinhard, dazu Butterkartoffeln, feine Bohnen und Speck; als Dessert gibt es Rumpudding mit Früchten. Das Nordpolhotel hat seine Küchenmeister gefunden.

Nach dem Abendessen sitzen wir noch lange gemütlich vor dem prasselnden Kamin, tauschen unsere Erlebnisse aus und besprechen das weitere Programm. Für den nächsten Tag ist eine Fahrt zu den Gletschern der Bucht geplant und tags darauf soll dann in aller Frühe aufgebrochen und die Fahrt nach Norden fortgesetzt werden.

Am Morgen arktisblauer Himmel und strahlender Sonnenschein. Der gesamte Fjord und die Bucht sind vor Eis erstarrt. Zwischen einer

Unzahl von Gletscherkälbern und -kälbchen, die der leichte Ostwind der letzten Tage vom Fuß der Gletscher durch den Fjord zum offenen Meer trieb, liegt eine zwar dünne, aber fast geschlossene Schicht Meereis. Aber das soll kein Hinderungsgrund für unsere geplante Erkundungsfahrt zu den Gletschern sein. Die LAGA nimmt vorsichtshalber ihr Wasserstag ab – bei dem flauen Wind will sie ohnehin nur unter Motor laufen – und folgt unserer wesentlich stärker gebauten FREYDIS, welcher die Rolle des Eisbrechers zukommt.

Gegen die Mitte des Fjords zu lockert sich die Eisdecke ein wenig. Wie Seerosenblätter liegen jetzt massenhaft flache, runde Eisgebilde auf dem Wasser. Ab und zu taucht dazwischen ein brauner, schlanker Robbenkopf auf, beäugt uns flüchtig und verschwindet wieder. Auf dem Ny Alesund gegenüberliegenden Fjordufer an der Südküste einer kleinen Halbinsel können wir Ruinen, Schrotthaufen und auch zwei recht gut erhaltene Häuser erkennen: die Reste „New Londons", wo 1911 Engländer vergeblich versuchten, einen Marmorbruch zu betreiben. (Durch den Permafrost waren die Marmorplatten beim Abtransport zu Staub zerbröckelt.) Die beiden Häuser werden von der Station Ny Alesund noch heute als Schutzhütten instandgehalten.

Je tiefer wir in die Bucht eindringen, desto dichter werden die Treibeisfelder, durch die wir uns aber gut mit Ausguck im Mast lavieren können. Die von Eis und Schnee überzogenen Lovén-Inseln in der Mitte der Bucht sollen im Sommer ein Vogelparadies sein und stehen unter Schutz. Daß eine dieser Inseln in der Karte „Prins-Heinrich-Insel" heißt, beruht sicher darauf, daß Prinz Heinrich von Preußen Graf Zeppelin begleitete, als dieser 1910 mit der MAINZ des Norddeutschen Lloyd auf der Suche nach einer künftigen Operationsbasis für Luftschiffe in einer Bucht nahe Ny Alesund vor Anker ging. Geplant war zum Beispiel die Erkundung des Geländes auf Spitzbergen und der klimatischen Bedingungen. Eventuell wollte man sich auch ins Eis vorwagen, um dort Möglichkeiten für einen Fesselballonbetrieb auf großen Schollen zu prüfen. In den zwanziger Jahren starteten ja dann tatsächlich Luftschiffe (NORGE, ITALIA) von Ny Alesund aus.

Bald ist die Eisdecke um uns wieder fast geschlossen. Achteraus zieht sich die Rinne, die wir ins Eis brechen und in der uns die LAGA folgt, wie eine Trasse durch die vereiste Bucht. Vor uns, obwohl noch meilenweit entfernt, erheben sich, in der superklaren Luft zum Greifen nahe, die Gipfel des Dreikronenberges aus dem Inlandeis. Es dauert dann aber doch noch Stunden, bis wir am Fuß des imposanten Königsgletschers ankommen. Die tiefstehende Sonne hat ihn in ein goldenes Licht getaucht. Die Riesenfurchen seiner 50 m hohen Abbruchkante schimmern in einer wahren Farborgie aus kalten Grün-, Türkis-, Violett- und Blautönen durchsichtig wie Kristall.

In diesem fast postkartenreifen Arktisbild fehlt eigentlich nur noch ein wichtiges Requisit, ein lebendes, um alles vollkommen zur Wirkung zu bringen: der große, weiße, wilde und gefürchtete Polarbär. Da nutzt unser Erich seine Chance. Er zaubert uns einen Eisbären in die Landschaft und löst damit zugleich ein vor dieser Reise gegebenes Versprechen ein: daß wir sicher einen Eisbär zu Gesicht bekommen würden. Skipper Erich, Bruno „Bär" (der steckt im Eisbärenfell aus einem Dortmunder Requisitenladen) und Carol als Opfer haben ihren Auftritt gut geplant, er läuft an diesem optimalen Ort ab „fast wie im richtigen Leben". In einem kleinen Eisloch legt die Freydis an einem besonders bizarren Growler an, denn je arktischer die Kulisse, desto besser die Wirkung der Show.

Die Laga-Leute, in das Spielchen natürlich nicht eingeweiht und noch einige hundert Meter von uns entfernt, sind dann auch nicht wenig befremdet, als sie plötzlich einen großen Eisbär nahe der Freydis herumturnen sehen. Als Carol dann noch, scheinbar ahnungslos auf der Scholle stehend, hinterrücks von der „Bestie" angegriffen wird, sind wir wegen der Sicherheit unseres Bären froh, daß die Laga kein Gewehr an Bord hat. Erst als Carol unbeschädigt wieder aufsteht und dem Bären kameradschaftlich ein Fläschchen Bier in die Tatze drückt, tönt auch von der Laga lautes, befreites Gelächter herüber.

Natürlich ist die Eisbärenshow die Attraktion des Tages, und der kurzfristig kreierte Spruch: „Traue keinem Eisbär, nein, denn es könnte Bruno sein", wird uns in Erinnerung bleiben. Bruno „Bär" aber wird in verschiedenen Angriff-, Kampf- und sonstigen Stellungen mit rotem Schal und Bierdose fotografiert. Schließlich dreht er sogar noch eine Ehrenrunde mit dem Dingi. Wie wir später erfahren, haben uns während der ganzen Blödelei zwei deutsche Journalisten vom Ufer aus mit Ferngläsern beobachtet und sich gefragt, ob mit ihnen wohl etwas nicht ganz in Ordnung sei (Polarkoller oder so), weil sie Halluzinationen hätten. Sie einigten sich dann aber auf die Erklärung – wie sie uns später feixend erzählen –, daß sich die Zeiten auf Spitzbergen so geändert hätten, daß auch die Eisbären schon motorisiert seien.

Bei den beiden Beobachtern handelt es sich um die Berliner Journalisten und Kajakfahrer Konrad Gallei und Gabi Hermsdorf, mit denen wir bereits in Deutschland Kontakt aufgenommen haben und von denen wir wissen, daß sie sich etwa zur selben Zeit wie wir an der Westküste Spitzbergens aufhalten. „Falls wir irgendwo eure Yacht sehen, schießen wir eine Leuchtrakete ab", kündigten sie damals an – eine etwas vage Abmachung für eine Verabredung in arktischen Gefilden. Nun aber sind sie sicher, daß wir in der Nacht nicht auslaufen, sondern nach Ny Alesund zurückkehren werden. Dort wollen sie uns überraschen.

Am Abend vor dem Auslaufen aus Ny Alesund letzter Provianteinkauf in der Kantine: Wir können uns mit allem eindecken, außer mit Getränken, und das soll sich später noch übel bemerkbar machen. Als wir unseren Einkauf auf einer kleinen Handkarre zur FREYDIS bringen, stehen plötzlich zwei Gestalten in Überlebensanzügen vor uns. Es sind die beiden Berliner Journalisten, völlig abgekämpft und trotzdem fröhlich. Ihre Kajaks haben sie samt Gepäck in einer Schutzhütte an der Bucht lassen müssen, da sich auf dem Wasser bereits so viel Eis gebildet hatte, daß ihnen ein Durchkommen zur Station unmöglich war.

Nachdem wir sie im Nordpolhotel aufgepäppelt haben und ihre Lebensgeister wieder zurückgekehrt sind, erzählen sie, daß sie bereits seit Anfang August von Longyearbyen mit dem Kajak unterwegs sind. Wegen des Kälteeinbruchs haben sie sich nun entschlossen, ihren Aufenthalt auf Spitzbergen vorzeitig abzubrechen. Von Ny Alesund wollen sie mit dem Hubschrauber nach Longyearbyen und von dort mit dem Flugzeug über Norwegen nach Hause.

Seltsamerweise bekommen die beiden, die bereits zu Beginn ihrer Reise Ny Alesund besucht haben und von einigen unfreundlichen Begegnungen mit Stationsmitgliedern berichten, vom Stationsleiter erst nach einigem Hin und Her die Erlaubnis, im Hotel zu übernachten. Ich muß zugeben, daß auch wir in Ny Alesund von Anfang an das Gefühl hatten, nicht besonders willkommen zu sein. Vom Standpunkt der Norweger aus ist diese abweisende Haltung aber einigermaßen verständlich und oft nur zu berechtigt. Touristen sind eben nicht erwünscht, höchstens geduldet. Dazu kommt in Ny Alesund natürlich noch, daß eine Forschungsstation andere Aufgaben hat, als sich um Gäste zu kümmern. Abweisend verfahren wird auch mit Leuten, die mangelhaft ausgerüstet dem Flugzeug entsteigen wollen: Sie kommen erst gar nicht an Land, sondern werden mit derselben Maschine zurückgeschickt. Diese Unnachgiebigkeit beruht wahrhaftig nicht auf Fremdenfeindlichkeit, sondern auf einem natürlichen, vernünftigen Verantwortungsgefühl der Natur und den Menschen gegenüber. Man muß sich sogar wundern, wie weit sich die Norweger ihre oft überstrapazierte Hilfsbereitschaft erhalten haben angesichts einer Reihe nahezu unglaublicher Vorfälle; dumm-naive, leichtsinnige Besucher gefährdeten nicht nur sich selbst, sondern auch die als selbstverständlich schon eingeplanten Retter. Ein besonders haarsträubendes Beispiel von Ignoranz leistete sich im April 1982 eine mehrköpfige spanische „Nordpolexpedition", die allen Ernstes vorhatte, von Spitzbergen aus mit leichten Motorrädern und Anhängerschlitten über das nach ihrer Vorstellung glattgefrorene Meer zum Nordpol zu fahren. Kein Wunder, wenn dann die skandinavische Toleranz ein Ende hat.

Am Morgen unseres Auslaufens gibt es auf der meteorologischen Station Ny Alesund keinen vernünftigen aktuellen Wetterbericht. Die neuesten verfügbaren Eiskarten sind bereits zwei Wochen alt. Wir müssen uns deshalb mit den einzigen aktuellen Eisinformationen bescheiden, die wir von zwei am Abend zuvor eingelaufenen Fischern, die tagsüber an der Packeisgrenze gefischt haben, bekommen. Danach ist gegenüber dem Wetter- und Eisbericht, den wir bei unserer Ankunft in Ny Alesund erhalten haben, wie schon vorauszusehen keine positive Änderung eingetreten. Infolge des starken und dauerhaften Nordwindes und der für die Jahreszeit außergewöhnlich niedrigen Temperaturen sind die Sunde und Fjorde an der Nordküste Spitzbergens bereits mit Packeis besetzt. Es sei unmöglich, sagen die Fischer, die Insel Moffen auf 80° Nord und die Hinlopenstraße zu erreichen. Die Packeisgrenze nähere sich weiterhin von Nordwesten.

Unsere Entscheidung steht somit fest, die Eiswürfel sind gefallen: Wir wollen noch einen Vorstoß zur Eisgrenze wagen und danach entlang der Westküste Spitzbergens auf Heimatkurs gehen.

Vorstoß zur Packeisgrenze

Der Wal und seine Jäger – Wohlstand zum Schaden der Natur –
„Up Moord un Doodschlag . . .“ – Unter einem Leichentuch aus
Schnee: Smeerenburg – Das arktische Galapagos

Im fahlen Licht der Morgendämmerung verlassen wir die kleine Pier
in Ny Alesund. Schon die ersten vier Meilen haben es dann wieder in
sich. Durch eine geschlossene Eisdecke von nun schon 2 bis 3 cm
Dicke muß sich die FREYDIS eine Rinne bahnen, wobei ihr einige
größere Felder übereinandergeschobener und zusammengefrorener
Schollen besonders zu schaffen machen. Der Gedanke, daß die Stahl-
bodenplatte der FREYDIS 20 mm dick und der Bug verstärkt ist,
wirkt immerhin beruhigend. Letztlich ist es aber nur der Brüchig-
keit des frischen Eises zu verdanken, daß sie sich – wenn auch oft
erst nach mehreren Anläufen – schließlich doch durchwühlen kann.
Die LAGA folgt uns in bewährter Manier. Nachdem wir in beweg-
teres Wasser kommen, läuft es besser. Hier treiben Eispfannkuchen
auf die offene See. Ihre durch ständiges Aneinanderstoßen hoch-
gekräuselten Ränder glitzern wie vergoldet im Licht der aufgehen-
den Sonne, als schwämmen Tausende von Bernsteinketten auf dem
Wasser. Ein letzter Blick zurück zu dem ins Morgenrot getauchten
Dreikronenberg, dann verlassen wir den Fjord in Richtung Norden.

Der Wind kommt zwar wieder einmal von vorn, bläst aber zum
Glück nur schwach. Da die Zeit diesmal besonders drängt und gegen
uns arbeitet, haben wir es von Anfang an eilig und laufen diskus-
sionslos unter Motor. Schließlich schiebt sich das Packeis unaufhaltsam nach Süden vor, so daß es schon gar nicht mehr sicher ist, ob wir
unser nächstes Spitzbergenziel, die Amsterdaminsel mit der ehemali-

gen holländischen Walfängerstadt Smeerenburg, überhaupt noch erreichen können.

An der Küste des Albert-I.-Landes geht es entlang der berühmten sieben Eisberge, einer Kette mit hohen Berggipfeln, zwischen denen sich sieben gewaltige, einander sehr ähnliche Gletscherzungen, die Sju Isfjella, zum Meer hinabsenken. Wir laufen so dicht wie möglich unter Land, um in der dort deutlich ruhigeren See die Spritzwasservereisung der Schiffe in Grenzen zu halten. Kurz vor Mittag passieren wir die Hamburger Bai, eine kleine Bucht, die zwei Seemeilen südlich des Magdalenenfjords hinter einer Barre liegt. Wie viele Ortsbezeichnungen in der Arktis ist auch der Name dieser Bucht eng mit dem Walfang verbunden.

Als die Hamburger Walfänger um die Mitte des 17. Jahrhunderts noch die letzten fetten Jahre der Baienfischerei mitnahmen, herrschte hier in jedem Sommer besonders reges geschäftiges Treiben. Wenn man sich schon im Vergleich zu anderen Nationen etwas verspätet in die lukrativen „Grönland"-Fahrten zum Wal eingeschaltet hatte, mußte man eben vieles nachholen. Und Hamburg stand im Walfang bald an der Spitze der deutschen Städte. Viele Hamburger verdankten dem Spitzbergen-Wal ihren Wohlstand, denn die wirtschaftliche Bedeutung der Stadt stieg immens an. Der Walfang wirkte wie eine überdimensionale Konjukturspritze. Nicht zuletzt galt die Beteiligung an einer „Grönland"-Reederei als eine der besten Kapitalanlagen der damaligen Zeit.

Von Hamburger Geschäftigkeit berichtet auch der schon erwähnte Zorgdrager in seinem Buch „Alte und neue grönländische Fischerei und Walfischfang" 1723; er besuchte diese Bucht zu einer Zeit, als es mit der Baienfischerei auf Spitzbergen längst vorbei war, weil sich der bedrängte Wal ins offene Meer an die Eisgrenze zurückgezogen hatte.

„Jede Nation wählte ihren eigenen und auserlesenen Platz. Die Hamburger, die noch später kamen (als Engländer, Holländer und Dänen), fanden an der Westseite, welche sie am liebsten erkoren, weil sie das Eis allda am wenigsten hinderte, noch eine kleine Bay südwerts der Magdalenen-Bay, so noch heute die Hamburger-Bay heisset ... Man mögte wehlen, wo, wie und was man wollte, konnte man niemals eine schlimme Wahl treffen, weil es allerwegen und ringsum sowol in- als außerhalb der Bayen überall gleich fischreich war, denn wo man seinen

Platz nahm, konnte man eine volle Ladung nicht allein von Speck, sondern auch von Tran bekommen. In allen Buchten und Bayen und auf allen bequemen Flächen konnte ein jeder in seinem Theil Trankessel und Packhäuser aufrichten."

Gefangen wurde damals ausschließlich der sogenannte Grönlandwal, ein Bartenwal von etwa 15 m Länge und ein langsamer Schwimmer mit einer dicken Speckschicht. Wegen dieser „gemütlichen" Eigenschaften wurde er bevorzugt gejagt und demzufolge auch als erster ausgerottet. Treffend schreibt Nikolaus Schurz 1672 in seinem „Bericht von der Natur und Eigenschaft des Walfisches: *„Als welches er uns wegen seiner Fettigkeit und Größe am meisten gibt und wegen seiner Ungeschicklichkeit und Tummigkeit am besten zu fangen ist. Denn dies Tier ist so ungeschickt, als es groß und stark ist."*

Der Fang des „tumben Tieres" war deshalb so lukrativ, weil es sich auf die vielfältigste Weise verwerten ließ. Außer für das Fleisch fand man für alles eine Verwendung. Am wichtigsten waren zunächst der Speck und dann vor allem die Barten, die aus Horn bestehenden Elemente des gewaltigen Filterapparates im Maul. Aus diesem „Fischbein" wurden hergestellt: Korsettstangen, Schirme, Schnupftabakdosen, Kämme, Radfedern für Kutschen und anderes. Aber auch die Walknochen waren begehrt: als witterungsbeständiger Baustoff (besonders in den stein- und holzarmen Küstenländern und auf den Inseln); aus den Schulterblättern entwarf man Wirtshausschilder, aus Kieferknochen und Rippen Türen und Torbögen.

Die Anfänge des Walfangs reichen zurück bis in die Wikingerzeit. In größerem Umfang haben ihn dann aber erst die Basken betrieben, die bereits seit dem zweiten Jahrhundert den Bartenwal jagten, den sie „Nordkapper" nannten; sie folgten ihm, als er sich immer weiter nach Norden zurückzog. Es gilt als erwiesen, daß die Basken schon Anfang des 15. Jahrhunderts bis in die Gewässer um Neufundland vordrangen, also lange bevor Cabot und Kolumbus in der Neuen Welt auftauchten. Sie waren es auch, die aus der Lanze die Harpune entwickelten, auf sie ging das gesamte Fachwissen des Walfangs zurück. Kein Wunder also, daß sie die Lehrmeister der Engländer und Niederländer wurden, die Anfang des 17. Jahrhunderts in die Baien des neuentdeckten Spitzbergen fuhren, um hier erstmals den Wal zu jagen.

Als schließlich auch die Franzosen auf den eisigen Inseln aufkreuzten und es trotz des Walreichtums zu Streitereien um die Fanggründe kam, glaubte Kardinal Richelieu, die englische und niederländische Konkurrenz aus dem Feld schlagen zu können, indem er den baskischen Untertanen Frankreichs verbot, für fremde Nationen zu fahren. Das war, bevor es 1636 gelang, den kriegerischen Auseinandersetzungen um den Walfang ein Ende zu bereiten, indem die Buchten Spitzbergens zu verschiedenen nationalen Interessengebieten erklärt wurden. So entstanden Namen wie „Englischer Hafen", „Amsterdam"- und „Däneninsel" und auch „Hamburger Bucht".

Übrigens hatte sich der mächtige französische Kardinal über die Auswirkungen seines Verbots gründlich getäuscht. Denn nun betrat ein anderer Volksstamm mit großem Elan und Können die internationale Walfangbühne: die Insel- und Halligfriesen, die bereits seit langem als gewöhnliche Seeleute auf den Walfängern angeheuert hatten, nun aber ihre Tüchtigkeit beweisen konnten und bald zu gesuchten Kommandeuren (Kapitänen), Steuerleuten und Harpunieren auf den Amsterdamer und später auch Hamburger Walfangschiffen wurden. Für viele der nord-, ost- und westfriesischen Inseln, auf denen bis dahin bittere Armut geherrscht hatte, brachen nun goldene Zeiten an, wenigstens in der fast hundert Jahre währenden Blütezeit des Walfangs. Ein Pastor aus Föhr über diese Epoche: „Der Walfang schaffte uns Brot und füllte uns den Kasten mit Gold an. Grönlands eisiges Meer war uns was Spanien Peru."

Weil alle drei friesischen Stämme sich im Sommer in Spitzbergen trafen, nannte man einen Teil der nördlichen Insel sogar „Neufriesland". Viele Fänger stammten von der Insel Föhr, der „Pflanzschule der Walfänger", so genannt, weil dort die ersten Seemannsschulen entstanden sind; aber auch Sylt und Borkum stellten ihre Mannen.

Die friesischen Walfänger brachten von ihren „Grönland"-Fahrten nicht nur reichlich Tran und Fischbein mit nach Hause, sondern auch jede Menge Walknochen, die sie – Holz ist auf den Inseln knapp – zum Einfrieden ihrer Grundstücke verwendeten. Auch heute noch finden sich auf den Inseln einzelne Gärten und Häuser mit diesen alten Walknochenzäunen – und auf sie geht eigentlich mein Interesse am Walfang zurück oder besser gesagt: Nicht eigentlich mein Interesse am Walfang mit seiner exzessiven Ausbeutung und Ausrottung der Natur, sondern vielmehr an den Menschen und der Geschichte, die dahinterstanden und eine ganze Epoche der Seefahrt bestimmten.

Als ich vor fast dreißig Jahren das erste Mal nach Borkum kam, faszinierten mich diese Einfriedungen, und ich versuchte bereits damals, etwas über diese merkwürdigen Zäune zu erfahren. Da ich auf Borkum keine direkten Nachfahren von Walfängern finden konnte, informierte ich mich in Museen und Bibliotheken, fragte alteingesessene Inselbewohner nach ihren Erinnerungen, studierte Chroniken der nord- und ostfriesischen Inseln, so daß ich mir schließlich aus diesen Quellen eine recht gute Vorstellung vom Walfang der damaligen Zeit, von den Menschen, Schiffen und Fangmethoden machen konnte. Kein Wunder also, daß ich mich dafür begeistert hatte, unsere nächste Fahrt nach Grönland und Spitzbergen zu unternehmen, würde ich dann doch all die Plätze besuchen können, die ich aus zweiter Hand schon recht gut kannte. Hinzu kam, daß mir Ostfriesland, die Heimat meines Mannes Erich, inzwischen selbst zur zweiten Heimat geworden war. Für seine Städte und Inseln war der Walfang schließlich von größter wirtschaftlicher Bedeutung gewesen, obwohl die damit verbundene Blüte fast ebenso schnell und radikal vorbeiging wie der Goldrausch in Alaska. In Friesland erinnern heute nur noch die wenigen Walknochenzäune daran und vielleicht gelegentlich der alte Trinkspruch: „Up Moord un Doodschlag in Grönland!"

Nachdem wir an der Hamburger Bai vorbeigesegelt sind, wenden wir uns mittags wesentlich kleineren Meeresbewohnern als den Walen zu: den Spitzbergenkrabben, mit denen uns die beiden Fischer kurz vor dem Auslaufen aus Ny Alesund versorgt haben. Dazu bietet die „Grande Cuisine" der FREYDIS eine delikate Saucenkomposition von Carol (mit Whisky verfeinert) und in Butter geröstete Brotschnitten. Nach drei Minuten in kochendem Wasser mit kaltem Meerwasser abgeschreckt, sollen die Krabben zwar leicht zu pulen sein, aber es dauert dann doch fast zwei Stunden, bis die große Schüssel leer ist und die Mägen der Mannschaft endlich gefüllt sind.

Die Berge an Steuerbord zeigen sich nun weiter nördlich in immer schrofferen, wilderen und zerrisseneren Formen. Über die zahlreichen gezackten Gipfel des Granitgebirges kriechen dunkle Wolken, in den schnee- oder gletscherüberzogenen Tälern kauert Nebel. Durch die dunstige, eiskalte Luft wehen ein paar Schneeflocken, und ein einsamer Eissturmvogel zieht stumm seine Bahnen und gleitet mit seltsam schwermütigem Blick zum Greifen nahe über uns hinweg, als wolle wenigstens er uns das Geleit geben vor der lebensfeindlichen Gebirgswüste.

Der Magdalenenfjord mit seinen zahllosen Gipfeln und Gletschern – ein Paradies für Gletscherläufer und Bergsteiger – öffnet sich vor uns. Wir können es uns aber nicht leisten, hineinzusegeln, da sich die Sicht zunehmend verschlechtert. Vielmehr hasten unsere Yachten weiter nach Norden. Auch die wildzerklüftete Westküste der Däneninsel ist durch Wolken und Nebel teilweise so dicht verhangen, daß sie nur noch bruchstückhaft zu erkennen ist. Als wir schließlich am Nachmittag das Danskegatt erreichen, eine Durchfahrt zwischen der Dänen- und der nördlich von ihr gelegenen Amsterdaminsel, bessert sich die Sicht wieder ein wenig. In einer kleinen Bucht vor der südöstlichen Landzunge der Amsterdaminsel werfen beide Yachten Anker. Nachdem wir die Motoren abgestellt haben, wird uns eigentlich zum ersten Mal erschreckend die Lautlosigkeit der arktischen Wildnis bewußt, die wie eine Woge plötzlicher Taubheit über uns zusammenschlägt.

Immer noch leichter, feinstflockiger Schneefall; wie ein dünner Schleier legt er sich vor die bizarren Berggipfel der Vasahalvöja im Osten und der Däneninsel im Süden. Zwischen die tiefhängenden Schneewolken schiebt sich eine matte Sonne und taucht die schweigsame, gebirgige Eislandschaft in ein seltsam unwirkliches, milchig trübes Lichterspiel aus zartesten Pastelltönen.

Um das letzte Tageslicht zu nutzen, setzen wir eilig mit dem Dingi zur Amsterdaminsel über, wo wir trotz Schnee und Eis die Reste der ehemaligen Walfängerstadt Smeerenburg zu finden hoffen. Allerdings ist es zunächst gar nicht so einfach, überhaupt einen Fuß auf die Insel zu setzen. An ihrem Ufer müssen wir uns erst durch meterhohe Schneewehen kämpfen, bevor wir auf dem massenhaft angeschwemmten Treibholz endlich festen Halt finden.

Die eisige Einöde läßt uns spüren, daß hier unsere Welt eigentlich zu Ende ist. Danach kommt nur noch Packeis und 600 sm weiter der Nordpol. Obwohl wir eine ganze Gruppe und sicher keine Hasenfüße sind, empfinden wir beklommen Verlorenheit – wie ausgesetzte Kinder fühlen wir die Einsamkeit und fast unbewußt eine lauernde Gefahr. Vorsichtshalber wagen wir nur einen kurzen Landgang an der Küste entlang. Eisbären sollen in Spitzbergen zwar meist erst auftauchen, wenn im Winter das Packeis gegen die Küste donnert, aber hier im Norden – so haben wir gehört – bleiben manchmal einige dieser Raubtiere den Sommer über zurück. Die sind dann oft ausgehungert und deshalb äußerst aggressiv und gefährlich. Man sagt zwar, daß die

Polarstille die Sinne schärft, wie aber will man in dem alles überdek-
kenden Weiß einen sich nähernden Bären erkennen? Die Devise
heißt also: äußerste Vorsicht, bloß kein Risiko eingehen und nach
allen Seiten gut sichern, um möglichst früh flüchten zu können. Denn
natürlich haben wir in der Eile unser Gewehr nicht mitgenommen, es
liegt an Bord, gut gefettet und sicher verstaut.

In der Nähe einer Bake auf der Südosthuk der Insel finden wir, was
wir suchen: Ruinen gemauerter Trankochereien, Häuserfundamente,
eine alte Schubkarre (sie ist mit einem Schild als historisches Denk-
mal gekennzeichnet). Das also ist die alte Speckstadt der Niederländer mit dem bezeichnenden Namen Smeerenburg, ehemals Zentrum
des spitzbergischen Walfangs und Sammelplatz auch für West-, Ost-
und Nordfriesen.

In Tromsö hatte ich vor der Reise eine Ausstellung mit jüngsten
archäologischen Ausgrabungen aus Smeerenburg besucht. Diese Ausgrabungen haben mein Wissen über die Lebens- und Arbeitsbedin-
gungen der Walfänger des 17. Jahrhunderts in Spitzbergen wesentlich
ergänzt und in vielen Punkten ganz erheblich berichtigt, wobei manche überlieferte Erzählung ins Reich der Märchen verwiesen wurde.
Nach diesen Untersuchungen soll Smeerenburg im Sommer nie mehr
als 200 bis 250 Einwohner gehabt haben. Frühere Veröffentlichungen,
die weit höhere Einwohnerzahlen nennen (15 000 bis 30 000!), sind
maßlos übertrieben. Diese Veröffentlichungen beziehen sich meist auf
die Angaben des Walfängers Scoresby (1820), der von 12 000 bis
18 000 Leuten in Smeerenburg berichtete, wobei er sich seinerseits
auf ein anonymes niederländisches Buch aus dem 18. Jahrhundert
bezog. Wegen solch zweifelhaften Quellenmaterials und weil es wohl
niemand für berichtigenswert fand, hielt sich der Mythos von Smeerenburg als einer ehemals lebensprühenden Großstadt in Spitzbergen
(man verstieg sich sogar zur Bezeichnung „Batavia des Nordens") bis
in die jüngste Zeit.

Der Norweger Dag Naevestad, den ich später in Longyearbyen
kennenlerne und der im Auftrag des Seefahrtsmuseums in Oslo an
den archäologischen Ausgrabungen in Smeerenburg teilnahm, erklärt
mir, daß die hochstaplerischen Übertreibungen im Heimatland möglichst viel Kapital für neue Investitionen locker machen sollten. Einigermaßen sicher ist, daß diese erste größere Siedlung Svalbards vor
einem runden Vierteljahrtausend gegründet wurde. In ihrer zwanzig

194

Jahre kurzen, aber um so heftigeren Glanzzeit (die Schornsteine rauchten von etwa 1625 bis 1645), sollen die Erträge diejenigen übertroffen habe, welche die Niederlande aus Ostindien herausschafften (das erklärt vielleicht die Bezeichnung „Batavia"). Tatsächlich bestand die „Stadt" aber alles in allem nur aus etwa 16 Trankochereien am Strand und einigen kleinen dahinterliegenden Häusern und Schuppen, in denen die Speckkocher, Schlächter und sonstigen Handwerker wohnten.

Erwähnenswert ist Smeerenburg vor allem deswegen, weil es einer der ersten Plätze auf der Erde war, von dem aus die Menschen so konzentriert und gnadenlos eine ganze Tierart, den Grönlandwal, aus ökonomischen Gründen in kürzester Zeit vernichteten und sich damit selbst einer Lebensgrundlage beraubten, ohne dies wahrhaben zu wollen (viel hat man ja in dieser Hinsicht bis heute nicht dazugelernt – abgesehen davon, daß man noch weitaus effektivere und großflächiger wirkende Möglichkeiten der Naturzerstörung hat). Der Grönlandwal ist seither so gut wie ausgestorben. Die wenigen Tiere, die damals der allgemeinen Schlächterei entkamen, konnten sich zwar zunächst ins offene Meer bis an die Packeisgrenze zurückziehen, wurden aber bald auch dort von ihrem Schicksal ereilt.

Nachfolger der brotlos gewordenen Walfänger waren auf Svalbard zunächst Pelztierjäger von der russischen Eismeerküste, die neben Polarfüchsen und Eisbären auch Robben und Walrosse jagten. Von 1715 bis Mitte des 19. Jahrhunderts nahmen die Russen sogar die Strapazen der Überwinterung in der Polarnacht in Kauf, damit sie den schönen weißen Winterpelz des Polarfuchses oder das dichte Winterfell des Eisbären erbeuten konnten. Norwegische Pelzjäger und Robbenfänger kamen erst im Lauf des 19. Jahrhunderts auf die Inseln. Heute werden Polarfüchse auf Farmen gezüchtet, so daß sich die Jagd nicht mehr lohnt, und die Eisbären sind wie erwähnt geschützt.

Wir stöbern immer noch nach Smeerenburg-Resten, während eine Schneewolke über die Insel kriecht. Es beginnt heftiger zu schneien, die Sicht wird wieder schlechter. Nur die Bergspitzen recken sich noch immer abendsonnenvergoldet aus dem Dunst. Plötzlich schrekken wir auf: Zwischen Kohleresten, vergammelten Walknochen und Treibholz hat sich etwas bewegt. Es ist Gott sei Dank kein Bär, sondern nur ein kleiner schüchterner Polarfuchs, der – nachdem er seine Neugierde befriedigt hat – bald wieder im düster-weißen Dämmerlicht verschwindet. Kurz darauf jagt eine Herde Rentiere geräuschlos wie ein Spuk aus einer Senke zu einem nur noch schemenhaft sichtbaren Berghang. Haben wir sie aufgeschreckt? Oder war es etwas anderes? Unheimlich ist uns zumute, als würden wir belauert. Sind das die Anfänge eines „Polarkollers"?

Jedenfalls haben wir genug von unserem Landausflug. Rasch laufen wir zu den Dingis zurück, neben denen ein paar Eiderenten eifrig im eiskalten Wasser gründeln. Sie zeigen nicht die geringste Scheu vor uns. Kein Wunder, wahrscheinlich haben sie noch nie einen Zweibeiner gesehen und deshalb auch keine Ahnung von der Gefahr, in der sie sich befinden könnten. Vor einer ihnen bisher unbekannten Bedrohung können sich die Tiere dieses Archipels nicht schützen, weil sie keine entsprechenden Fluchtreflexe entwickelt haben. Deshalb verhalten sie sich auch Menschen gegenüber furchtlos und zutraulich. Wegen dieses Verhaltens wurde Spitzbergen schon als „arktisches Galapagos" bezeichnet, doch die Tiere mußten es in den vergangenen Jahrhunderten oft massenhaft mit dem Leben bezahlen.

Vor ihren natürlichen Feinden jedoch vermögen sich die verschiedenen Arten gut zu schützen. Die Eiderenten zum Beispiel brüten gern in Kolonien zusammen mit den aggressiven Seeschwalben, die sowohl Möwen als auch Füchse in die Flucht schlagen. Gegenüber Störungen durch Menschen allerdings, die meist zur Brutzeit auf die Inseln kommen – Touristen, Wissenschaftler, Forscher und Daunensammler –, sind sie wehrlos. Geir Wing Gabrielsen, Mitglied des Polarinstituts, untersuchte Eiderenten im Kongsfjord. Dabei stellte er fest, daß die Vögel, die beim Brüten (rund 30 Tage lang) keine Nahrung aufnehmen und dabei etwa 40% ihres Gewichts verlieren, während dieser Zeit besonders empfindlich sind gegen jede Störung, weil diese zusätzliche Energie kostet.

Häufigere Störungen haben fatale Folgen für die Brut, da die Vögel diese dann aufgeben, um sich selbst zu retten. „Das ist etwas, das Naturliebhaber und Fotografen wissen sollten", sagt Gabrielsen. „Es ist falsch zu glauben, daß die Tiere zahm und vertrauensvoll seien, wenn sie auf dem Nest hockenbleiben, während wir in der Nähe stehen. In Wirklichkeit sind sie dabei äußerst verängstigt." Das sollten vor allem die Eiderdaunen-Fans bedenken, wenn sie für ihre Schlafsäcke oder Kopfkissen die Nistmulden der wärmenden Daunen berauben, die sich die Enten vor dem Brüten aus dem Bauchgefieder

196

gerupft haben, um damit ihre Eier auf dem auch im Sommer kalten Boden Spitzbergens gleichmäßig warmzuhalten.

Durchfroren und hungrig kehren wir auf die FREYDIS zurück. Unser Landgang hat doch länger gedauert als geplant. Zur allgemeinen Erleichterung ist der Dieselofen inzwischen nicht ausgegangen, sondern bullert uns freundliche Wärme entgegen. Er strahlt eine Behaglichkeit aus, die wir an diesem Ort der Kälte und Verlassenheit dankbar zu schätzen wissen.

Und noch eine freudige Überraschung: Wasser läuft wieder aus den Hähnen! Ich muß hier anmerken, daß wir seit Ny Alesund Ärger mit unserem Trinkwasser haben. Das fing schon beim Bunkern an, weil alle Schläuche eingefroren waren. Nachdem wir die Tanks dann doch gefüllt hatten, floß nach der zweiten bitterkalten Nacht kein Tropfen Wasser mehr aus den Hähnen. Wir wußten nicht, wo das Wasser gefroren war, ob nur in den Leitungen oder in den Tanks (wir hätten eben doch ein paar Flaschen Glykol zusetzen sollen!). So blieb uns nichts weiter übrig, als unsere drei großen Reservekanister zu füllen, sie möglichst warm zu stellen und zu hoffen, daß das andere Wasser bald in der von der Maschine erzeugten Wärme wieder auftaute. Was es auch tat. Offenbar waren nur die Zuleitungen eingefroren, durch die uns nun wieder ausreichend Wasser entgegenfließt. Das war aber auch wirklich höchste Zeit, denn an Bord herrscht bereits akuter Getränkemangel. Bier und Fruchtsäfte sind schon vor längerer Zeit ausgegangen, was noch zu verkraften war, aber nun ist auch keine einzige Dose Limonade oder Mineralwasser mehr aufzutreiben. Verdursten müssen wir natürlich hier an der Packeisgrenze nicht. Bekanntlich enthält mehrere Jahre altes Meereis kaum noch Salz, so daß man es aufgetaut ohne weiteres trinken kann.

Carol und Bruno bereiten das Abendessen, das bald schon dampfend vor uns steht. Hier in der nördlichsten Ecke unserer Erde genießen wir eine italienische Carbonara mit viel Knoblauch. Dazu schwelgen wir in heißen Getränken, die mit Wasser aus unseren Tanks – einer schmuddeligen Brühe – zubereitet und mit mehr oder weniger großen Rumportionen gewürzt und desinfiziert sind.

Auf 80 Grad Nord

Andrées tragischer Ballonflug – Die Drift der FRAM *–
Sverdrups prophetische Warnung – Heikle Öko-Balance –
Polarparty auf der Eisscholle*

Unserem Ankerplatz auf der faszinierend formenreichen Däneninsel gegenüber liegt zwei Seemeilen entfernt der Virgohafen, von wo aus der Schwede Salomon August Andrée am 11. Juli 1897 mit seinem ADLER, einem Fesselballon aus chinesischer Seide, gefüllt mit 4500 m³ Wasserstoffgas, in Richtung Nordpol startete. An einem aus Tauen gefertigten Netz, das den Ballon umschnürte, hing eine kleine Gondel aus Weidengeflecht für die Piloten und ihre Ausrüstung. Andrées einzige Möglichkeit, der Welt Botschaften zu senden, waren Brieftauben und Spezialbojen.

Ich muß an unsere Freunde Henk und Evelien denken, an ihren riesigen heliumgefüllten Kunststoffballon DUTCH VIKING, an ihre Kapsel mit den vielen Instrumenten, Sendern, Radios und natürlich an ihre glückliche Landung am Ziel. Unwillkürlich drängt sich mir ein Vergleich zwischen beiden Unternehmen auf. Auf der einen Seite das Forschungsunternehmen des für seine Zeit wohl gut ausgerüsteten und vorbereiteten Andrée, eines ruhigen Gelehrten mit einer Begeisterung fürs Fliegen – und auf der anderen Seite der gesponsorte Flug eines mit Elektronik gespickten High-Tech-Geräts. Die Zeiten ändern sich, wir ändern uns mit.

Andrées waghalsiger Versuch scheiterte. Er und seine zwei Kameraden (darunter ein Neffe des Dichters Strindberg) blieben spurlos verschwunden. Erst 33 Jahre später wurden ihre Leichen, Tagebücher, Fotografien und andere Überreste des Unternehmens durch einen fast unglaublichen Zufall von einer norwegischen Geologenexpedition auf

198

der kleinen Insel Kvitoya östlich von Nordostland gefunden. Es ist nicht sicher, ob die abgestürzten Ballonfahrer nach wochenlangen Strapazen im Eis an einer CO-Vergiftung in ihrem luftundurchlässigen Zelt aus der Seide des Ballons oder am trichinösen Fleisch eines von ihnen erlegten Eisbären gestorben sind.

Die Däneninsel war aber nicht nur Startort für Andrée, sondern ein Jahr vorher auch erster Anlaufort für Nansens FRAM, die hier unter Leitung von Kapitän Otto Sverdrup ihre dreijährige Drift im Eis glücklich beendete. Die FRAM war am 21. Juli 1893 von Vardö mit Kurs auf die neusibirischen Inseln aufgebrochen und hatte am 22. September die Eisgrenze erreicht. Nachdem Nansen das Schiff verlassen hatte, um zum Nordpol vorzudringen, trieb es weiter am 85. Breitengrad entlang zwischen Nordpol und Franz-Josefs-Land hindurch. Diese Abdrift im Polareis nach Westen bestätigte die Richtigkeit von Nansens Theorie über die polare Eisdrift. Am 13. August 1896 kam Otto Sverdrup mit der FRAM in der Nähe der Amsterdaminsel aus dem Eis frei und legte an der Däneninsel an.

Otto Sverdrup – Nansens Gefährte sowohl auf seiner Reise mit der FRAM als auch auf seiner Skitour über Grönlands Inlandeis – startete mit dem Schiff auf Nansens Vorschlag bereits zwei Jahre später zu einer weiteren Polarexpedition in eigener Regie. An der Westküste Grönlands entlang segelte er bis in den Smith-Sund hoch und drang in den Jones-Sund ein. Er erforschte und kartographierte rund 300000 km^2 eines bis dahin unbekannten Gebiets, auch die nach ihm benannten Sverdrup-Inseln (sie gehören heute zu Kanada).

Ich bin ein bißchen stolz darauf, daß ich bei einem späteren Besuch auf den Lofoten Hartvig Kristian Sverdrup kennenlernen durfte, den Großneffen des FRAM-Kapitäns. Dieser reizende und weltoffene ältere Herr erzählte mir nicht nur viele Einzelheiten aus dem abenteuerlichen Leben seines Großonkels, sondern zeigte mir auch ein Manuskript aus dem Jahr 1929, das Sverdrup einst seinem 14 Jahre alten Neffen gegeben hatte und das bisher nie veröffentlicht worden ist. Dazu erklärte mir Hartvig Kristian, daß er damals als Knabe kaum etwas aus dem Inhalt verstanden hätte; wenn er es aber heute lese, sei er immer wieder erstaunt darüber, wie modern sein Großonkel schon damals die arktischen Verhältnisse beschrieb und wie weitsichtig er die Gefahren, die diesem Gebiet drohen, erkannte. Er meinte sogar, daß Otto Sverdrup posthum einen Preis des World Wildlife Fund verdient hätte; dem kann ich eigentlich nur zustimmen, nachdem ich das Manuskript gelesen habe. Sverdrup berichtet darin über die Tierwelt auf den Sverdrup-Inseln. Hier einige Ausschnitte, die für die gesamte Arktis Gültigkeit haben:

„Bevor der Mensch seine zerstörerische Hand in die Arktis ausstreckte, war das gesamte Gebiet überaus reich an Tieren. Die Arktis war geradezu ein Tierparadies. Nach 200 Jahren intensiver Jagd sind jedoch inzwischen bestimmte Arten von Land- und Meerestieren in weiten Teilen des Polargürtels nahezu ausgerottet. Dazu gehören zum Beispiel Grönlandwale, weiße Wale und Walrosse, die es in Massen an der Westküste Spitzbergens gab. Auf Spitzbergen selbst und auf den umliegenden Inseln wurden die ehemals großen Rentierherden erschreckend dezimiert.

Vor der Westküste Grönlands, in den Küstengewässern Nordamerikas und dem Hayes-Sund (kanadisches Polargebiet) sind die genannten Walarten ebenfalls verschwunden. Rentiere und wertvolle Moschustiere sind an der West- und Ostküste Grönlands selten geworden, auch die Walrosse erscheinen, seit die Eskimos Feuerwaffen besitzen, nicht mehr in so großen Herden wie früher.“

Sverdrup beschreibt anschließend ausführlich die noch intakte Tierwelt auf den von ihm entdeckten Inseln und fährt dann fort:

„Als Tierfreund möchte ich darlegen, welche Maßnahmen meines Erachtens getroffen werden müßten, um die einzelnen Arten zu erhalten. Ich würde vorschlagen, daß man Regelungen vereinbart, die zu vernünftigem Handeln führen, und zwar solche, die berufsmäßige Fänger, aber auch Eskimos, die mit Schußwaffen ausgerüstet sind, daran hindern, diese Jagdgründe verantwortungslos auszubeuten. Anderenfalls wird es nur eine Frage der Zeit sein, bis dieser jetzt noch beträchtliche Bestand vernichtet ist.“

Wie recht Sverdrup mit seinen damals von vielen Leuten, auch von Kollegen, als zu pessimistisch empfundenen Befürchtungen hatte, wurde bereits wenige Jahrzehnte nach seiner Niederschrift deutlich, als sich die ersten schlimmen Auswirkungen menschlichen Eingreifens abzuzeichnen begannen. Denn unter der rauhen Schale der Arktis verbirgt sich ein extrem verwundbarer Organismus. Von Jahr zu Jahr kamen mehr Menschen und mit ihnen auch mehr und mehr Maschinen und Technik in die Arktis. Schon lange ist die Polarregion keine unzugängliche Ödnis mehr.

Ganz besondere Gefahren birgt die Nutzung der erst vor kurzem georteten, wahrscheinlich sehr ausgedehnten Lagerstätten an Mineralien, Gas und besonders an Öl. Und es sollen sich, als ob Sverdrup es geahnt hätte, gerade unter den von ihm entdeckten Inseln im hohen Norden Kanadas größere Ölreserven befinden als unter dem gesamten kanadischen Festland. Welch verheerende ökologische (und ökonomische) Schäden ins Wasser laufendes Öl anrichten kann, wurde uns in den letzten Jahren immer wieder vorgeführt. Ein sich unkontrolliert ausbreitender Ölteppich (etwa durch einen Blow-out, der längere Zeit nicht gestoppt werden kann) würde im empfindlichen Lebensraum Arktis auch für uns katastrophale Folgen haben (man bemühe hier, um zu beruhigen, keine statistischen Unwahrscheinlichkeiten oder das „Restrisiko". Was davon zu halten ist, sollten wir spätestens seit Tschernobyl im April 1986 wissen).

Daß von Erdöl geschwärztes Packeis zu einer negativen Klimaänderung führen kann, wie von einigen Wissenschaftlern befürchtet, mag übertrieben erscheinen. Besonders glaubhafte Argumente gegen solches „Schwarzsehen" wurden aber noch nicht erbracht. Sicher ist jedenfalls, daß eine Störung des einzigartigen, heiklen Öko-Gleichgewichts unter arktischen Bedingungen viel umfangreichere und weiter reichende Umweltschäden verursachen würde als anderswo (schon deswegen, weil ölabbauende Mikroorganismen in der Arktis nur wenige Wochen im Jahr aktiv sein können).

An jeglicher Vernunft zweifeln lassen andere „kühne" Pläne von Wissenschaftlern, die am liebsten das gesamte Packeis vernichten würden, um ein Binnenmeer zu erzeugen: Ein Damm quer über die 80 km breite und nur 30 m tiefe Beringstraße soll verhindern, daß pazifisches Salzwasser einströmt; durch Verschmutzung des Packeises mit Ruß oder Bakterien soll dann die Reflexion der Sonnenstrahlen verringert und die Schmelze beschleunigt werden. Solche hirnverbrannten Ideen stehen tatsächlich zur Diskussion: die Erde als Schauplatz für Sandkastenspiele!

Bereits um 05.00 Uhr früh heißt es für uns Anker auf. Zum letzten Mal weist der Kurs nach Norden. Die Berge sind in Dunst gehüllt, und eine schwarze Schneewolke schiebt sich ins Gatt hinein. Draußen auf See weht wieder schwacher Wind aus Nord mit 2 Bft, und lange

Schwaden feinen Nebels ziehen über das Wasser. Die Sichtweite beträgt nur drei Kabellängen. Mit gedrosselter Fahrt pirschen wir uns vorwärts, immer darauf gefaßt, daß plötzlich Eisschollen vor dem Bug auftauchen. Fast können wir zusehen, wie das Thermometer von –6° auf –10° C absackt, als wir uns dem Eis nähern.

Schon neun Seemeilen nördlich der Küste treffen wir auf einen etwa 300 m breiten Packeisgürtel mit mächtigen, 3 bis 5 m dicken Schollen. Nördlich des Gürtels liegt zwar noch einmal offenes Wasser, dahinter aber können wir, wenn die Nebelschwaden sich heben, anderes, wesentlich gröberes Eis erkennen. Bis zu dieser Grenze vorzudringen, scheint uns bei den schlechten Sichtverhältnissen aber doch zu gefährlich. Unser Streben nach Norden findet also hier sein Ende: auf 79°50′ N am Morgen des 29. September.

Dämmerlicht liegt über der Eisfläche, das Wasser scheint zu rauchen. Eis und Nebel fließen zusammen zu einem weißen Nichts. Nur um's zu probieren, wagen wir uns mit der FREYDIS ein Stück in dieses Nichts hinein und schieben unter langsamer Fahrt die dicken Schollen auseinander, die sich hinter uns gleich wieder zusammenschließen. Ein paar Eismöwen, die auf den Schollen in den Morgen dösen, lassen sich durch unsere Manöver nicht im geringsten stören.

Dieses Eis scheint so friedlich und ortsgebunden, und doch ist es dauernd in Bewegung. Einmal in zehn Jahren dreht sich das polare Packeis im Uhrzeigersinn um sich selbst und findet nur zwischen Grönland und Svalbard einen Weg nach Süden. Die gewaltigen Preß- und Scherkräfte, welchen die Eismassen auf ihrer Wanderung ausgesetzt sind, und die tödliche Gefahr für die darin eingeschlossenen Schiffe geht aus Nansens eindrucksvoller Schilderung der Eispressungen hervor, in die seine FRAM vom 3. bis 5. Januar 1895 geriet:

3. Januar: *„Um 4½ Uhr trat heute Morgen eine neue Eispressung in der offenen Rinne unter dem Schiff ein, um 5 Uhr begann eine solche in der Rinne an der Backbordseite. Ein Zittern ging durch die* FRAM, *und man vernahm Krachen . . . Das Eis war an dem Schiffe entlang bis vorn in die Nähe des Steuerbordbugs geborsten, wo die Scholle durch das Gewicht der sich stetig auf uns zuschiebenden Eishügel niedergedrückt war . . .“*

4. Januar: *„Gegen 9 Uhr und später konnte man viele Eispressungen beobachten. Eine Zeit lang traten diese ganz leicht in regelmäßigen Zwischenräumen ein, zuweilen mit einem plötzlichen Stoß und mit*

ordentlichem Getöse ... Inzwischen wird der Eishügel immer höher und rückt uns gerade auf den Leib ... Wenn er uns erreichen sollte, ehe das Schiff sich von dem Eise losgebrochen hat, dann kann die Sache sehr unangenehm werden ... Da das Eis unter dem Gewichte des Hügels an der Backbordseite sich senkt und die FRAM *größere Neigung dort hinüber bekommt, so strömt mehr Wasser über das neue Eis, welches sich auf dem gestern ausgetretenen Wasser gebildet hat. Dies heißt beinahe Zoll für Zoll sterben."*

5. Januar: *„Um 5½ Uhr morgens wurde ich von Sverdrup geweckt, der mir berichtete, daß der Eishügel jetzt die* FRAM *erreicht habe und heftig gegen uns andränge, sowie daß das Eis bis zur Rehling hinaufrage ... Ich hatte noch kaum die Augen geöffnet, als ich es draußen im Eise donnern und krachen hörte, als ob der Tag des Jüngsten Gerichts gekommen sei. Ich sprang auf. Es blieb nichts weiter übrig, als die ganze Mannschaft zu wecken, allen noch übrigen Proviant auf das Eis zu schaffen und dann unsere Pelze und sonstige Ausrüstungsgegenstände an Deck zu bringen, sodaß sie im Nothfalle jeden Augenblick über Bord geworfen werden konnten. Damit ging der Tag hin ... Gegen 8 Uhr abends begann das Donnern und Krachen noch ärger als je vorher. Als ich nach oben eilte, stürzten mittschiffs große Mengen Schnee und Eis hoch über die Rehling ... Es waren solche Mengen, daß ich jeden Augenblick zu sehen erwartete, wie das Eis hereinbrechen und den Eingang versperren würde ... Inzwischen hatten die Leute mit dem Heraufschaffen der Säcke begonnen. Es war unnöthig, sie zur Eile anzutreiben, das besorgte das Eis, das sich so gegen die Schiffsseiten preßte, daß ich glaubte, es sei alles aus. Es war in der Dunkelheit ein fürchterliches Durcheinander ... Die Backbordseite der* FRAM *war vollständig unter Schnee begraben ... Das Eis reichte bis zur zweiten Webeleine der Fockwanten, volle zwei Meter über die Rehling. Das Schiff legte sich mehr auf die Seite als je, fast 7°, aber nach dem letzten Eisdruck, den es auszuhalten hatte, hat es sich wieder ein wenig gehoben, sodaß es sich vom Eise losgebrochen haben muß und sich aufzurichten begonnen hat."*

Für mich war es schon ein großes Erlebnis, als ich die FRAM im Museum in Oslo besichtigen und ihre solide Konstruktion bewundern konnte, die sie in die Lage versetzte, auch schlimmstem Packeis zu widerstehen. Dieses Schiff, das zu seiner Zeit am weitesten nach Norden und auch nach Süden (mit Amundsen 1911 in die Antarktis)

203

vorgedrungen war, schien im Museum auf seinen nächsten Start ins Eismeer zu warten.

Lange Zeit bildete das ewige, aber lebendige Eis eine uneinnehmbare Festung, in der das Geheimnis des Pols wohlverborgen schlummerte. Erst Pioniere wie Nansen, Peary, Cook und Amundsen begannen Ende des vorigen und Anfang dieses Jahrhunderts, die Festung Packeis zu erobern und das Geheimnis der Pole zu lüften. Trotz inzwischen hohen technischen Einsatzes – Satellitenaufnahmen, Eis-Erkundungsflüge und das atomgetriebene U-Boot NAUTILUS, das unter dem Packeis zum Nordpol fuhr und dort auftauchte – hat die Festung bis heute nicht alle Geheimnisse preisgegeben. Seine Unberechenbarkeit hat dieses Eis behalten.

Etwa hier an der Packeisgrenze, wo wir jetzt angekommen sind, muß es gewesen sein, wo die FRAM vor 90 Jahren aus dem Eis kam. Plötzlich scheint sie vor mir aus dem Nebel aufzutauchen, lautlos, gespenstisch und doch so lebensecht, wie sie im Osloer Museum steht. Aber es ist nur die LAGA, die eine Kabellänge von uns entfernt in der langen Dünung vor der Eiskante auf- und niedertanzt und auf uns wartet.

Drüben scheinen sich nach einem kurzen Blick aufs Eis alle außer Skipper Dieter wieder aufs Ohr gelegt zu haben. Auch bei unserer Crew will sich zunächst das so oft beschriebene Gefühl „tiefster Ergriffenheit", das den Anblick des ewigen Eises zum unvergeßlichen Erlebnis machen soll, nicht recht einstellen. Was gibt's denn auch schon groß zu sehen so früh am Morgen? Eis, Eis, nichts als Eis und Nebel. Außerdem ist's bitterkalt und feucht. Als einzig angenehmer Ort lockt die Koje. Die Helden sind müde, ihnen reicht's erst mal.

Aber unsere Skipper wären keine echten Schiffsführer, wenn sie ihre Mannschaft an solchen toten Punkten nicht wieder mobilisieren und ihr übers Abschlaffen hinweghelfen könnten. Nach der Devise: „Nur keine Müdigkeit vorschützen!" legen wir an einer größeren Scholle an. Schneller als gedacht steht dort bald eine aus Kisten und Körben zusammengebastelte, mit Gläsern und vollen Flaschen bestückte Eisbar, deren Tresen nicht nur gewöhnlichen Whisky-on-the-rocks zu bieten hat, sondern eine ganze Reihe anderer hochprozentiger, unterkühlter Drinks, soeben neu kreiert: „Eisbären-Flip" (Milch, Whisky und ein Löffel Honig), „Robbenfänger" (Kakaopulver wird mit Gin in Wasser aufgelöst) und den schlagkräftigen „Polarfuchsköder" (Wodka pur mit eingelegten Sardellenringen; Vorsicht,

An langer Leine aufs Eis

37 Vor dem Waggonwaygletscher im Magdalenenfjord

38 Spitzbergen-Ren wird gefilmt

39 Weißfuchs im Sommerkleid

40 Krabbentaucher (Little Auk)

41 Longyearbyen – norwegische Hauptniederlassung auf Spitzbergen

42 Kalte und nasse Stunden am Ruder bleiben keinem erspart

38

39

40

43

44

43 Barentsburg, das sowjetische Gegenstück zu Longyearbyen
44 Ankern in der Walroßbucht der Bäreninsel

wirkt mit Verzögerung!). Die Feinsinnigeren können sich die Nase mit Sekt aus dem Eismeerkübel begießen. Barmixer Bruno sorgt natürlich auch für alkoholfreie Longdrinks. Obstsäfte besitzen wir zwar nicht mehr, dafür aber Vitamin-C-Brausetabletten und genügend rostiges Tankwasser. Nachdem es gesiebt und abgekocht ist, sprudelt also auch „Orangensaft" im Glas.

Die LAGA-Crew ist über UKW eingeladen und auf FREYDIS zu unserer Schollenbar gebracht worden. Meinhard, der drüben die Stellung halten muß, tröstet sich mit einer Flasche Sekt, während es auf der Scholle bald hoch hergeht. Die Müdigkeit ist jedenfalls bei allen wie weggeblasen und macht unbeschwerter Ausgelassenheit Platz. Wir prosten uns zu, kalauern über neuesten Bordklatsch, lachen, singen und tanzen auf dem Eis herum.

Die Sonne geht auf; ihr sanftes Licht, das durch die Nebelschleier in zarte Regenbogenfarben zerlegt wird, läßt die Eisschollen wie riesige Milchopale schimmern und legt eine wundersame Stimmung über unsere kleine Eisinsel, auf der wir an der „nördlichsten Bar der Erde" vor uns hinfeiern. Unsere Bordfotografen können sich bei diesem Licht über einen Mangel an lohnenden Motiven wahrhaftig nicht beklagen.

Gegen Mittag verlassen wir die Packeisgrenze und laufen an der Küste entlang, diesmal gen Süden und zunächst ohne festes Ziel. Wer kann schon wissen, wohin der Wind uns blasen wird? Vielleicht zur Hoffnungsinsel im Osten, vielleicht zur Bäreninsel im Süden? Wir werden sehen . . .

Erstmals wieder auf Südkurs

Pastellfarbene Flaute, grellweiße Stürme – Bäreninsel:
unerreichbar hinter Brandungsmauern – Feuer an Bord –
Ein Schlachthaus für Walrosse

Vor der Küste liegt ein dichter Nebelstreifen über dem Wasser, nur die Berggipfel baden in der Morgensonne. Bilder erhabener und entrückter Schönheit ziehen im Dunst an uns vorüber wie eine Reihe zarter, in sanften Grau-, Gold- und Orangetönen gehaltener Aquarelle.

Aber nicht nur die Augen, auch der Magen bekommt jetzt seinen Schmaus. Es gibt endlich ein verspätetes Frühstück – vor lauter Packeisbegeisterung sind wir vorher nicht dazu gekommen – und zugleich Mittagessen: Gulaschsuppe, Rühreier mit Schinken und Toast und als Dessert Pudding mit Rosinen. Mit neuen Kräften und altbewährten Geräten geht es danach wieder mal ans Schiffsenteisen. Nachdem wir die Packeisgrenze glücklich mit Motor erreicht haben, ist nun wieder konsequentes Segeln angesagt. Schluß mit dem Motoren heißt aber leider auch Schluß mit den warmen Heizkörpern.

Das Segeln ist zunächst kein Kunststück, denn nun haben wir den langersehnten Wind von achtern und können mit fünf Knoten unter Blister über die Seen geigen. Doch am Nachmittag schläft dann der Wind langsam ein, und abends treiben wir – etwas nördlich des Eingangs zum Kongsfjord – wieder mal in der Flaute. Wir trösten uns damit, daß wir auf diese Weise wenigstens noch einmal Zeit haben, die eindrucksvollen Berge und Gletscher des Albert-I.-Landes zu bewundern.

Kurz nach Mitternacht kommt schlagartig Wind aus Süd auf, mit dem auch die Temperaturen – sie liegen nun um den Gefrierpunkt – deutlich ansteigen. Wie weggezaubert sind alle Schiffsvereisungen und die Eisblumen an den Innenseiten der Fenster. Am Morgen kann ich von meiner Koje wieder aufs Wasser schauen. Ich beobachte Delphine, wie sie abwechselnd auf der Bugwelle der FREYDIS reiten und bei ihren Sprüngen gelegentlich zu mir hereinschauen. Gegen Abend dreht der Wind etwas auf Ost, so daß wir unseren Kurs fast anliegen können. Nach dem Abendessen Schneesturm. Wir wechseln auf Sturmfock und drittes Reff, die FREYDIS hackt unangenehm durch die aufgewühlte See. Ich bin seekrank und opfere für guten Wind. Von irgendwo her dringt Wasser ins Schiff, die Messe verwandelt sich langsam in eine feuchtkalte, tropfende Höhle. Aber ein Leck, das verschlossen werden könnte, läßt sich nicht finden. Es kommt mal wieder alles zusammen.

Nach kurzer Flaute in der Nacht dann endlich herrlicher, kräftiger Nordwind um 5 bis 7 Bft, der uns zwar eine rasche Fahrt bis zum Südkap Spitzbergens beschert (das wir am nächsten Abend erreichen), aber wieder Kälte, Schnee und Vereisungen. „Ski und Rodeln gut", kommentiert Dieter die Situation auf der LAGA, mit der wir jede Stunde Funkkontakt haben, bis sich unsere Wege schließlich für den Rest der Reise trennen. Die FREYDIS plant noch einen Abstecher nach Hopen, der Hoffnungsinsel, während sich die LAGA entschließt, zur Bäreninsel oder auch direkt nach Tromsö zurück zu laufen.

Aber Rasmus ist unserem Plan nicht wohlgesonnen. Noch in der Nacht schickt er Sturm um 8 Bft aus Ost, genau aus der Richtung, in der Hopen noch 120 Seemeilen entfernt liegt. Bis 06.00 Uhr früh geben wir ihm die Chance, den Wind abnehmen oder rückdrehen zu lassen, aber er denkt gar nicht daran. Im Gegenteil: Der Sturm legt an Stärke noch zu. Wir müssen den Hopenplan vergessen. Bei 9 bis 10 Bft ändern wir schweren Herzens Kurs auf die südlich gelegene Bäreninsel.

Zum Bergen der Segel haben wir die Decksbeleuchtung angeschaltet und gar nicht gemerkt, daß sich uns ein Fischtrawler bis auf 100 m genähert hat. Die Fischer haben versucht, uns über UKW zu erreichen, aber keine Antwort erhalten, weil die Wachhabenden an Deck beschäftigt sind. Also denken sie, wir haben vielleicht Schwierigkeiten, und rufen zu uns herüber, ob wir Hilfe brauchen. „Nein, danke, alles in Ordnung!" – „Have a nice trip", tönt es zurück; bei dem eisigen Sturm ein frommer Wunsch, aber gut gemeint. Die FREYDIS pflügt wieder wie ein Eisungeheuer durch die See und bleckt ihr monströses Polarhaigebiß. Brecher peitschen übers Cockpit, deren

Gischt in der Kälte zu Eisklümpchen gefriert. Armer Rudergänger! Aber jeder von uns muß durch diese Tortur. Danach sitzt man die ersten Minuten wie gelähmt unter Deck, bis endlich wieder Gefühl in die unterkühlten Gliedmaßen zurückkehrt und der stechende Kälteschmerz in der Stirn langsam nachläßt.

Endlich haben wir die Ursache des ständigen Wassereinbruchs gefunden, der sogar unseren Satelliten-Navigator zerstörte. Es ist kein Leck gewesen, vielmehr sind die Wasserfallen der Belüftungshutzen wegen der vielen überkommenden Seen übergelaufen, und das Wasser hat sich in der Glaswolle zwischen Schiffsdeck und Deckenverkleidung so gut verteilt, daß es schließlich aus jeder Ritze in die Messe tropfte. Der verunglückte Wunsch eines Nichtseglers bei unserem Auslaufen in Leer: „Und immer eine Handbreit Wasser im Kiel!" hat sich damit erfüllt. Aber nun ist dieses Problem aus der Welt geschafft.

Schlimmer steht es allerdings mit dem Wasser in den beiden Tanks, das schon wegen der Rost- und Schmutzteile nicht gerade appetitlich aussieht. Nun aber ist das Wasser im Steuerbordtank gänzlich ungenießbar geworden, weil Seewasser eingedrungen ist (wahrscheinlich ist der Tankdeckel in Ny Alesund wegen der Vereisungen an Deck nicht richtig geschlossen worden). Uns bleibt nichts anderes übrig, als mal wieder zu hoffen: nämlich daß wir auf der Bäreninsel wenigstens unsere Reservekanister mit Frischwasser auffüllen können.

Trotz aller Witterungsunbilden und des dauernden Wasserärgers verliert unsere Crew nicht ihren Humor. Bruno: „Das Reisebüro wird was von mir zu hören kriegen! Kein Mensch hat mir gesagt, daß hier mit fließend Kalt- und Warmwasser Polar- und Golfstrom gemeint waren." Oder Folkmar zu Bruno, der gerade aus der Toilette kommt: „Du siehst ja so verändert aus, hast du dir die Haare schneiden lassen?" Darauf Bruno verdutzt: „Wieso? Ich hab' mir bloß die Zähne geputzt."

Um 02.00 Uhr nachts drehen wir fünf Seemeilen vor der Nordwestecke der Bäreninsel bei, um später bei Helligkeit einen Ankerplatz zu suchen. Im Morgengrauen bietet die sturmgepeitschte, teilweise vereiste Steilküste einen düsteren, unheimlichen Anblick. Dunkle Wolkenfetzen fegen über das Hochplateau, auf dem wir einige Lichter, den Funkmast der Radio- und Wetterstation und im Hintergrund die höheren, schneebedeckten Erhebungen des südlichen Inselabschnitts erkennen können. Über UKW erkundigen wir uns bei Björnöya-Radio, ob sie etwas von der LAGA gehört haben. Fehlanzeige. Wir

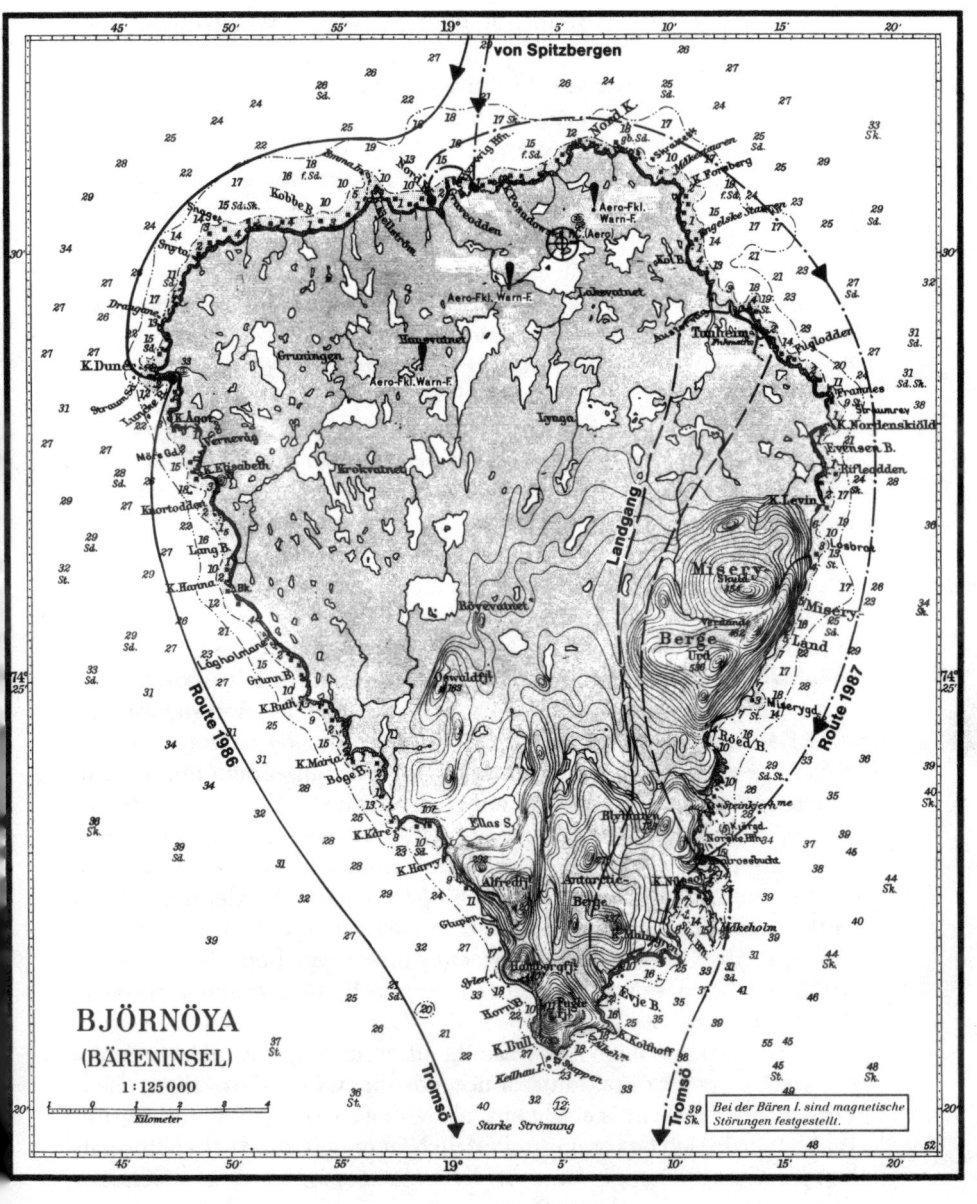

BJÖRNÖYA
(BÄRENINSEL)
1 : 125 000

Kilometer

Bei der Bären I. sind magnetische
Störungen festgestellt.

vermuten deshalb, daß sie mit dem günstigen Wind direkt nach Tromsö gesegelt ist.

Wie gern hätten wir vor der Station geankert und sie besucht, wie gern uns ein wenig unterhalten bei einer Tasse Kaffee und vielleicht eine heiße Dusche genommen. Aber keine Chance: Der Wind steht mit Macht auf der flachen Bucht, und riesige Roller donnern pausenlos gegen die Insel. Hier wohnen gewöhnlich nur 14 Menschen, sechs Funker, sechs Meteorologen und zwei Köche.

Nachdem es ganz hell geworden ist, finden wir einen vor dem Nordoststurm einigermaßen geschützten Ankerplatz in der Lunckevika-Bucht an der Nordwestküste der Insel. Dort versuchen wir zuallererst, den Dieselofen in Gang zu bringen, um uns aufzuwärmen und die Feuchtigkeit aus dem Schiff zu vertreiben. Das ist gar nicht so einfach, weil über das Abzugrohr Wasser in den Brennkessel gelaufen ist, so daß der Ofen immer wieder streikt. Aber schließlich schaffen wir es doch. Weit schwieriger scheint das Problem, wie wir hier irgendwo an Land kommen können.

Steile, 30 bis 50 m hohe Abbruchkanten des Inselplateaus, die eine waagrechte, rot-weiße Gesteinsschichtung erkennen lassen, an deren gezackten Vorsprüngen riesige Eiszapfen wie Orgelpfeifen hängen, umranden die kleine Bucht. Die einzige Stelle, wo eine Landung möglich erscheint, ist ein schmaler Geröllhang mit einem kleinen Strand zwischen den Felswänden. Darauf steht aber eine so mörderische Brandung, daß wir es gar nicht erst versuchen wollen.

Statt dessen nehmen wir Kontakt zum Patrouillenboot der Küstenwache auf, das vor der Bucht Stellung bezogen hat. Vielleicht kann uns dessen Besatzung einen geeigneten Landeplatz in der Umgebung empfehlen? Sie wollen versuchen, mit ihrem starken Zodiak an Land zu kommen, weil sie zwei Ornithologen, die in der kleinen Schutzhütte oberhalb des Geröllstrandes auf sie warten, an Bord nehmen müssen. Aber die gewaltigen Brecher lassen das Boot, in dem zehn Mann in Überlebensanzügen sitzen, vor der Küste beinahe kentern, so daß es rasch wieder abdreht.

Nachdem damit auch unser Landgang zunächst gescheitert ist, müssen wir unseren Kontakthunger notgedrungen über den Äther stillen. Eine wahre Telefonitis bricht aus, als wir endlich eine Verbindung mit Radio Norddeich bekommen. Plötzlich ist unsere FREYDIS nicht mehr klein und eng, kein einsamer isolierter Punkt in der Arktis, sondern Kommunikationszentrum für wichtige und unwichtige Neuigkeiten aus aller Welt, was die Stimmung ungemein hebt. Allerdings nicht lange. Gerade als Uwe seinen Eltern berichtet, daß an Bord alles in bester Ordnung und ein pünktliches Eintreffen in Tromsö wahrscheinlich sei, ist es mit unserer Reise und unserem Schiff beinahe zu Ende. „Feuer an Bord!" ertönt Brunos Schreckensruf. Um den Ofen herum lodern plötzlich furchteinflößende Flammen. Doch mit dem Inhalt zweier großer Feuerlöscher kann der Brand gestoppt werden, ehe er aufs gesamte Schiff übergreift. Dichter, schwarzer, beißender Rauch treibt uns wie wir sind – einige, die sich bereits in die Koje gelegt hatten, nur dürftig bekleidet und ohne Schuhe – aufs eisige Deck. Dort warten wir jämmerlich hustend und vor Kälte schlotternd, bis sich der Qualm soweit verflüchtigt hat, daß wir uns die Bescherung innen ansehen können. Zum Glück hält sich der Schaden in Grenzen. Wir haben Schlimmeres erwartet. Nur einige Bodenbretter sind angekohlt, ein paar Socken verbrannt. Außerdem liegt jetzt im Innern der Yacht genausoviel „Schnee" wie draußen. Das Löschpulver hat sich wie eine große weiße Decke über alles, auch über unsere herumstehenden Eßwaren gelegt. Aber besser reinweiß statt kohlschwarz, sagen wir uns und machen uns ans Werk. Bis zum Abend ist alles wieder gesäubert.

Kurz bevor es zu dunkel zum Fotografieren wird, rudern Folkmar und Erich mit dem Schlauchboot doch noch zum Ufer. Ein Landemanöver ist zwar weiterhin riskant, aber nicht mehr so unmöglich wie am Vormittag. Sicherheitshalber haben beide ihre Tauchanzüge angelegt. Durch geschicktes Abpassen einer kurzen Ruhepause, die sich jeweils nach 2 bis 3 m hohen Brechern einstellt, schaffen sie es, fast trockenen Fußes an Land zu kommen. Sie gehen zu der kleinen Holzhütte oben auf dem Plateau, wo sich die zwei norwegischen Ornithologen bereits seit einer Woche aufhalten, um eine besondere Gänseart (Nonnengänse) zu beobachten, die auf dem Rückflug von den arktischen Brutplätzen zu ihren Überwinterungsplätzen gewöhnlich auf der Bäreninsel einen Zwischenstopp einlegen. Aber die Gänse haben offensichtlich wegen des frühen Wintereinbruchs ihren Flugplan geändert und sind bereits alle weitergeflogen.

Die Bäreninsel ist als arktisches Vogelparadies bekannt. An ihren südlichen, bis zu 400 m hohen, steil abfallenden Felswänden finden sich die größten Seevögel-Brutkolonien der nördlichen Erdhalbkugel. Auch jetzt tummeln sich in unserer kleinen Bucht noch eine große Zahl von Lummen, Alken und Teisten im Wasser und tauchen nach

Nahrung, während ihre Feinde – Eis- und Spatelraubmöwen – die Bucht und ihre Umgebung ständig unter Kontrolle halten.

Die beiden Ornithologen meinen, ein Marsch über die Geröllebene zur Station würde mindestens vier bis fünf Stunden dauern. Zwar kann man sie schon von weitem sehen, aber der Weg dorthin soll sehr beschwerlich sein. Das hielte uns sicher nicht ab, aber wir rechnen uns aus, daß die Expedition alles in allem mindestens elf Stunden dauern würde, und so lange können wir die FREYDIS bei der unsicheren Wetterlage nicht unbewacht lassen. Zudem raten uns auch die Leute von Björnöya-Radio, mit denen wir uns mehrmals über Funk unterhalten, dringend ab, bei diesem Sturm die Station aufzusuchen.

Damit wir die Bucht, falls der Wind in der Nacht auf Nordwest dreht – wobei Gefahr besteht, daß er uns dann ans Ufer mitten in die Brecher drückt –, rechtzeitig verlassen können, gehen wir konsequent Ankerwache. Die Nacht ist rabenschwarz, nur ab und zu zeigen sich in einem kleinen Wolkenloch ein paar funkelnde Sterne, ein Streifen zuckendes Polarlicht; dazu die Brandungsgeräusche, dieses ewige Crescendo und Decrescendo, das alle Sinne wach hält: eine angsteinflößende, gespenstische Kulisse, die erst wieder in der Nüchternheit der Morgendämmerung verschwindet.

Der Wind hat zwar nachgelassen, aber auf Nord gedreht, und so haben wir für unseren letzten Landgangsversuch noch reichlich Schwell in der Bucht. Folkmar, Carol und ich bilden die erste Gruppe, die mit Fotoapparaten, Filmkamera und einem frischen Kuchen als Mitbringsel für die Ornithologen übersetzen will. Die See vor dem kleinen Landeplatz scheint relativ ruhig, aber das ist wohl nur die berühmte Ruhe vor dem Sturm, denn als Folkmar vor dem felsigen Ufer gerade mit kräftigen Schlägen das Landemanöver einleitet, rollen plötzlich einige gewaltige Seen dicht hintereinander von achtern auf. Ich sehe sein entsetztes Gesicht, als er schreit: „Sie bricht, sie bricht!" Geduckt und wie ein Affe an Carol und das Dingi geklammert, warte ich auf das Schlimmste, das uns aber wie durch ein Wunder erspart bleibt. Die erste See bricht vor und neben uns, und bevor die nächste herangerollt ist, hat Folkmar schon blitzschnell den Bug herumgedreht; er ist in Rekordzeit wieder bei der FREYDIS. Damit ist unser Landgang endgültig gestorben. Wir wollen das Schicksal nicht noch einmal herausfordern. Trotzdem ärgere ich mich darüber, daß es mir nicht gelungen ist, auf diese verflixte Insel zu kommen. Schließlich habe ich mich auf sie vorbereitet.

Willem Barents entdeckte die Bäreninsel 1596 im Verlauf derselben Reise, auf der er auch Spitzbergen fand. Von ihm erhielt sie ihren Namen (seine Mannschaft hatte hier einen Bär erlegt). Die 178 km² große Insel – sie liegt zwischen dem Nordkap und Spitzbergen auf 74°30′ N – wird gewöhnlich von Ende Dezember bis Ende März vom Eis eingeschlossen. Während dieser Zeit kommen auch heute noch gelegentlich Eisbären auf die Insel (1971 wurde ein Techniker, der eine Antenne der Funkstation kontrollieren wollte, von einem Bären getötet). Auf der Insel, die gemäß der Definition der südlichen Grenze der Arktis (auf dem Land fällt diese mit der Baumgrenze, auf dem Meer mit der 10°-Juli-Isotherme zusammen) eine echte Polarinsel ist, hatte einst, wie ihre Kohlevorkommen erkennen lassen, ein wesentlich wärmeres Klima geherrscht.

Während der Kohleabbau einer norwegischen Gesellschaft lediglich ein Jahrzehnt lang lohnenswert schien, erlangte die Walroßjagd weit größere wirtschaftliche Bedeutung. Sie begann, als die Engländer 1603 das Eiland aufstöberten und hier riesige Walroßherden entdeckten, die natürlich sofort zu Geld gemacht wurden. Allein von der englischen Expedition unter Stephan Bennet sollen dabei innerhalb von sieben Stunden nicht weniger als tausend Tiere erlegt worden sein! Mitgenommen wurden lediglich die wertvollen Stoßzähne, während die Kadaver auf der Insel zurückblieben.

Nach wenigen Jahrzehnten ähnlich wilder Jagd war die Zahl der Tiere so weit zurückgegangen, daß die Schlächterei aus Mangel an Vieh vorübergehend ein Ende fand. Als sich die Herden Anfang des 18. Jahrhunderts aber wieder so gut erholt hatten, daß sich das Schlachten erneut zu lohnen schien, kamen Russen und später auch Norweger Jahr für Jahr nach Björnöya und machten reiche Beute. Der Deutsche Barto von Löwenigh, der die Bäreninsel 1827 besuchte, berichtet von einer Jagdüberwinterung norwegischer Fischer im Jahre 1824: *„Der Erfolg dieser Überwinterung war in höchstem Grade glänzend, die dorthin gegangenen acht Mann erlegten 677 Walrosse und 30 blaue und weiße Füchse."*

Durch diese maßlose Verfolgung nicht nur auf der Bäreninsel, sondern auch auf Spitzbergen wurde das Walroß nahezu ausgerottet. Erst nachdem es 1952 geschützt wurde, scheint die Zahl der Tiere langsam wieder zuzunehmen. Während sich das Walroß an den Küsten der Bäreninsel aber fast gar nicht mehr blicken läßt, sollen in Nord- und Ostspitzbergen in den letzten Jahren wieder kleinere Herden gesehen worden sein. Leider bekommen auch wir keine Walrosse zu Gesicht. Dafür machen kleine Ringelrobben hin und wieder einen langen Hals, um besser sehen zu können, was sich auf der FREYDIS so alles tut.

Was sie dann wirklich tut: Sie segelt nach Tromsö.

Einmal ist nicht genug

Sturmstaffette und Knüppelkreuz – Tromsö, das Tor zur Arktis –
Bilanz der ersten Reise – Svalbard, wir kommen wieder!

Um 10.00 Uhr gehen wir bei sonnigem, aber kaltem Wetter ankerauf, um die letzten 300 sm bis Tromsö in Angriff zu nehmen. Wir segeln entlang der Westküste Björnöyas und passieren am Mittag die Südspitze Kap Bull. Mit einem letzten Blick auf ihre höchste Erhebung, den 400 m hohen Mount Misery (so genannt, weil von dort aus ein Seemann angeblich mit ansehen mußte, wie das Schiff, das ihn abholen wollte, an den Klippen zerschellte), verabschieden wir uns endgültig von der uns gegenüber so unwirschen Bäreninsel.

Das bißchen Wind, das uns am Nachmittag noch gemächlich vorantreibt, schläft am Abend schließlich ein. Aber der übliche Flautenfrust bleibt diesmal aus; aufgrund unseres vorzeitigen Aufbruchs von der Insel stehen wir nicht mehr unter dem sonst gewohnten Zeitdruck. Die Flaute liefert uns sogar Grund für eine ausgelassene Fete. Sie beginnt mit einem Schlemmermahl. Hobbykoch Carol ist in Höchstform: heiße Maiskolben mit Butter, Champignoncremesuppe und flambierte Crêpes mit Fruchtcocktail, natürlich großzügig mit Rum verfeinert. Danach geht's dem bis hierhin geretteten Champagner an den Kragen. Begleitmusik bietet die Kassette der Rocky Horror Picture Show. „Also sprach Zarathustra..." dröhnt es durchs Schiff, und der nächste Korken knallt gegen die Decke.

Was Zarathustra verkündete, weiß ich nicht mehr, es kann aber nichts Gutes gewesen sein, denn um Mitternacht zieht Sturm auf, von vorn natürlich und gewürzt mit Schnee und Graupelschauern. Böen um 55 Knoten rasen über eine wilde Kreuzsee und peitschen Gischt und Hagelkörner waagrecht übers Deck. Die Sicht beträgt nur noch

219

wenige Meter, und der Sturm zahlt der Crew die Flautenorgie heim. Hundeelend „opfert" sie Rasmus, Zarathustra oder wem auch immer. Die FREYDIS benimmt sich wie ein bockiger Gaul, der uns abschütteln will. Sibirisches Treibholz, das uns mehrmals rammt, kann zwar nicht viel Schaden anrichten, aber gegen Mittag müssen wir doch für kurze Zeit beidrehen, um ausgerissene Lattentaschen des Großsegels und den gebrochenen Achterliekspanner notdürftig zu reparieren.

Der Sturm legt sich am Nachmittag, und nach einem kurzen Flautenintermezzo kommt Wind um 5 Bft aus Westen auf. Endlich können wir wieder auf Kurs gehen, aber wie lange? Laut Wetterbericht sind mehrere Tiefs im Anzug: von Neufundland, Island und Jan Mayen kommend, jagt eines hinter dem anderen nach Osten, und es ist zu erwarten, daß sie uns Wind satt bringen werden. Bei jeder sich nähernden schwarzen Wolke fragen wir uns, ob sie nicht schon der Beginn eines neuen Sturms ist.

Am Nachmittag wieder das gewohnte arktische Teestündchen unten in der Messe. Unsere geliebte Lale Andersen singt dazu ihre sehnsüchtigen Weisen vom Meer, vom Abschiednehmen, vom Wiedersehen und vom Liebsten. Die Gedanken unserer Crew dagegen sind von ganz profanen Wünschen bestimmt. Sie gieren nach mehr oder weniger alltäglichen, aber doch lange entbehrten Selbstverständlichkeiten. Folkmar und Uwe träumen von einer Milchbar, die sie gleich nach der Ankunft in Tromsö stürmen wollen, Erich und Carol von einem „Biersee so groß wie der Schliersee", Naturbursche Bruno träumt von einem großen Holzbottich mit dampfendem Badewasser, Musto von einem gegrillten Ochsen und ich von einer Riesenschüssel grünem Salat.

Mittlerweile wird es so früh dunkel – es ist schließlich schon Anfang Oktober –, daß wir bereits um 19.00 Uhr Nordlicht beobachten können. Am Morgen dreht der Wind langsam wieder zurück, bis er schließlich mit sechs bis sieben Knoten aus Südsüdost kommt. Er bringt Temperaturen um den Gefrierpunkt, so daß wir nicht mehr mit Vereisungen zu kämpfen haben. Das ist aber auch das einzig Erfreuliche, denn nun heißt es wieder: an die Kreuz! Den ganzen Tag knallen wir durch die Seen und sind unserem Ziel nach 24 Stunden trotzdem nur 64 sm näher gekommen, obwohl wir immerhin 114 sm durchs Wasser gemacht haben.

Der Wind beginnt in der folgenden Nacht zwar wieder rechtzudrehen, und wir hoffen, bei den sieben Windstärken bald die Ansteuerung von Tromsö anliegen zu können – aber so gnädig will er uns nicht entlassen: Mit 9 Bft aus Südsüdwest bläst er am Morgen noch einmal „volles Rohr". Das ist schon der dritte Sturm seit Spitzbergen, hoffentlich aber auch der letzte vor unserem Ziel. Gegen Mittag dann kommt endlich die ersehnte Winddrehung auf Westnordwest, und jetzt jagt die FREYDIS nur unter Sturmbesegelung mit neun Knoten und halbem Wind durch die aufgewühlte See der norwegischen Küste entgegen. Seit der Satelliten-Navigator durch Wasserschaden ausgefallen ist, wird wieder mit dem Loran-C-Gerät navigiert, das allerdings hier, an der Grenze seines Navigationsbereichs, oft recht unzuverlässige Werte anzeigt. Decca können wir erst kurz vor dem Landfall einsetzen.

Nachmittags laufen wir in die norwegischen Schären ein, die im Dunst der Schnee- und Graupelschauer und der stürmischen, dunklen See bedrohlich und düster aussehen. Plötzlich schiebt sich die Sonne ein wenig durch die windzerzausten Wolken, und ein prachtvoller Regenbogen entfaltet sich über der gebirgigen Schärenlandschaft wie ein weitgeöffnetes Tor, das uns wieder in der Zivilisation willkommen heißt.

Als es dunkel wird, bemerken wir eine Fülle von Lichtern um uns herum: Leuchtfeuer, andere Schiffe, einzeln stehende Häuser, Siedlungen, Straßenbeleuchtungen. Soviel Leben ist ein krasser Unterschied zur Einsamkeit Grönlands und Spitzbergens. Noch ein paar Meilen durch dichtes Hagel- und Schneetreiben. Bei Sichtweite null tasten wir uns mit Hilfe des Echolots an den steilen Bergwänden entlang, bis wir endlich kurz vor Mitternacht unser Ziel erreichen und im Innenhafen an der LAGA längsseits gehen. Logbucheintrag der FREYDIS: „Hurra, wir sind in Tromsö!"

Die LAGA war wie vermutet von der Packeisgrenze über die Bäreninsel nonstop nach Tromsö gesegelt und liegt bereits seit zwei Tagen hier im Hafen von Tromsö, das seit der Mitte des 19. Jahrhunderts als „Tor zur Arktis" bezeichnet wird. Von hier aus nahmen die meisten Expeditionen ins Polarmeer ihren Anfang. Im Gegensatz dazu geht für uns das große Abenteuer Arktis hier zu Ende. Vorbei sind die Beklemmungen und Strapazen dieses Unternehmens, vorbei die Sorgen um Crews und Schiffe. Die manchmal scheinbar übertriebenen Vorbereitungen haben sich, wie wir jetzt wissen, gelohnt: Alle Gefahren haben wir – wenn auch manchmal mit einem gehörigen Schuß Glück – gemeistert.

Die von uns angepeilten geographischen Ziele wurden fast alle erreicht. Mußten wir auch bei einigen zurückstecken, so konnten wir dafür bei anderen das Angestrebte übertreffen. Unfälle oder ernsthafte Erkrankungen hat es zum Glück nicht gegeben. Auch von tiefgreifenden, das Bordleben vergällenden Disharmonien innerhalb der Crews sind wir trotz kleinerer Meinungsverschiedenheiten verschont geblieben. Ich bin sicher, daß keiner der Beteiligten die gemeinsamen Erlebnisse dieser ungewöhnlichen Reise „ans Ende der Welt" missen möchte.

Die Crews der einzelnen Etappen haben sich meist ausgezeichnet verstanden, Freundschaften haben sich dabei entwickelt, die sicherlich die Segelreise überdauern werden. Dies gilt sowohl für die Crews der FREYDIS wie für die Mannschaft der LAGA.

Und ich selbst? Habe ich das gefunden, was ich erwartet, mir erhofft hatte? Ist meine Neugier auf die Arktis mit ihrem vielfältigen geschichtlichen Hintergrund gestillt worden?

Die erste Frage kann ich fast uneingeschränkt bejahen. Zwar hätte ich mir für manche Stationen ein wenig mehr Zeit gewünscht, aber ich kehre doch zurück mit unvergleichlichen und unvergeßlichen Eindrücken von einer Welt kalter Schönheit, in der Menschen bisher nur verhältnismäßig wenig Spuren hinterlassen haben, Spuren der arktischen Geschichte, denen ich zu folgen versucht und auf denen mir so viele Ereignisse und Schicksale vergangener Epochen hautnah begegnet sind.

Dem fast uneingeschränkten Ja als Antwort auf die erste Frage steht für die zweite ein fast ebensolches Nein gegenüber. Meine Neugier ist durch diese Segelreise längst nicht gestillt worden. Sie gibt mir vielmehr weitere Anstöße, mich mit der Arktis, ihrer Geschichte und ihrer Zukunft noch näher zu befassen. Ein Nein vielleicht auch deswegen, weil wir ganz einfach vom „Polarbazillus" befallen, „arctic bitten" sind? Erich und ich beschließen jedenfalls, bereits im nächsten Jahr wieder nach Spitzbergen zu segeln.

Eigentlich sollte dieses Buch hier zu Ende sein, aber auf unserer Svalbardreise im Jahr darauf zeigte sich uns dieser arktische Archipel von einer solch anderen, neuen Seite, daß ich nicht umhin kann, noch einmal zum Svalbardkapitel zurückzukommen. In diesem Jahr gelang uns nicht nur die Umrundung Spitzbergens, sondern wir erlebten auch, was wir uns in diesem Ausmaß kaum hatten vorstellen können:

überaus kontrastreiche Veränderungen aufgrund der anderen jahreszeitlichen Bedingungen. Wir liefen Svalbard im August an, einen Monat früher als im Jahr davor, und fanden die Inselgruppe im arktischen Sommerkleid, das uns faszinierende Einblicke in die Tier- und Pflanzenwelt des hohen Nordens eröffnete. Für extreme Gegenden gilt die alte Binsenweisheit ganz besonders: Je öfter man sie besucht, desto mehr wird einem geboten.

Zwar sind es andere Mitsegler – oder besser gesagt Polarfans –, die uns begleiten, und auch die LAGA ist nicht mehr mit von der Partie, aber die FREYDIS, ihr Skipper und ich sind die alten geblieben. Also fahre ich einfach fort, wo ich zu erzählen aufgehört habe: in Tromsö, dem Tor zur Arktis.

Wir liegen in dem kleinen Fischerhafen mitten in der Stadt. Erichs Bruder Enno hat die FREYDIS mit seiner Crew von Leer nach Tromsö gesegelt. Skipper Erich ist glücklich: Alle Segel sind heil geblieben, das Schiff ist trocken und in gutem Zustand, die neue Mannschaft vollzählig an Bord, und der „Bauch" der FREYDIS vollgestopft mit Proviant: rundum gute Voraussetzungen für den Sechs-Wochen-Törn.

Übrigens ist die FREYDIS nicht die einzige Yacht, die in Richtung Spitzbergen laufen will. Zu unserer großen Überraschung treffen wir in Tromsö die ELKOUBA mit Sarah und Lindsay an Bord: alte Bekannte, mit denen die FREYDIS im letzten Jahr in Neufundland und Reykjavik zusammen war. Wie klein doch die Welt der Segler manchmal ist! Sarah und Lindsay waren nach ihrem Aufenthalt in Reykjavik wie geplant zu den Shetlands gesegelt und haben sich dort während des Winters das Geld für ihre nächste Reise verdient. Sarah arbeitete in ihrem Beruf als Krankenschwester, und Lindsay fand einen gut bezahlten Job beim Bootsbau in der Marina. Ihr Maskottchen, Bordkater Luigi, gaben sie bei Freunden in Pension, da die Einfuhr von Tieren in Norwegen streng verboten ist. Nun haben sich also auch die beiden Spitzbergen als nächstes Segelziel erkoren.

Am Tag vor dem Auslaufen besuchen wir noch gemeinsam die meteorologische Station in Tromsö. Die Eisberichte von Svalbard machen uns zunächst betroffen. In der vergangenen Woche waren die Insel Hopen und die Hinlopenstraße noch mit dichtem Treibeis blokkiert. Erst die Eiskarte dieses Morgens zeigt eine Auflockerung. Außerdem könnte uns ein südlich vorbeiziehendes Tief in den nächsten Tagen günstige nördliche Winde bringen.

Während wir uns entschließen, nach Hopen zu segeln und anschließend sofort durch die Hinlopenstraße, also eine Umrundung Spitzbergens von Ost nach West planen, wählen Sarah und Lindsay den umgekehrten Weg. Sie wollen zunächst die Bäreninsel anlaufen und dann an der Westküste Spitzbergens entlang nach Norden segeln. Sie hoffen, drei Wochen später bessere Eisverhältnisse in der Hinlopenstraße vorzufinden. Die Wahl dieser Route hat den großen Vorteil, daß die ELKOUBA voraussichtlich keine Schwierigkeiten mit dem Eis bekommen wird. Die Bäreninsel ist um diese Jahreszeit immer eisfrei, die Westküste Spitzbergens meist auch, weil sich hier wie erwähnt noch die Ausläufer des Golfstroms bemerkbar machen. Zudem liegen die wenigen Siedlungen Spitzbergens alle an der milderen Westküste. Für Spitzbergen-Neulinge bedeutet diese Route sicher die vernünftigere Entscheidung.

Unsere Wahl wird allerdings von ganz anderen Motiven bestimmt. Nach den schlechten Erfahrungen des letzten Jahres – wir konnten ja weder die Hinlopenstraße passieren noch Hopen anlaufen – steht für uns diese entlegene Insel, die unseres Wissens nach erst von einer deutschen Yacht (WAPPEN VON BREMEN 1976) besucht wurde, im Vordergrund. Ebenso die Hinlopenstraße, wo wir endlich auch Eisbären zu Gesicht bekommen wollen. Sollte sich aber vor Ort herausstellen, daß Hopen und die Hinlopenstraße doch vom Treibeis blockiert sind, wollen wir an der Eiskante abdrehen und zur Südspitze Spitzbergens laufen, um dann an der Westseite nordwärts zu segeln und wie die ELKOUBA unser Glück von Norden her zu versuchen. Diese Routenwahl bietet uns also zwei Alternativen, wie wir unser Ziel erreichen können.

Zum Abschied von der Zivilisation am Abend noch ein Festmenü für die Crew plus Sarah und Lindsay: Lachs gekocht und exzellent zubereitet von Alfons, unserem phantasievollen „Chefkoch" auf dieser Reise. Im normalen Alltag hat der 42jährige „geborene und gebürtige" Hamburger allerdings den nüchternen Beruf eines Steuerberaters, daneben ist er ein langjähriger Norwegenfreund und seit letztem Jahr spitzbergeninfiziert (zehn Tage Trekking in der Umgebung von Longyearbyen haben dazu genügt). Weiter gehören zu unserer Crew: Der 36jährige Anästhesist Wolfgang, der im letzten südlichen Winterhalbjahr als Schiffsarzt auf dem deutschen Forschungsschiff POLARSTERN in die Antarktis fuhr und im Gegensatz zu uns auch schon die totale Finsternis der Polarnacht kennengelernt hat. Der 29jährige

Maschinenbautechniker Frieder, der auf einer Nordkapreise zum „Mitternachts-Sonnenanbeter" wurde, und der 30jährige Medizinstudent Marius, Bergsteiger und Jäger, auf der Suche nach einer Frau fürs Leben. In Spitzbergen?

Segeln im Schein der Mitternachtssonne

Hack in der Barentssee – Hungrige Bären auf Hopen –
In der Eismühle der Tausend Inseln – Walroß-Szene,
nicht Walroß-Zähne

Sarah und Lindsay wollen erst am nächsten Morgen auslaufen, also sagen wir: „Auf Wiedersehen in Spitzbergen!" Bei uns aber heißt es bereits um Mitternacht Leinen los. In Tromsö ist es um diese Jahreszeit fast taghell. Zunächst geht es erst einmal 50 Seemeilen unter Maschine durch Norwegens Fjorde, bis gegen Morgen schließlich offenes Wasser vor uns liegt. Der Zündschlüssel wird zurückgedreht. 400 Seemeilen sind es bis Hopen, wir setzen Groß und Genua und können bei ostnordöstlichen Winden den Kurs gerade noch anliegen. Endlich wieder Segeln! Die Luft ist frisch. In Overalls gehüllt, genießen wir die wärmenden Sonnenstrahlen und die Ruhe an Deck. Aber bald schon bezieht sich der Himmel mit grauem Gewölk, und die See wird steil und unangenehm. Seekrankheit meldet sich – beim einen mehr, beim anderen weniger –, ganz wie gehabt. Aber auch diesmal haben wir uns bald an die Schaukelei gewöhnt.

Nicht so schnell gewöhnen können wir uns an die taghellen Nächte, denn es ist gar nicht so leicht, dabei einen normalen Tagesablauf zu finden. Unser Zeitgefühl ist total gestört. Die innere Uhr, die unseren biologischen Rhythmus, unseren Schlaf- und Wachzustand kontrolliert und natürlich auch all unsere anderen Körperfunktionen, versagt unter den völlig verschobenen Umweltbedingungen. Auch das Bordleben selbst mit seiner unnatürlichen Wacheinteilung trägt dazu bei. Diese Erfahrung haben wir schon vor sechs Jahren gemacht, als wir mit der FREYDIS in die sommerliche Antarktis segelten. Aber für Leute wie uns aus niedrigeren Breiten bedeuten die hellen Nächte immer wieder ein ganz eigenartiges, tiefgehendes Erlebnis. Die Mitternachtssonne empfinden wir als eine der faszinierendsten Erscheinungen der Natur. Nicht ohne Grund lockt ihr Schein Sommer für Sommer Tausende von Touristen wie Mondsüchtige an.

In den nächsten zwei Tagen legt der Wind noch zu. Mit sieben Beaufort weht es weiterhin aus Ostnordost. Wasser und Himmel sind grau, die Mitternachtssonne bekommen wir in diesen Tagen nicht zu sehen. Wir durchqueren die Barentssee, den sehr flachen Ozean über dem Kontinentalschelf zwischen Norwegen und Svalbard. Er ist nirgends tiefer als 460 m und bekannt wegen seiner hohen, brechenden Seen. In dem Gebiet, in dem wir uns befinden, ist das Meer nicht einmal 200 m tief, kein Wunder also, daß sich schnell eine gewaltige Wogenlandschaft um uns aufbaut, mit durcheinander stürzenden Wasserfällen. Unter zweifach gerefftem Groß und Fock III hackt die FREYDIS trotzdem wie wild geworden durch die Brecher, die immer wieder an Deck schlagen und sich ins Cockpit ergießen.

Hoch am Wind klappert das Schwert. „Klappern" ist allerdings leicht untertrieben. Das Spiel des Schwerts in seinem Kasten hat im Lauf der Jahre zugenommen. Jetzt schlägt es dumpf in unregelmäßigen Abständen, ein äußerst unangenehmes Geräusch. Beim Bau des Schiffes haben wir für diesen Fall unten am Schwertkasten einen Bolzen angebracht. Es wird Zeit, daß wir den Bolzen anziehen und damit den Spielraum verringern. Bisher haben wir davon noch nie Gebrauch gemacht.

Am Mittag des dritten Tages haben wir erst die Hälfte der Strecke nach Hopen geschafft. Als es endlich am nächsten Morgen aus Ost weht, können wir wenigstens bei halbem Wind einen etwas raumeren Kurs laufen; die Bolzerei hat ein Ende. Die Reffs werden ausgeschüttelt, die FREYDIS tanzt nun geradezu über die Wellen. „Es ist wie Achterbahnfahren, nur schöner", begeistert sich Alfons, der am Ruder steht. „Man kann Tag und Nacht fahren und muß nicht extra dafür bezahlen."

Nebelschwaden ziehen plötzlich übers Wasser. Am Abend des vierten Tages sind es noch 60 sm bis Hopen; wir müssen in diesem Gebiet bereits mit Treibeis rechnen. Kein angenehmer Gedanke, da sich die weißen Schaumkronen der See im Nebel nur schwer von treibenden Eisschollen unterscheiden lassen. Gott sei Dank kommen uns aber noch keine in die Quere.

Außerdem machen wir uns Sorgen, ob wir wegen des hohen Seegangs die Insel überhaupt anlaufen können. Hopen auf 76°30′ N ist eine 37 km lange, sehr schmale Insel ohne natürlichen Hafen und ohne die kleinste schützende Bucht. Ihre Ufer sind Wind und Wellen preisgegeben. Wo sollen wir ankern? Wo haben wir eine Chance, an Land zu kommen? Nach dem Studium von Seehandbüchern und Karten glauben wir, in einer ganz flachen Bucht im Südwesten ankern zu können, genau gegenüber einer Wetterstation, die an der Ostseite liegt, etwa vier Seemeilen nördlich von Kap Thor, der Südspitze.

Ungefähr sieben Seemeilen vor Hopen – wir nehmen wenigstens an, daß dies unser Standort ist – wecken wir den Skipper. Es ist 06.00 Uhr früh, die Sicht immer noch miserabel. Von der Insel nach wie vor nichts zu sehen. Ob wir uns tatsächlich sieben Seemeilen vor Hopen befinden, steht buchstäblich in den Sternen. Da wir keine Nacht hatten und sich auch weder die Tages- noch die Mitternachtssonne sehen ließ, war uns eine Höhenmessung zur Standortberechnung nicht möglich. Unser Koppelort ist nach der langen Distanz, die wir zurückgelegt haben, sehr unsicher. Es bleibt uns nichts anderes übrig, als den Angaben des Sat-Nav zu vertrauen, die allerdings wegen fehlender Landmarken oder Seezeichen bisher nie überprüft werden konnten. Ob wir richtig liegen, wissen wir erst, wenn die Insel Hopen in Sicht kommt – falls sie überhaupt in Sicht kommt. Über UKW versuchen wir vergeblich, Kontakt mit der Wetterstation aufzunehmen; die Leitung bleibt stumm.

Nach einer Stunde anstrengenden Ausgucks ahnt Erich mehr als er sie sieht: eine dunkle Linie, die sich an Steuerbord querab im Dunst abzeichnet. Er schaut durchs Glas und ist erleichtert. „Land in Sicht!" tönt es gleich darauf so laut durchs Schiff, daß auch die Wachfreien sofort aus ihren Kojen krabbeln, um den immer intensiver hervortretenden Streifen am Horizont in Augenschein zu nehmen. Langsam gewinnt er Konturen, ein tafelförmiges Gebirge ist zu erkennen, das sich düster aus dem Wasser hebt: Kap Thor. Nun zeigt sich, daß wir beinahe an der Insel vorbeigesegelt wären. Wir hatten das Kap bereits passiert, als wir sie doch noch entdeckten. Der Sat-Nav hatte unseren letzten Standort fünf Seemeilen zu weit nördlich angezeigt. Hätten wir Kap Thor nicht auf Anhieb gefunden, wäre uns nichts anderes übrig geblieben, als eine Stunde später einen langen Schlag nach Norden zu machen und dann so lange nach Westen und Osten zu segeln, bis wir auf die Insel gestoßen wären. Oder wir hätten beidrehen und auf die Sonne warten müssen, um unseren Standort astronomisch zu berechnen – nicht anders, als es die früheren Seefahrer auch getan haben.

Wir halten auf die Westseite der Insel zu und finden dort tatsächlich die flache Mulde, die in der Karte des Nordpolar-Instituts von 1949 (eine neuere war nicht zu bekommen) als Ankerplatz eingezeichnet ist. Björnsletta – Bärenbucht – heißt sie, wobei sie allerdings die Bezeichnung „Bucht" nicht ganz verdient. Wie's mit den Bären ausschaut, können wir noch nicht beurteilen.

Der Anker fällt in acht Meter Wassertiefe auf felsigen Grund. Im starken Schwell schwankt die FREYDIS wie ein betrunkener Gaul. Mißtrauisch beäuge ich den weißen Brandungssaum am Ufer. Eine Landung scheint möglich. Erich und Frieder wollen Ankerwache gehen. Wir liegen zwar in Lee von Land, aber was heißt schon Lee bei einer maximal zwei Kilometer breiten Insel? Bei dem ablandigen Wind können wir die FREYDIS nicht allein lassen. „Ihr solltet aber so bald wie möglich versuchen, zur Station zu kommen", meint Erich. „Wer weiß, ob sich das Wetter nicht noch weiter verschlechtert." Aufgeregt wie ich bin, kann ich den Landgang kaum erwarten. Noch einmal versucht Alfons, die Station über UKW anzurufen, bekommt aber auch jetzt keine Antwort. „Entweder die schlafen noch, oder die Berge schirmen uns ab", brummt er enttäuscht.

Während Frieder und Wolfgang das Dingi aufblasen, hole ich unser Gewehr aus dem Schrank. Für den äußersten Notfall erklärt mir Marius, ein passionierter Jäger, in aller Eile, wie dieser „Bärentöter" geladen und gesichert wird, wie man ihn entsichert und damit schießt (das Treffen ist dann Glückssache). Anschließend nimmt Alfons, ebenfalls ein erfahrener Jäger, die Waffe in seine Obhut. Marius steckt seinen Magnum-Revolver ein, mit dem er seiner Meinung nach jeden Bären erlegen kann. Ich habe an meiner 16-mm-Kamera genug zu schleppen; als Bärenschutz hänge ich mir eine Trillerpfeife um den Hals, deren schriller Ton Bären in die Flucht schlagen soll – so habe ich gelesen. Derart gerüstet, setzen wir zu viert mit dem Dingi an Land über. Meine Hoffnung hat sich erfüllt, die Insel scheint ihren Namen zu Recht zu tragen. Hopen heißt sie übrigens nach dem Schiff HOPEWELL (gute Hoffnung) des britischen Walfängers Maraduke, der die Insel 1613 aufsuchte und auch als ihr Entdecker gilt.

Einige Meter vom steinigen Strand entfernt, an dem (ähnlich wie auf Jan Mayen) massenhaft Baumstämme angeschwemmt sind, steht

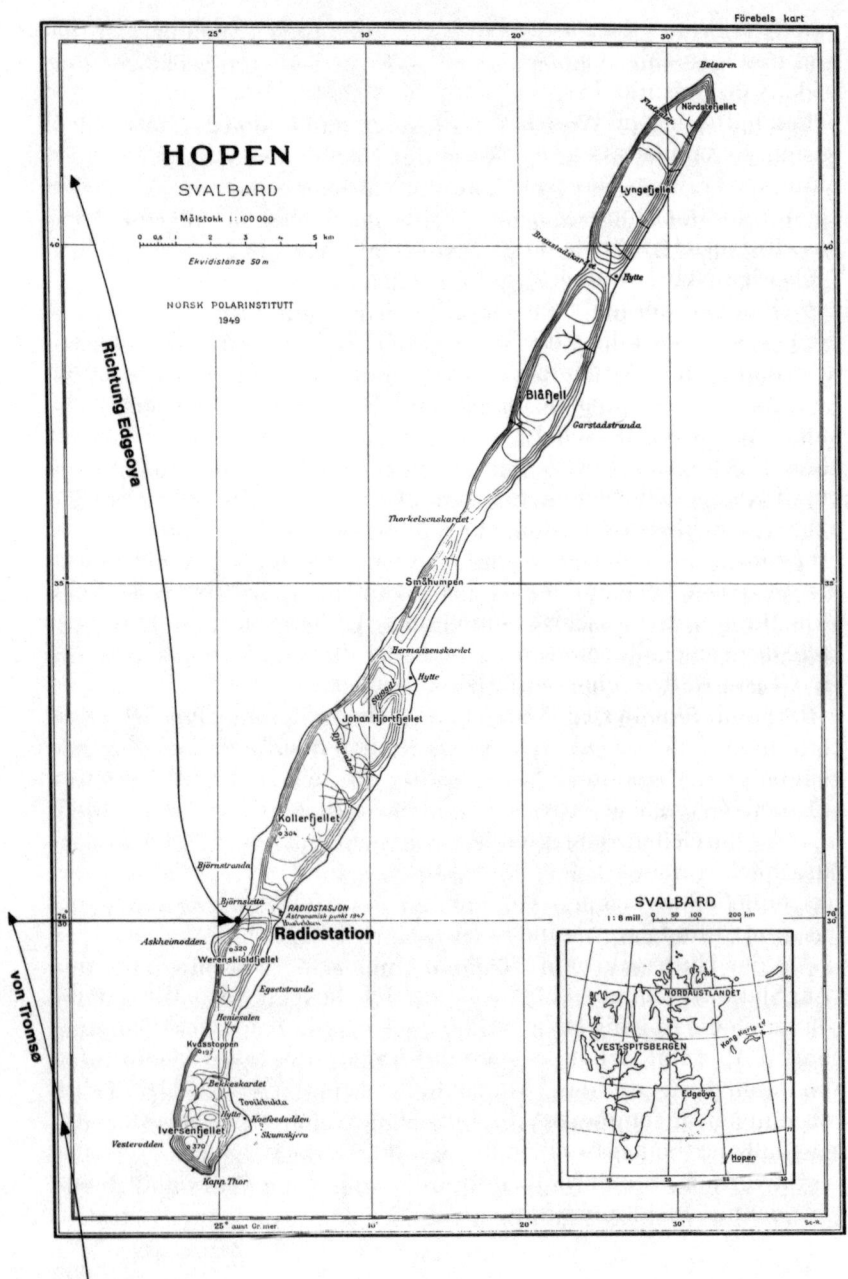

HOPEN

SVALBARD

Målstokk 1 : 100 000

0 0.5 1 2 3 4 5 km

Ekvidistanse 50 m

NORSK POLARINSTITUTT
1949

Richtung Edgeøya

von Tromsø

Belsøren

Nordstefjellet

Lyngefjellet

Hytte

Blåfjell

Garstadstranda

Thorkelsenskardet

Småhumpen

Hermansenskardet

Hytte

Johan Hjortfjellet

Kollerfjellet

Björnstranda

Björnslätta

RADIOSTASJON
Radiostation

Askheimodden

Werenskiöldfjellet

Eggetstranda

Hornmalen

Kvdsstoppen

Bekkeskardet

Hytte Tovikhöda

Koefoedodden

Iversenfjellet

Vesterudden Skumskjeru

Kapp Thor

SVALBARD

1 : 8 mill. 0 50 100 200 km

NORDAUSTLANDET

VEST-SPITSBERGEN

Edgeøya

Hopen

eine Blockhütte, die unsere Neugierde erregt. Ihr Mobiliar – Tisch und Bett – ist halb verrottet, auf dem Boden liegt ein leerer Wassersack. Nahrungsmittel kann ich keine entdecken. Es scheint also keine Schutzhütte zu sein. Ganz in der Nähe steht ein merkwürdiges Holzgestell. Es sieht aus wie eine Schlachtbank mit einem großen Haufen plumper, kräftiger Knochen darum herum, die teilweise mit grünlichem Schimmel überzogen sind. Wir tippen auf Bärenknochen. Sollte das Holzgestell der Rest einer Bärenfalle sein?

Da der Nebel immer dichter wird, können wir den Einschnitt zwischen den Bergen, den Erich von Bord aus gesehen hat und von dem er meint, er müsse direkt zur Station führen, nicht mehr finden; deshalb nehmen wir einen beliebigen Hang in Angriff. Zur anderen Seite kommen wir über die niedrigen Berge allemal – glauben wir. Bei einer Sicht von oft weniger als zwanzig Metern klettern wir über Hänge mit losem Geröll, die uns bald endlos erscheinen, stapfen durch Schneefelder, hangeln uns über Miniaturgletscher und waten über moosbedeckte, sumpfige Plateaus. Tellergroße Tatzenabdrücke im Schnee und weichen Morast, die wir eindeutig als Bärenspuren identifizieren, lösen immer wieder Diskussionen darüber aus, ob die Expedition nicht besser abzubrechen sei. Aber keiner kann sich so recht dazu entschließen. Der Gedanke an ein interessantes Gespräch, eine Tasse Kaffee, eine heiße Dusche auf der Station ist einfach zu verlockend. Jedes Mal gehen wir aufs neue weiter, bleiben aber dicht beisammen und sichern ständig nach allen Seiten (so gut das eben geht bei zehn bis zwanzig Metern Sicht). Endlich, nach zwei Stunden mühsamen Aufstiegs, erreichen wir eine solide Hütte, die umgeben ist von zahlreichen verstagten Antennen. Kein Zweifel, wir haben es tatsächlich geschafft, den höchsten Punkt der Insel zu erreichen: Iversenfjellet mit seiner 370 m Höhe über dem Wasser. Wenn das bei unserem „Blindgang" keine Leistung ist!

Von der Hütte führt ein dickes Kabel hinunter zur anderen Seite. „Zur Station", schließen wir messerscharf und folgen ihm vertrauensvoll durch die milchig trübe Suppe – bis wir plötzlich vor einem gähnenden Abgrund stehen, in dem das Kabel senkrecht verschwindet. Von unten dringt nur das Tosen wilder Brandung herauf. Der Traum von einigen angenehmen Stunden in der Station ist ausgeträumt, jedenfalls für heute. Noch weiter im Nebel herumzuirren, wäre unverantwortlich, zumal Marius den Kompaß, den er in seinem Rucksack glaubte, nicht mehr finden kann.

Nach einem weiteren Gewaltmarsch kommt zu unserer Erleichterung die kleine Blockhütte am Strand wieder in Sicht, und dort findet Marius auch seinen Kompaß. Wir sind klitschnaß und erschöpft, als wir schließlich an Bord klettern. Trotzdem möchte keiner von uns dieses Erlebnis missen. Nach den langen Tagen an Bord war es für alle eine Wohltat, sich einmal physisch richtig auszuarbeiten. Aber unser Ziel, die Station? Wir wissen nicht einmal genau, ob sie überhaupt von dieser Stelle aus erreicht werden kann oder ob Abgründe uns den Weg versperren. Ob wir morgen noch eine Chance bekommen?

In der Nacht muß konsequent Ankerwache gegangen werden. Der Wind pfeift durch die Takelage, und die FREYDIS zerrt rasselnd und scharrend ihre Ankerkette über den felsigen Grund. In diese Geräuschkulisse mischen sich die hellen Kittiwääk-Schreie vieler hundert Dreizehenmöwen, die auf der kleinen Sandbank im Süden der Bucht fischen, wo trotz des ablandigen Windes starke Brandung steht. Immer wieder fliegen sie suchend über den hoch aufwirbelnden Gischt, um sich dann jäh in die Fluten zu stürzen und sich bald wieder schluckend und würgend daraus zu erheben. In ruhigerem Wasser piepsen die Stimmchen der kaffeebraunen Teiste, deren blendendweiße Flügelschilder und lackrote Füße wie modische Accessoires wirken. Sie alle scheinen reiche Beute zu machen. Ab und zu taucht ein Robbenkopf aus dem Wasser und peilt rundum die Lage.

Auch ich peile während meiner Ankerwache und bin recht zufrieden. Vom dichten Treibeis, das Hopen noch vor zwei Wochen umgeben haben soll, ist nicht mehr viel übrig geblieben. Nur ein paar Bröckchen schwimmen noch um die FREYDIS. Der Nebel verflüchtigt sich langsam, die Sonne dringt durch und wirft einen Goldschimmer auf die kargen, nur wenig moosbewachsenen Hänge der Tafelberge. Jetzt kann ich auch den sattelförmigen Einschnitt erkennen, durch den wir hätten gehen müssen, um zur Station zu kommen. Gute Aussichten jedenfalls für einen neuen Versuch.

Um acht Uhr morgens strahlender Sonnenschein und klare Sicht, als wäre es nie anders gewesen. Aber dem ruhigen Wetter kann man in diesen Breiten nicht trauen. Alfons bleibt an Bord, der Rest der Crew macht sich gemeinsam auf den Weg. In einer knappen halben Stunde – die Insel ist an der Stelle des Einschnitts nur eineinhalb Kilometer breit – erreichen wir ohne größere Anstrengung die Ostküste, an der noch immer eine üble Brandung steht. Dicht am Strand liegt die Station, ein größeres Holzhaus, umgeben von Parabolspiegeln und zahllosen Antennen; davor beginnen ein halbes Dutzend Schlittenhunde laut zu heulen, als sie uns bemerken, was hier aber eher Ausdruck freundlicher Begrüßung ist. Gleich darauf werden wir von den einzigen Bewohnern der Insel, den vier Stationsmitgliedern, mit offenen Armen empfangen.

Bald sitzen wir bei einem gemütlichen Kaffeeplausch zusammen. Die Funker und Wetterbeobachter Geir, Oddmund und Svein haben schon mehrmals nicht nur auf Hopen, sondern auch auf Jan Mayen, der Bäreninsel und einigen Stationen Spitzbergens überwintert. Aber hier auf Hopen seien sie am liebsten, meinen sie übereinstimmend. In der strengen Wildnis dieser entlegenen Insel zu leben und zu arbeiten, mit sich selbst und den Naturgewalten verantwortungsbewußt zurechtzukommen, empfinden sie als besondere Herausforderung und gleichzeitig als einen Quell tiefer Freude. Das klingt zwar etwas emphatisch, aber echt, und stimmt sicher auch. Nur Alf, der Koch, erst seit zwei Monaten auf Hopen, wird die Station schon am nächsten Tag wieder verlassen. Dem ehemaligen Smut auf großen Überseeschiffen ist es hier zu trist, er hat sich entschlossen, wieder anzuheuern. Die übrigen drei sind etwas aufgeregt, denn an Stelle von Alf wird eine junge Köchin erwartet: das erste weibliche Stationsmitglied auf Hopen!

Wir erzählen von unserer Nebeltour am Vortag und fragen, ob unsere Angst vor Bären berechtigt ist. Ein paar Bären, erfahren wir, treiben sich meist noch im Sommer auf Hopen herum: Zuspätkommer, welche die letzte Eisscholle Richtung Norden verpaßt haben. Schlimm ist, daß sie hier nichts zu fressen finden und hungern müssen. Von Geir, einem Freund des Eisbärenspezialisten Thor Larsen, erfahren wir zu unserem Erstaunen, daß kräftige Bären bis zu einem halben Jahr ohne Nahrung auskommen können. Die hungrigen Tiere sind dann natürlich eine Gefahr für Menschen, obwohl diese sonst nicht auf dem Speisezettel der Bären stehen, da sie sich lieber von Speck als von Fleisch ernähren. „Beruhigend", meint Marius, der schlankste der Crew. „Dann hätte ich ja noch eine Chance gehabt."

Geir zeigt uns einen eindrucksvollen Videofilm von Bären, die im Winter an der Station vorbeikamen. Er hat ihn im letzten Februar aufgezeichnet. Wir erfahren auch, daß an manchen Tagen bis zu 20 Bären unten am Strand vorbeilaufen, besonders neugierige kommen sogar aufs Stationsgelände und untersuchen die dort aufgestellten Instrumente. Meist werden die unerwünschten Eindringlinge aber von den Schlittenhunden, die übrigens größtenteils aus Grönland stammen, rasch wieder vertrieben. Selten wird ein Hund von einem Bären verletzt oder gar getötet, denn die Hunde sind viel schneller und wendiger. Geir: „Ehe ein Bär sich einmal dreht, ist ein Hund schon dreimal um ihn herumgefegt." Es gebe auch besonders dreiste Bären, erzählt er, die sich von den Hunden nicht verjagen lassen, ja selbst auf Warnschüsse aus Signalpistolen nicht reagieren. Die müssen dann meist erschossen werden wie jener, dem es 1979 gelang, bis in den Eingang des Stationsgebäudes vorzudringen, und dessen prächtiges Fell – es mißt von Kopf bis Schwanz 3,14 m – die Wand im Aufenthaltsraum ziert.

Svein, früher selbst einmal Trapper mit einer stattlichen „Bärenabschußliste", zeigt mir eine halb verfallene Blockhütte nahe der Station, ähnlich der, die wir in unserer Bucht fanden. „Hier hatten 1908 zwei norwegische Trapper ihr Winterquartier", berichtet er. „Sie stellten mehrere Bärenfallen entlang der Küste auf und erlegten 78 Bären." Auch die Hütte in Björnsletta sei eine alte Trapperhütte und die „Schlachtbank" davor tatsächlich der Rest einer Bärenfalle (ein kistenähnliches Ding mit Köder auf einem Holzgestell. Sobald der Bär den Kopf in die Kiste steckt, um sich den Köder – ein Stück Robbenspeck – zu holen, löst er einen Selbstschußmechanismus aus).

Geir, mit dem ich mich übrigens auf Anhieb besonders gut verstehe – wir haben viele gemeinsame Interessen, und besonders die Tierwelt der Arktis ist für uns beide ein unerschöpfliches Thema –, zeigt mir stolz einen 50 cm langen und 1 ½ kg schweren Walroßzahn, den er vor ein paar Tagen bei einem Spaziergang am Strand entdeckt hat. „Der größte Walroßzahn, der bisher auf Hopen gefunden wurde, war sogar einen Meter lang und wog ganze sieben Kilogramm", erzählt er. „Kein Wunder, daß die Walroßjagd früher ein einträgliches Geschäft war." Heute kommen nur noch ganz selten Walrosse an die Strände Hopens. Wenn wir welche sehen wollen, sollen wir auf unserem Weg zur Hinlopenstraße die kleine Insel Bölschenöya anlaufen, die an der Südspitze Edgeöyas liegt. Dort hat Geir im vergangenen Jahr eine kleine Herde Walrosse gesehen, die vielleicht noch dort ist. Im übrigen sei die Zahl der Tiere, seit sie 1952 geschützt wurden, im Gebiet des Svalbard-Archipels wieder auf etwa 500 angestiegen. Ich begleite Geir nach draußen, er füttert die Hunde mit getrocknetem Robbenfleisch. Sie sind sehr zutraulich, man sieht ihnen die Pflege an. „Gute Schlittenhunde sind mutige Beschützer und brave Begleiter, eine

Bande wahrer Freunde in der Wildnis." Geir streichelt liebevoll die übermütig an ihm hochspringenden Gesellen.

Oddmund, der Stationsälteste, der viel über Hopens Geschichte zusammengetragen hat – irgendwann will er ein Buch darüber schreiben –, erzählt uns einiges davon. Hopen war im Zweiten Weltkrieg Sitz eines deutschen Wetterbeobachtungspostens gewesen. Aus dieser Zeit stammt auch das wehrmachtsgrüne Siemens-Funkgerät, Baujahr 1940, mit der Aufschrift „Feind hört mit", das noch mehrmals täglich im Einsatz ist und bei dem bisher so gut wie keine Reparaturen nötig waren. In der Umgebung der Station besuchen wir auch einen Gedenkstein mit dem Namen der Russen, die während des Krieges mit ihrem Schiff DEKABRIST Opfer deutscher Torpedos wurden. Nach dem Krieg wurde die Wetterstation von den Norwegern übernommen. 1987, also im Jahr unseres Besuchs, feiert sie ihr 40jähriges Bestehen. Im letzten Jahr wurde übrigens ein Empfangssystem für das Satellitenfernsehen installiert. „Ein großes Glück für uns", schmunzelt Oddmund, „jetzt können wir wenigstens jede Woche ‚Denver' und ‚Dallas' sehen."

Für uns dagegen sind die heißen Duschen, die wir hier nehmen dürfen, ein ganz besonderes Vergnügen, an dem natürlich auch Alfons teilhat, der inzwischen von Frieder auf der FREYDIS abgelöst wurde. Das Wasser für die Duschen kommt im Sommer aus einem kleinen Bach. Im Winter muß Schnee geschmolzen werden. Und zum krönenden Abschluß unseres Stationsbesuchs lädt Alf uns zum Dinner ein. Es gibt gekochten Lachs mit Pellkartoffeln und Gurkensalat, danach frische Erdbeeren mit Schlagsahne. Von einem solchen Essen haben die alten Trapper auf Hopen nur träumen können.

Es ist schon spät, Skipper Erich bläst zum Aufbruch. Schweren Herzens verlassen wir die gastliche Station. Svein und Geir begleiten uns im hellen Licht der Mitternachtssonne auf unserem Weg zurück zur FREYDIS. Wir nehmen Abschied von der Insel der Hoffnung und ihren modernen Eremiten.

Zu Hause in Deutschland finden wir später zu unserer großen Freude einen Brief von Geir aus Hopen vor, in dem er uns über zwei Ereignisse informiert, die nach unserer Abreise auf der Insel passiert sind. Zunächst berichtet er über ein deutsches Notfalldepot aus dem Zweiten Weltkrieg, das sie entdeckt haben. Neben Waffen enthielt es ein Zelt, Kleidung, Notproviant und einen Ofen. Sie fanden es mit Hilfe einer Karte, die in einem kurz zuvor erschienenen Buch

„Wetterflieger in der Arktis" des deutschen Autors Franz Seliger veröffentlicht wurde. Wesentlich stärker bewegt mich aber die zweite Neuigkeit: Kurz nach unserer Abreise fuhr Geir zusammen mit der neuen Köchin im Zodiak zu einer wissenschaftlich genutzten Hütte, die 10 km nördlich der Station liegt. Als er in die Hütte eintreten wollte, verstellte ihm ein Bär den Weg, den er aber glücklicherweise mit einer Platzpatrone in die Flucht schlagen konnte. Der Bär war bereits in die Hütte eingebrochen und hatte dort einige Verwüstungen angerichtet. Weil er aber eine ständige Bedrohung der Hütte und Menschen bedeutete, hielt Geir es für das Klügste, ihn zu erschießen. „Es war einer der traurigsten Augenblicke meines Lebens", schreibt er. „Ich liebe diese Tiere sehr und hoffte, nie in meinem Leben eines töten zu müssen. Aber manchmal ist es doch nicht zu vermeiden." Im Magen und Darm des Bären habe sich keine Nahrung befunden, er sei also ausgehungert gewesen. Zwei Tage später habe Svein auf der Station ebenfalls einen hungernden Bären erlegen müssen. Sicherlich seien noch immer einige auf der Insel, aber sie hofften sehr, keine mehr erschießen zu müssen.

Es ist 06.00 Uhr früh, als wir ankerauf gehen, um weiterzufahren. Kaum haben wir die Bucht unter zwei Reffs verlassen, da zeigt sich der vorher so unfreundlich heftige Wind von seiner besten Seite. Erst jetzt geht uns ein Licht auf: Wir haben genau in einer Winddüse unter dem sattelförmigen Inseleinschnitt gelegen! Nun weht es so schön sanft aus Ostnordost, daß wir sogar unter Blister unserem Ziel entgegenlaufen können: Edgeöya, der östlich des Archipels gelegenen drittgrößten Insel Svalbards.

Die Sonne scheint wie bereits die ganze Nacht immer noch so freundlich vom wolkenlosen Himmel, als hätte sie einiges nachzuholen. Nach dem kräftigen Frühstück entfalten sich an Deck rege Aktivitäten, Kleidungs- und Ausrüstungsstücke werden nochmals für schlechtere Zeiten „hoch"gerüstet. Die Stimmung an Bord ist so ausgezeichnet, daß unsere gute Laune selbst unter dem bald einschlafenden Wind kaum leidet. Nun muß eben der Motor herhalten (für diese Reise hat sich der Skipper zum Flautenmotoren breitschlagen lassen).

Die „dunkle Wolkenbank" am Horizont, die uns schon gleich nach dem Verlassen der Bucht aufgefallen ist, entpuppt sich als die noch 50 sm entfernte Edge-Insel (Edgeöya). Es ist wieder mal kaum zu glauben! Die erstaunliche Weitsicht in der sauberen Arktisluft hat uns wie schon öfter zu einer völligen Fehlbeurteilung der Distanz verleitet. Ohne Karte hätten wir uns grandios verschätzt.

Wir überqueren die flache, maximal 70 m tiefe Storfjordbank, über die der Ostspitzbergenstrom eiskaltes Wasser aus dem Polarbecken spült. Bei starkem Wind muß die See hier geradezu kochen, aber wohl uns zuliebe ist sie im Augenblick nur ein wenig gekräuselt. Da wir wegen der ständigen nordöstlichen Winde im Osten Edgeöyas große Mengen Packeis befürchten, haben wir uns entschlossen, lieber in Lee, also im Westen, an der Insel entlangzulaufen. Durch den mehr als 30 sm breiten Storfjord zwischen Spitzbergen im Westen und Edgeöya bzw. Barentsöya im Osten und dem schmalen Freemansund, der Edgeöya von Barentsöya trennt, wollen wir dann in die Hinlopenstraße einbiegen. Das hat zudem den Vorteil, daß Bölschenöya, die kleine Insel, die Geir uns als „walroßverdächtig" genannt hat, quasi auf unserem Weg liegt. Andererseits ist aber eine kritische Eiskonstellation im schmalen Freemansund nicht auszuschließen.

Bei Alfons' Leibgericht, grünen Tortellini mit Käse-Sahne-Soße, überqueren wir gegen Mittag den 77. Breitengrad. Die See wird langsam immer flacher. Das Echolot schwankt zwischen nur noch 10 und 20 m, als wir uns den Tusenöyane nähern, einem schier unglaublichen Gewirr aus kleinen und kleinsten Inseln, das südlich der Südwestküste Edgeöyas über eine große Fläche verstreut liegt. Dieses Seegebiet gilt als eines der gefährlichsten Svalbards, nicht nur weil viele dieser „Tausend Inseln" mit ihren Klippen und Untiefen kartographisch noch gar nicht erfaßt sind; auch treten in den flachen Gewässern zwischen ihnen und der Küste Edgeöyas starke, unberechenbare Gezeitenströme auf, wobei „die Eisberge vom Kong-Johanns-Gletscher und Packeis mit großer Geschwindigkeit hin- und hertreiben" (Seehandbuch). Kein Wunder, daß die Tusenöyane in alten Karten auch Hopeless Isles (hoffnungslose Inseln) heißen.

Und schon haben wir es wieder um uns, das Eis, beständiger, treuer und schöner Gefährte der Arktis. Wie eine riesige Herde hirtenloser Schafe ziehen die Schollen in diese und jene Richtung, eilen hierhin und dorthin, stoßen aufeinander, verweilen und laufen auseinander. Auch für uns, die wir das Eis nun schon in vielen Formen kennen, ist es wieder ein großartiges und aufregendes Erlebnis, Teil dieser Herde zu sein; allerdings mit der Hoffnung, daß sie nicht wild werde, uns nicht erdrücke und uns nicht von unserem Ziel abbringe.

Natürlich ist das keine blinde Hoffnung. Sie gründet sich auf die nicht gerade neue Erkenntnis, daß ein kleines Schiff im Eis durchaus seine Vorteile hat. Darüber berichtet schon Karl Koldewey, der mit seiner 19 m langen Yacht GRÖNLAND als erste deutsche Nordpolexpedition 1868 eine erfolgreiche Reise ins ewige Eis unternahm, auch nach Ost- und Nordspitzbergen. Er verweist auf die großen Entdecker Barents, Hudson und Baffin, die auch keine größeren Schiffe gehabt hätten:

„Mit einem kleineren Schiff kann man mit viel größerer Leichtigkeit und dabei mit weniger Gefahr zwischen den gewaltigen Eismassen sich hindurchwinden, als mit einem großen – und ich bin überzeugt, daß kein größeres Segelschiff in diesem Jahr tiefer ins ‚grönländische‘ Eis hätte eindringen können, als wir es getan haben."

Abwechselnd klettern Frieder und Marius in den Mast, um Ausschau zu halten und uns den richtigen Weg durchs Labyrinth zu weisen. Steuerbord voraus liegt Negerpynten, das Südkap Edgeöyas, mit seinen kahlen, scharfen 700 m hohen Tafelbergen. Gemäß Landsicht und Eisverhältnissen steuern wir langsam durch das Inselgewirr bis zur etwas abgelegenen Bölschenöya, bei der wir nach Walrossen Ausschau halten wollen. Mit gedrosseltem Motor umkreisen wir die Insel und suchen gespannt, aber vergeblich mit dem Fernglas die Buchten ab. Enttäuscht geben wir die mißlungene Suche auf und drehen wieder von der Insel ab.

Einige Zeit später haben wir aber doch noch unser Erfolgserlebnis. Es ist schon Abend, Erich und ich gehen Wache. Hundemüde stehe ich am Ruder und versuche mich aufs Eis zu konzentrieren, um gefährlichen Brocken rechtzeitig auszuweichen. Plötzlich werde ich hellwach: Voraus fliegen einige Möwen immer wieder über einer bestimmten Stelle auf und nieder, als hätten sie etwas Freßbares entdeckt; dort scheint außerdem das Wasser seltsam unruhig zu sein. Neugierig halte ich darauf zu und erkenne zu meiner großen Freude bald die schnauzbärtigen Kugelköpfe von drei Walrossen, die sich prustend und schnaubend im Wasser tummeln. Ich sause nach unten und hole meine Filmkamera. Im Nu sind auch unsere Crewkameraden an Deck. Immer wieder tauchen die Walroß-Kolosse dicht am Schiff auf und schauen mit großen Augen herauf, als wir mit unseren schwarzen Kästen, weit über die Reling gebeugt, sie möglichst eindrucksvoll aus der Nähe zu fotografieren suchen.

Seefahrer und Forscher der vergangenen Jahrhunderte haben Walrosse stets mit Beschreibungen bedacht, die sie sonst für vermeintliche Seeungeheuer gebrauchten: als Kreaturen von „unendlicher Häßlichkeit" oder „wahrhaft dämonischem Aussehen". Das waren Vorurteile, die sich nur aus der Urangst des Menschen vor der unergründlichen Weite des Meeres und seinen unheimlichen, Menschen bedrohenden Bewohnern erklären lassen. Auf uns dagegen machen die drei Gesellen mit ihren runzeligen Trollgesichtern und trotz ihrer mächtigen, elfenbeinernen Hauer einen eher gemütlichen und lustigen Eindruck. Offensichtlich sind sie gerade bei einem schmackhaften Picknick auf dem Meeresgrund. Erstaunlich, mit welcher Eleganz sich die massigen Tiere (Männchen werden bis zu vier Meter lang und zwei Tonnen schwer) im Wasser bewegen. Wie zwei Dolche ragen die Hauer, überdimensionale Eckzähne, aus ihren Oberkiefern. Sie eignen sich hervorragend zu „Eispickeln", mit denen sich die Tiere aufs Eis ziehen können; vor allem aber sind sie gefährliche Waffen, die ihnen alle natürlichen Feinde vom Leibe halten. Selbst Eisbären wagen sich nicht an sie heran.

Eine leichte Beute waren die Walrosse allerdings für Menschen, die sich meist einer raffinierten Jagdmethode bedienten. Von kleinen Booten aus wurden zuerst die Tiere harpuniert oder erschossen, die an Land der See am nächsten lagen. Den weiter hinten liegenden wurde durch den Kadaverwall der Weg ins rettende Wasser verbaut, sie konnten in aller Ruhe abgeschlachtet werden. Abgesehen hatte man es meist nur auf das Elfenbein. *„Wann der Wallroß getötet ist, hauet man ihm den Kopf ab, den Leib lassen sie liegen oder lassen ihn im Wasser treiben"*, schreibt Friedrich Martens. Aus den Zähnen wurden *„Messerschalen, Nießebüchsen und dergleichen zierliche Sachen"* angefertigt. In alten Berichten – auch bei Martens – liest man jedoch häufig, daß Walrosse sehr mutige und wehrhafte Tiere mit einem ausgeprägten Gemeinschaftssinn sind, daß sie verwundeten Artgenossen beistehen und sich sogar gemeinsam gegen die Jäger wehren; beschrieben wird, wie sie unter die Boote tauchten und sie zum Kentern brachten oder nicht selten Löcher in die Bootswände schlugen.

Unser Boot indes bleibt heil. Wir sind ja auch nicht als Jäger, sondern als friedliche Gäste hier. Wir ziehen Walroß-Szenen den Walroß-Zähnen vor und schleichen uns, nachdem wir diese „im Kasten" haben, fast lautlos, wie wir gekommen sind, wieder fort.

Rund Spitzbergen

*Fallböen im Freemansund – Lebensfeindliche Eiswüste Ostküste
– Der Bär bleibt Sieger – Wundergärten der Natur
– Arktische Taufe in warmen Quellen –
Naturschutzgebiet Moffen*

Die Treibeisfelder werden immer dichter. Der anhaltende Nordost-
wind hat das polare Drifteis nicht nur an die Ostküste Svalbards,
sondern auch ums Kap Negerpynten getrieben. Der ganze, an seinem
Eingang 19 sm breite Tjuvfjord ist voll davon. Wir fahren in großem
Bogen darum herum und halten uns westlich der nördlichsten Gruppe
der Tusenöyane. Trotzdem scheint es oft, als ginge es nicht weiter;
doch findet sich immer wieder im letzten Moment ein noch offener
Pfad im eisgepflasterten Meer. Wie auf ein „Sesam-öffne-dich" weichen die Schollen auseinander und lassen uns passieren – bei irgend-
jemandem müssen wir also etwas guthaben. Manchmal ist dieser Pfad
allerdings so eng, daß das Eis laut polternd an der Bordwand entlang-
schrammt oder uns sogar eine kleine Ewigkeit lang festhält. Ständig
müssen wir auf der Hut sein, um nicht festgekeilt, eingekreist oder
abgedrängt zu werden. Und natürlich beherrscht uns dauernd die
Sorge, ob das Packeis noch dichter wird. Dann müßten wir umkehren
und weiter im Westen einen neuerlichen Vorstoß versuchen.

Endlich aufatmen können wir erst, nachdem wir die steile, tief
zerfurchte Felsenhuk Kvalenpynten gerundet haben. Das Packeis
nimmt rasch ab und liegt bald nur noch als breiter weißer Saum
friedlich vor der Küste Edgeöyas. Die Gefahr ist vorbei. Zusätzlich
regt sich jetzt auch wieder der Wind, weiterhin aus Ostnordost. Groß
und Genua rauschen hoch, der Motor wird abgestellt, und dann kann
die FREYDIS nichts mehr aufhalten. Sie fliegt förmlich über die herr-

240

lich blaue, glatte See, als wäre auch ihr bewußt, daß die erste Hürde genommen ist. Vor uns liegt nun der breite Storfjord, in dem wir kein Eis mehr fürchten müssen. Die nächsten Schwierigkeiten, so kalkulieren wir, werden uns im Freemansund erwarten, in dieser nur drei bis fünf Seemeilen breiten Durchfahrt zwischen Edgeöya und Barentsöya zur Hinlopenstraße. Bis dahin sind es noch 35 sm.

An Steuerbord ziehen die tafelförmigen Berge Edgeöyas mit ihren an Zuckerguß erinnernden Gletscherkappen vorbei. An Backbord präsentiert sich in der Ferne das Bergpanorama Ostspitzbergens, das so verschieden ist vom Westteil der Insel. Während dort spitze, steil abfallende Berge kennzeichnend sind, haben hier gewaltige Gletscher die Bergspitzen abgeschliffen. Durch das Fernglas bewundern wir Wasserfälle, die an den zerfurchten Felswänden senkrecht in die Tiefe stürzen.

Gegen Mittag herrscht wieder Flaute. Den 78. Breitengrad können wir nur mit Motorhilfe überqueren. Nach dem Mittagessen – Ratatouille spezial à la Alfons – plötzliche Aufregung an Bord. In dieser gottverlassenen Gegend bekommen wir Besuch. Zwei graubärtige Männer legen mit einem Schlauchboot an der FREYDIS an. Es sind holländische Biologen, die in der Nähe von Kap Lee am Eingang in den Freemansund eine Hütte bezogen haben, um Rentiere zu beobachten. Die Ergebnisse sollen Aufschluß über Verhalten und Entwicklung von Populationen geben, die unberührt von menschlichen Eingriffen leben. Denn Edgeöya und Barentsöya, das gesamte Nordostland und ein an die Hinlopenstraße grenzender Streifen Nordwestspitzbergens bilden zusammen ein Naturreservat, in dem alles untersagt ist, was zu Störungen der Pflanzen- oder Tierwelt führen könnte. Hier darf weder Kohle abgebaut noch nach Öl gebohrt werden. Es dürfen keine Flugzeuge landen, keine Motorschlitten gefahren und keine Häuser gebaut werden, und natürlich darf auch nicht gejagt werden. Das Gebiet ist deshalb geradezu ein Paradies für Biologen wie die beiden Holländer, die schon seit zwanzig Jahren die Sommer hier verbringen.

Als sie aus ihrem Boot auf die FREYDIS steigen, fällt mir auf, daß sie keine Waffe bei sich tragen. Ich frage sie deshalb, ob es denn in Edgeöya keine Eisbären gebe? „Eine ganze Menge" antworten sie. „Aber wir kommen gut ohne Gewehr zurecht. Wir respektieren die Bären, und sie respektieren uns." Auf Erichs Einwurf, was denn passiere, wenn der „Bärenhunger" mal größer sei als der Respekt, zucken sie nur lachend mit den Schultern. Da die Wetterbedingungen optimal für ihre Arbeit sind, brechen die beiden bald wieder auf, und wir vergessen fast die wichtigste Frage: „Wie sieht's mit dem Eis im Freemansund aus?" – „Gut! Wenig Eis", tönt's schon vom Boot aus zurück.

Als wir wieder zu Hause sind, erfahren wir, daß die beiden holländischen Biologen bei Kap Lee von einem Bären angegriffen worden sind. Schwerverletzt konnten sie in ihre Hütte flüchten, wo sie von dem Bär belagert wurden. Drei Tage später wurden sie von der Besatzung eines holländischen Expeditionsschiffes entdeckt und an Bord genommen.

Die Einfahrt in die Hinlopenstraße scheint uns also gesichert. Erich und ich gehen erleichtert in die Koje. In den letzten Tagen haben wir uns wenig Ruhe gegönnt und daher einiges an Schlaf nachzuholen. Trotzdem, ganz verschlafen wir den Freemansund nicht. Immer wieder werden wir geweckt durch rasch wechselnde Windstärken von 0 bis 8 Bft und die damit verbundene Hektik an Deck. Dauernd ist irgendwas los. Zuerst Getrampel auf dem Vorschiff über mir, das Motorengeräusch verstummt. Schön, denke ich, wir haben wieder Wind. Segel werden gesetzt. Ein Blick aus dem Kojenfenster: Die FREYDIS läuft über glatte See. Dann plötzlich starke Schräglage, das sanfte Plätschern an der Bordwand hat sich in ein rasches, hohes Gurgeln verwandelt. Der Blick nach draußen bestätigt es mir: waagrecht über weißschäumende Wellen fliegt Gischt. Wildes Getrappel weist auf eiliges Reffen und Segelbergen hin.

Ich rücke mein Lee-Brett zurecht und bin froh, daß ich weiterschlafen darf. Da wird der Motor gestartet. Vor meinem Fenster: spiegelglatte See. Flaute, denke ich, seltsam ... Beim nächsten „Sturmgetöse" frage ich Erich, der auch aufgewacht ist: „Was machen die eigentlich da oben?" – „Wahrscheinlich sind Böen von den Gletschern schuld. Wenn sie nicht klarkommen, werden sie mich schon wecken." Er dreht sich auf die andere Seite und schnarcht weiter. Fallböen also, denke ich, ähnlich wie damals in den patagonischen Kanälen. Und doch sind diese Fallböen in ihrer Wucht nicht vergleichbar mit den bösartigen Williwaws, die wir in Patagonien erlebt haben, wo uns plötzliche Orkanböen das gereffte Großsegel aus der Großbaum-Nut rissen, wo unser größter Anker in einer Bö zu Bruch ging. Für den Unterschied gibt's eine einfache Erklärung: Die Anden sind

3000 m hoch, die hier zur See abfallenden Berge in der Regel nur 1000 m.

Als wir unsere Wache antreten und in die Hinlopenstraße einbiegen, tun wir das bei strahlendem Sonnenschein und einer leichten Backstagsbrise. Eis ist kaum zu sehen. Wir genießen erst mal die Sonne, die nun schon 72 Stunden lang Tag und Nacht für uns scheint, denn keiner kann uns sagen, wie es weiter oben im Norden aussieht. Dort verengt sich die Hinlopenstraße wie ein Trichter, in dem sich das Eis staut. Laut Seehandbuch wird die Straße von November bis Juni durch undurchdringliche Eismassen versperrt, völlig eisfrei ist sie zu keiner Jahreszeit.

Alfons und Frieder haben sich's im Heckkorb bequem gemacht, eine Kiste Bier vor sich, und Wolfgang und Marius liegen in Decken gehüllt auf dem „Sonnendeck", dem Vorschiff der FREYDIS. Um uns milchig trübes Gletscherwasser und geröllbedeckte Tafelberge, dazwischen Täler mit strahlend weißen Eisteppichen und grün schimmernden Eisbergen davor. Alken und Sturmvögel schwimmen wie Enten auf der glatten See; und immer wieder tauchen Barten- und Ringelrobben auf. Vor der gewaltigen Gletscherzunge des Brasvellbreen, die mit anderen Gletschern zusammen nahezu die gesamte Südostkante des Nordlandes bildet, treiben Hunderte von Eisbergen in die Hinlopenstraße hinein. Für uns besteht aber keine Gefahr, da wir, von einer Kette kleiner Inseln geschützt, dicht an der Küste Spitzbergens entlangsegeln. Geir hatte uns empfohlen, durch Björnsundet – den Bärensund – zu laufen, eine schmale Passage (an ihrer engsten Stelle nur eine Seemeile breit) zwischen der Küste und Wilhelmsöya. Karl Koldewey ankerte mit der GRÖNLAND an dieser sieben Seemeilen langen und fast ebenso breiten Insel im Verlauf seiner schon erwähnten Nordpolexpedition und benannte sie nach seinem Kaiser Wilhelm. Diese Durchfahrt sei landschaftlich besonders reizvoll, meinte Geir und hatte damit wahrhaftig recht: Großartige Gletscher- und Bergkulissen bauen sich in ständig wechselnden Formen und Farbschattierungen zu beiden Seiten dicht vor uns auf.

Alles ist außerordentlich beeindruckend in und um den Bärensund, nur: „Wann läßt sich denn endlich mal einer von diesen weißen Riesen sehen, von denen dauernd erzählt wird?" komme ich nicht umhin zu nörgeln. Das Eis wird immer dichter. Erich sucht mit dem Fernglas die Schollen ab. Ich muß daran denken, daß man Bären früher durch den Geruch von brennendem Tran anlockte, um sie dann abzuschießen. Diese Gebiete – teils Wasser, teils Eis – sind das Reich des Königs der Arktis. Hier ist sein Jagdrevier. Wenn wir hier keine zu sehen bekommen, wo dann? Ich merke, daß nicht nur ich von Ungeduld gepackt bin. Die Freiwache wünscht, bei geringstem Bärenverdacht sofort geweckt zu werden. Die großen Fünf Spitzbergens – Wal, Walroß, Eisbär, Robbe und Rentier – wollen schließlich alle mal gesehen haben auf ihrer Arktis-Safari. Sonst wäre das Ganze ja wie Kenia ohne Zebra, Elefant, Gnu oder Löwe – wie ein Fluß ohne Flußpferd!

Es ist Mitternacht, als wir vor dem breiten Eingang des Wahlenbergfjords ankommen, eines 25 sm tiefen Einschnitts ins Nordostland. Der Fjord ist mit Eisbergen und Meereisschollen geradezu vollgestopft. Oft zu abenteuerlichen Gebilden zusammengeschoben und übereinandergetürmt, drängelt das Eis aus dem mehrere Seemeilen breiten Eingang in die Hinlopenstraße hinein. Die Sonne steht tief am Himmel. Warmes, goldenes Licht liegt auf der kalten weißen Pracht. Wir sind gerade wieder dabei, die Schönheiten der Arktis unter der Mitternachtssonne zu bewundern, als wir plötzlich an einer Scholle vorbeisegeln, die wie ein blutiges Schlachtfeld wirkt. Da liegen die Reste einer Robbe! Obwohl wir die Begegnung so lange herbeigesehnt haben, trifft uns die Chance doch überraschend. Er muß in nächster Nähe sein, der Bär. Und tatsächlich liegt er auf einem kleinen Vorsprung der Scholle, ein großer Bär mit gelblichem Pelz, friedlich schlummernd nach der üppigen Mahlzeit. Erich ist vor Begeisterung kaum zu bremsen. Es hätte nicht viel gefehlt, und er wäre auf die Scholle gesprungen und hätte den Bären umarmt. Schließlich hat unser erster Eisbär in der freien Natur lange genug auf sich warten lassen.

Flüsternd alarmieren wir die übrige Crew, die mit unüblicher Gewandtheit und Lautlosigkeit mit ihren Kameras an Deck schleicht. Nur Marius hält seinen Revolver schußbereit für den Fall, daß der Bär von der Scholle aufs Schiff springen sollte. Plötzlich setzt sich Meister Petz, unser „obskures Objekt der Begierde", auf und mustert uns – neugierig, unwirsch? Das Schlagen der Segel im Wind oder das Klicken und Surren unserer Kameras hat ihn geweckt. Die Sache scheint ihm nicht geheuer. Vernünftig wie er ist, springt er ins Wasser und nimmt Reißaus. Mit killenden Segeln, aber unter Motor, holt ihn die FREYDIS rasch wieder ein. Mit seinem schlanken, gestreckten Körper und dem kleinen schmalen Kopf ist der Bär ein schneller

Schwimmer, aber die FREYDIS kann er nicht abhängen. Wenn wir ihm zu dicht auf den Pelz kommen, knurrt er böse. Schließlich erklimmt er die nächste Scholle. Dort zögert er, dreht sich nach uns um, reckt seinen langen Hals vor und schnüffelt. Als wir uns bis auf fünf Meter genähert haben, flieht er wieder. Mit bewundernswerter Geschicklichkeit und Eleganz läuft er über das unebene, scharfkantige Eis, um sich auf der anderen Seite erneut ins Wasser zu stürzen. Nun ist es an uns, aufzuhören. Wir wollen dieses Tier nicht hetzen, schließlich sind wir hier die Eindringlinge. Wir gehen auf unseren alten Kurs und trinken zur Feier des Ereignisses ein Glas Champagner. Und der Bär? Er schwimmt zurück zu seiner Scholle mit der von ihm gerissenen Robbe, an der sich inzwischen einige Polarmöwen gütlich tun. Sie sind, wie Wissenschaftler herausfanden, nicht nur Schmarotzer, sondern aktive Helfer des Bären bei der Ortung der Robbe und als solche zu einem Obolus berechtigt.

Vor uns liegt nun die sogenannte Nordpforte, der schmale nördliche Ausgang der Hinlopenstraße, zu beiden Seiten von riesigen Gletscherfronten flankiert. Die im Vergleich zur Westküste Spitzbergens deutlich niedrigeren Temperaturen im Nordosten, wo selbst im Sommer statt Regen nur Hagel und Schnee fallen, haben an der Küste Neufrieslands und im Nordostland die größten Gletscher des Landes entstehen lassen. Kapitän Koldewey hat schon recht, wenn er schreibt: *„Die Westküste von Spitzbergen ist ein wahres Paradies gegen diese traurigen, beinahe ununterbrochenen Eiswüsten an der Ostküste."*

Vor der über zehn Seemeilen langen Abbruchkante des Walhallagletschers, des größten zusammenhängenden Svalbardgletschers, schweben dichte weiße Nebelbänke. Im fahlen Sonnenlicht lassen sie das davorliegende Packeis und die Eisberge wie eine ferne Mondlandschaft erscheinen. Bei etwa zwei Knoten Gegenstrom kommen wir nur langsam voran, worüber wir nicht böse sind, da wir keinerlei Grund zur Eile haben. Zudem können wir uns kein schöneres, wilderes Spitzbergen vorstellen als das hier – und wir genießen es mit Muße und in vollen Zügen. Als Krönung betritt noch einmal der „König" das weiße Parkett. Marius entdeckt unseren zweiten Eisbären. Majestätisch wandert er langsam über die Schollen, kaum 100 m entfernt.

Auch auf der FREYDIS ist sofort wieder „der Bär los". Eilig werden die Segel geborgen, damit sie uns nicht bei schnellen Manövern im Weg sind. Unter Motor nähern wir uns langsam der Scholle. Als der Bär uns bemerkt, verharrt er und blickt ruhig zu uns herüber. Er ist größer als der erste und scheint mir auch kräftiger gebaut. Er macht keine überhasteten Bewegungen, alles wirkt wohldurchdacht und aufeinander abgestimmt. Langsam dreht er sich um, läuft im leichten Paßgang über das Eis zur Kante, taucht weg und schwimmt zur nächsten Scholle. Als wir dicht hinter ihm herfahren, merken wir bald, daß wir es mit einem erfahrenen und gewitzten Burschen zu tun haben, der weiß, wie man solch lästige Verfolger wie uns abschüttelt. Er taucht unter großen Eisschollen durch und lockt uns immer wieder in Sackgassen, bis wir schließlich in einem für uns undurchdringlichen weißen Irrgarten landen. Erhobenen Hauptes sieht er dann zu, wie wir die Verfolgung aufgeben und abziehen. Er ist Sieger geblieben.

Vor lauter Bärenfieber haben wir uns zu wenig um das immer schlechter werdende Wetter gekümmert. Die Sicht beträgt bald nur noch 50 m. Um uns dampft die See. Immer wieder kollidieren wir mit dem Eis. Wir beschließen, nicht weiterzulaufen, sondern im vor uns liegenden Murchisonfjord einen Ankerplatz zu suchen. Als wir zwischen den vielen vorgelagerten Inseln hindurchsteuern, klart es zum Glück wieder etwas auf, so daß wir an der Nordseite schließlich eine einigermaßen wind- und eisgeschützte Stelle finden, wo wir am späten Abend auf 80°02′ N, 18°28′ O den Anker werfen. Die zweite Flasche Champagner ist fällig. Danach gibt's gebackenen Camembert mit Knoblauchbrot und hinterher noch Apfelkuchen. Wir sind glücklich und rundherum zufrieden. Endlich durften wir mit Bären spielen, haben die Hinlopenstraße bezwungen, den 80. Breitengrad überquert, und wenn wir wollen, sind wir nach weniger als 600 Meilen am Nordpol!

Während der Ankerwache verzieht sich der Nebel wieder, und die Sonne kommt zaghaft durch. Wir entdecken zwei Hütten an der Küste, etwa drei Seemeilen entfernt. Da sie uns bewohnt scheinen, machen wir uns schon früh am Morgen auf den Weg dorthin. Frieder und Erich bleiben allerdings an Bord. Im Norden hat sich eine schwarze Wolkenwand aufgebaut, und es ist möglich, daß das Wetter umschlägt.

Mit dem Dingi setzen wir über und marschieren am Ufer entlang über Geröllhänge und Schneebretter, durch flache Gletscherbäche und über tiefe Felsspalten. Fasziniert bestaunen wir immer wieder ganz eigene Schöpfungen der Natur, die sogenannten Polygonfelder, die charakteristisch sind für die Permafrostböden Svalbards. Der stän-

dige Wechsel zwischen Frieren und Tauen hält in den obersten Bo-
denschichten einen eigentümlichen Sortierungs- und Gestaltungs-
prozeß in Gang, der zu seltsamen ornamentalen Strukturen führt.
Wie mit Zirkel und Lineal konstruierte, kreis- oder vieleckförmige
kleine Steinwälle werden um blanke Erde oder Sand herum aufge-
schichtet. Wie ein Mosaik aus Wundergärtchen, dicht an dicht oft
weite Flächen überziehend, muten uns die kleinen, moosbewachsenen
Rondelle und Polygone an, in denen neben Resten halbvermoderter
Wal- und Bärenknochen Svalbards Miniblümchen in Weiß, Gelb und
Lila blühen: vollendete, von der Natur geschaffene Stilleben.

Unsere Vermutung, daß die beiden Hütten bewohnt sind, bewahr-
heitet sich. Von ihren überraschten Bewohnern werden wir überaus
herzlich empfangen. Sechs Landvermesser haben sich hier für einige
Wochen einquartiert. Kurz nach unserer Ankunft müssen vier mit
einem Helikopter zu einem Arbeitseinsatz starten, aber die beiden
anderen laden uns zum Tee ein und erzählen von ihren Aufgaben
hier. Die Vermessung und Kartographierung des Nordostens von
Svalbard ist besonders für die Schiffahrt dringend notwendig. Auch
wir haben spätestens bei der Beschaffung der Seekarten gemerkt, daß
dieses Gebiet fast noch ein weißer Fleck auf dem Globus ist. Die
einzige Karte, die wir zum Beispiel von der Hinlopenstraße bekommen konnten, war ein großmaßstäblicher Übersegler aus dem Jahr
1938 vom Nordpolinstitut. Detailkarten wie für den Westen und Norden Spitzbergens gibt es für den Osten nicht. Was es heißt, nach
ungenauen Karten zu segeln, haben wir zum Glück nur bei Kap Payer
zu spüren bekommen, als wir auf eine nicht verzeichnete Untiefe
liefen. Gerade in der Polarregion, wo es weder Funkfeuer noch Loran
oder Decca gibt, ist man auf genaue Karten angewiesen. Man kann
sich auch nicht auf eine noch so penibel geführte Koppelnavigation
verlassen, denn es gibt viele nicht lokalisierte Gebiete unsicherer
Mißweisung, die zu beträchtlichen Abweichungen führen können;
unbekannte Strömungen können die Koppelnavigation verfälschen;
die hohe Inklination in diesen Breiten schwächt die Richtkraft der
Kompaßrose, so daß sie bei starkem Seegang ins Drehen kommen
kann. Auch unser Sat-Nav liefert in diesen Breiten oft fehlerhafte oder
lückenhafte Angaben.

Mit den beiden Landvermessern sitzen wir gemütlich an einem
großen Tisch und schlürfen Tee. Mich wundert's ein wenig, daß in
der Hütte vieles ganz neu aussieht, auch die schwere Holztür. Auf

meine Frage erfahre ich, daß die Hütte dem Sysselman gehört und meist von Wissenschaftlern des Nordpolarinstituts benutzt wird. 1985 wohnte hier allerdings ein Norweger, der mit seinen Hunden zum Nordpol wollte. Als das Unternehmen abgebrochen und verschoben wurde, weil sich das Eis zu früh zurückgezogen hatte, ließ er Proviant und Hundetrockenfutter samt Robbenspeck in der Hütte zurück. Als der Sysselmann dann bei seiner Frühjahrsinspektion mit dem Hubschrauber bei der Hütte landete, sah er drei gut genährte Bären davonlaufen, die in der demolierten Hütte ein anderthalb Meter hohes Gemisch aus Bärendreck und Hundefutter zurückließen.

Als wir nach unserem gemütlichen Teestündchen wieder den Rückweg antreten, hat das Wetter umgeschlagen. Feinflockiges Schneetreiben nimmt uns die Sicht. Das Schiff hat sich gedreht, der Wind kommt jetzt aus Nordwest. Am Nachmittag laufen wir bei dicker Schneeluft nach Norden weiter. Unser Ziel sind die Sieben Inseln, die nördlichsten Inseln Svalbards, zwischen dem 80. und 81. Breitengrad. Danach kommt nur noch Eis, und die nächsten Küsten sind die Sibiriens und Alaskas. Der schon erwähnte Hamburger Schiffsbarbier Friedrich Martens schreibt über die Sieben Inseln: *„Wir sahen keine Schiffe weiter* (nördlicher als bei den Sieben Inseln), *vernahmen auch nicht, daß Schiffe* (jemals) *ferner gewesen seind. Alle Jahre können sie auch nicht also ferne gegen Ost segeln, wegen der Gefahr des Eises, so vor dem Strom und Winde hergetrieben wird."* Für viele Expeditionen der vergangenen Jahrhunderte bedeuteten die Sieben Inseln den unwiderruflichen Umkehrpunkt, weil dichtes Packeis ihnen ein weiteres Vordringen nach Norden oder Nordosten verwehrte. Das galt auch 1773 für die Expedition von John Phipps, die als erste wissenschaftliche Expedition überhaupt in den Gewässern Svalbards erschien und einen Weg nach Indien über den Nordpol suchte. An dieser Unternehmung nahm auch der damals erst zwölfjährige Horatio Nelson als Kadett teil.

Irgendwann wird auch uns das Eis die Weiterfahrt verwehren, und das kann bei den herrschenden nördlichen Winden, die das Packeis nach Süden in Bewegung setzen, sogar schon recht bald sein. Trotzdem läßt uns das bisher fast eisfreie Wasser hoffen, in diesem Jahr die Inseln doch noch zu erreichen.

An Steuerbord passieren wir den Eingang in den Sorgfjord, in dem der Engländer Parry sein Schiff Hecla 1927 vor Anker legte, bevor er mit Schlittenbooten seine Schollenfahrt nach Norden antrat. Ein Schiff zur Basis einer Schlittenexpedition umzufunktionieren, war absolut neu in der Arktisforschung. Später wurde diese Methode allgemein üblich. Aber wie dieser erste Versuch, den Nordpol von Spitzbergen aus zu erreichen, waren auch all die anderen, die bis heute folgten, von vornherein zum Mißerfolg verdammt. Ursache dafür ist die gerade bei Spitzbergen sehr starke, nach Südwest setzende Eisdrift (dreimal so stark wie zum Beispiel nördlich von Grönland), die alle Bemühungen, zu Fuß weiter nördlich zu gelangen, zu einer Sisyphusarbeit macht.

Auf dem Parry-Flach vor Lagöya, einer Bank mit Wassertiefen von nur 10 bis 30 m, geraten wir plötzlich in ein Treffen mehrerer Walroßfamilien. Wir können feststellen, daß zu jeder Familie drei bis vier ausgewachsene Tiere und einige Jungtiere gehören. Insgesamt sind es wohl an die dreißig. Während die Alten gut an ihren elfenbeinernen Hauern zu erkennen sind, gleichen die Jungen eher bärtigen Robben. Erst ab einem Alter von fünf Monaten wachsen ihnen langsam ihre „Vampirzähne".

Wir segeln mitten durch die Versammlung, ohne befürchten zu müssen, eines der Tiere zu rammen und zu verletzen. Mit bewundernswerter Geschicklichkeit tauchen sie vor unserem Bug weg und kommen einige Meter entfernt kräftig blasend wieder zum Vorschein. Daß wir eine so große Ansammlung der in den 50er Jahren um Svalbard nahezu ausgerotteten Tiere beobachten können, ist ein ausgesprochener Glücksfall. Nicht einmal Norweger, die jahrelang in Spitzbergen leben, haben alle schon ein Walroß zu Gesicht bekommen.

Am späten Abend zieht Nebel auf. Nur mühsam arbeiten wir uns an der Küste Nordostlands hinauf. Kurz nachdem wir schließlich am nördlichsten Zipfel die Birdvagen Bay passieren, empfängt uns hinter düsteren, nebelverhangenen Felswänden schon das Eis. In der Hoffnung, daß es sich nur um einen losen Eisgürtel handelt und wir uns im Bereich der Sieben Inseln irgendwo verkriechen können, segeln wir hoch am Wind hindurch. Aber je weiter wir nach Nordosten vorankommen, desto größer und mächtiger werden die Schollen und desto schmaler die offenen Wasserwege dazwischen. Schließlich tritt doch ein, was wir befürchtet haben: Wir finden überhaupt kein freies Wasser mehr. Vor uns liegt unverkennbar und unverrückbar die Packeisgrenze und verwehrt uns den Zugang zu den Sieben Inseln, von denen einige, trotz des Nebels bereits gut erkennbar, als steile Felsbuckel mitten aus dem Eis ragen.

Auf 80°34′ N und 19°40′ O kehren wir um – nur vorläufig, wie wir immer noch hoffen –, laufen auf Südkurs durch den Nordkap-Sund und ankern um 03.00 Uhr nachts in einer kleinen Bucht in Lee von Chermsideöya, der Nordkap-Insel. Hier fühlen wir uns sicher und wollen in Ruhe abwarten, bis sich das Wetter und vielleicht auch die Eislage bessert. Die Eiskante – nun gut eine halbe Seemeile entfernt – scheint weit genug weg, um uns vorerst nicht gefährlich werden zu können. Aber mit der Ruhe ist es bald wieder vorbei. Schon bei unserem ersten Landgang bietet sich uns von einem hohen Felsen ein bedrohlicher Anblick: Unaufhaltsam rücken die Eismassen näher und drängen schon mit Macht auch in unsere Bucht. Viel Zeit bleibt uns nicht. Den Landgang brechen wir sofort ab. Als wir den Anker aufnehmen, ist die Eiskante nur noch wenige Meter entfernt, und lediglich ein schmaler Durchlaß gewährt uns ein knappes Entkommen. Schade, den Besuch der Sieben Inseln müssen wir endgültig vergessen.

Bei weiterhin nordnordwestlichen Winden, die in Böen bis zu 8 Bft auffrischen, laufen wir hoch am Wind an der Nordostküste Spitzbergens entlang nach Westen. Wir wollen den Bocksfjord aufsuchen, einen Seitenarm des langen Woodfjords. Dort soll es warme Quellen geben. Hoffentlich werden wir nicht wieder wie in Grönland mit einem kalten Schlammloch abgespeist. Von der Küste sind im dichten Schneetreiben nur ab und zu ein paar eis- und schneebedeckte Felshänge zu erkennen. Wie gut, denke ich, daß wir von solch einem Wetter in der Hinlopenstraße verschont geblieben sind. Jetzt, da die Eisgefahr überstanden ist, kann ich alles viel gelassener nehmen, die Nässe, die Kälte und selbst das Hacken der FREYDIS in den kurzen, steilen Wellen. Sorgen bereitet mir nur unser Skipper, der grün über der Reling hängt. Das Wetter hat sich immer noch nicht gebessert, als wir am späten Abend in den Woodfjord einbiegen.

Die Bake von Grahuken, die den östlichen Eingang zum Woodfjord markiert, ist hinter dem Schneevorhang gerade noch auszumachen. Um 04.00 Uhr früh erreichen wir endlich den Bocksfjord und ankern in einer flachen Bucht an der Ostseite mit dem vielversprechenden Namen Vulkanhamna. Zu unserer großen Freude liegen wir hier nicht allein, sondern in Gesellschaft einer schwarzen Ketsch mit holländischer Flagge, die uns gleich nach Beendigung unseres Ankermanövers über UKW zu einem Willkommenstrunk einlädt. Dieser verlockenden Aufforderung können wir erst nachkommen, als wir uns bis Mittag ausgiebig ausgeschlafen haben. Dann aber und nach einem kräftigen Frühstück setzen wir mit dem Dingi zur Nachbaryacht über, wo uns Jan und Paula, ein holländisches Seglerehepaar, herzlich begrüßen.

Bei Genéver und Honigkuchen im gemütlich warmen Salon ihrer gepflegten Yacht erfahren wir, daß die beiden aus Kampen in Holland kommen, wo sie an einer Schule unterrichten. In Spitzbergen sind sie bereits das fünfte Mal mit ihrer Yacht, die sie stets nur zu zweit segeln. Wegen des anhaltenden Nordwinds haben sie diesmal für die Strecke Kampen–Ny Alesund besonders lange gebraucht: „19 Tage, und davon mußten wir im Sturm sogar noch 30 Stunden beidrehen", stöhnt Paula; Jan meint lachend: „So etwas nehmen wir auch nur für Spitzbergen auf uns." Im Bocksfjord liegen sie schon zwei Tage, haben aber wegen der Schneestürme bisher kaum etwas von der Umgebung gesehen.

Ihre Yacht, eine zwölf Meter lange Stahlketsch, haben sie nach einem berühmten holländischen Piraten des Mittelalters BASTAERT VON CAMPEN genannt. Navigiert wird auf dem BASTAERT noch auf herkömmliche Weise. „Kein Sat-Nav, kein Decca, kein Radar, weil kein erster Preis im Lotto", beteuert Jan, aber einen Sat-Nav will er sich aus Sicherheitsgründen doch bald zulegen.

Von unserer Existenz im Svalbard-Archipel wissen Paula und Jan bereits, seit sie an der Westküste hochsegelten. Dabei haben sie ein UKW-Gespräch mit angehört, das zweifellos uns betraf: „We met these crazy Germans", sagte jemand, „but they seem competent, knowing what they do." (Wir trafen diese verrückten Deutschen, aber sie scheinen zu wissen, was sie tun.) Dieses Gespräch mußte von den Landvermessern stammen. Übrigens erhalten wir später in Longyearbyen die traurige Nachricht, daß die Leute vom Murchisonfjord kurz nach unserem Besuch bei einem Arbeitseinsatz mit dem Hubschrauber tödlich abgestürzt sind.

Wir erzählen den Holländern von unseren Eisbärbegegnungen in der Hinlopenstraße und welch großes Glück wir dort mit dem Wetter hatten. Erich kann's nicht lassen, dabei ein wenig Seemannsgarn zu spinnen: „Sogar die Eisbären waren ganz braun, so stark brannte die Sonne." Angesteckt von unserer Begeisterung, entschließen sich Jan und Paula, die den Osten Svalbards noch nicht kennen, ihren Rückweg durch die Hinlopenstraße zu nehmen. Schon morgen wollen sie auslaufen. Weil es sich zusammen so schön plaudern und fachsimpeln läßt, kommen Jan und Paula gleich noch zu einem Gegenbesuch auf die FREYDIS.

Dort geht es dann bei Glühwein und Crackers hauptsächlich um die Frage, wo denn nun wohl die warmen Quellen seien, von denen auch Jan und Paula in Ny Alesund gehört haben. Sie müssen noch existieren, aber wo? Keiner weiß Genaues. Ich krame meine Unterlagen heraus. Es sind Berichte der Expedition Isachsen, die 1910 warme Quellen und einen Vulkan im Bocksfjord entdeckt und beschrieben hat. Danach liegen der Vulkan und die warmen Quellen an der Ostseite des Fjords, genauer: „In geringer Höhe über dem Meeresspiegel." Die Quellen nördlich des Vulkans hätten eine Temperatur von 28° C und kämen aus „Kalkstein" heraus, aber nicht reichlich. Andere Quellen, südöstlich vom Vulkan, seien wesentlich wasserreicher und bestünden aus kleinen, stufenförmig angeordneten Teichen.

Beim gemeinsamen Abendspaziergang am Ostufer prüfen wir zunächst einmal die Temperatur aller Rinnsale, die von den Berghängen herabfließen, aber das hilft uns nicht weiter, denn alle sind eiskalt. Anderntags wollen wir auf der Westseite des Fjords weitersuchen. Dort sind die Berge schwarz wie Lava, mit einigen hellen Flecken, die nach Kalkstein aussehen und in „geringer Höhe über dem Meeresspiegel" liegen.

Jan und Paula sind schon sehr früh am nächsten Morgen unterwegs und finden die warmen Quellen tatsächlich auf einer der am Vortag entdeckten weißen Stellen, die Kalkablagerungen entsprechen. Sie hätten herrlich gebadet, erfahren wir über UKW, uns aber noch genügend sauberes Wasser übriggelassen. Nun aber haben es die beiden eilig. Die Hinlopenstraße ruft. Traurig schauen wir dem schwarzen Piratenschiff mit den rostroten Segeln nach, das rasch hinter der Felsnase verschwindet. Wir sind wieder allein. Später, als ich von zu Hause aus mit Jan und Paula telefoniere, erfahre ich, daß sie bei achterlichen Winden, aber sehr viel Schnee, die Hinlopenstraße passieren konnten und Paula auf der Wilhelms-Insel auch endlich einen Bären sah.

Die warmen Quellen sind zwar nur drei kinderbadewannengroße, mit Algen und Moos ausgebettete Tümpel, aber immerhin sind sie mit etwa 25° C warmem, klarem Wasser gefüllt, das ständig aus der Tiefe nachbrodelt. Mit Handtuch und Shampoo (und natürlich auch mit Gewehr) bewaffnet, pilgern wir nacheinander den Geröllhang zur „Badestube" hoch, um wenig später blitzsauber wieder herunterzukommen: eine wohltuende arktische Taufe auf 79°30' N!

252

Später unternehmen Erich und ich mit dem Dingi einen Ausflug zum Adolfsgletscher, der an der Westseite des Fjords einige 100 m vor dem Wasser endet. Als wir uns dem Ufer nähern, attackieren uns plötzlich Dutzende von Seeschwalben, die auf einer kleinen Felseninsel davor brüten. Wie kleine Kamikazeflieger stürzen sie auf uns nieder, während wir schützend unsere Kamerataschen über die Köpfe halten.

Am Gletscherrand empfängt uns ein mageres Etwas mit buschigem Schwanz: ein kleiner Polarfuchs. Während wir das Dingi an einem Stein vertäuen, sitzt er so artig da wie ein Schoßhund, der auf sein Herrchen wartet. Als Erich ihn fotografiert, legt er den Kopf schief und schaut uns an, als erwarte er ein Mitbringsel. Schließlich läuft er am Strand entlang, wo er verspielt ein paar Algenstrünke hinter sich herzerrt, und verschwindet dann tänzelnd hinter einem Felshang, nicht ohne sich mehrmals nach uns umzudrehen. Vielleicht findet er ja bald wieder ein Möwenei? Oder ein verlassenes Entenküken? Und wenn er großes Glück hat, gar eine tote Robbe? Nun ist mir auch klar, warum sich die Seeschwalben die kleine Insel als Brutplatz ausgesucht haben. Dort sind sie wenigstens sicher vor solchen „Abstaubern".

Am Ufer wieder das obligate sibirische Holz und leider auch viel Zivilisationsmüll: Plastikbehälter aller Art, Schwimmkugeln und zerfetzte Fischernetze in allen Größen, Stärken und Farben (die finden wir überall an den Stränden Svalbards, wo wir auch hinkommen). In einem leuchtend grünen Netz entdecken wir das vollständig erhaltene Geweih eines Rens. Vermutlich hat es sich aus dem schweren Garngewirr nicht mehr befreien können und ist hier elend verendet. Daneben liegen seine sauber abgenagten Knochen und Hufe – in der Arktis verkommt nichts. Nicht einmal das Geweih, denn das lösen wir in mühevoller Kleinarbeit aus seiner Verstrickung und nehmen es mit.

Um den Gletscherfuß zieht sich eine wilde Moränenlandschaft aus lockeren Geröllbergen und Sand. Dazwischen immer wieder reißende Gletscherbäche. Einige sind so tief, daß das Wasser fast in meine kurzen Stiefel eindringt. Aber es deswegen mit bloßen Füßen zu durchwaten, war kein kluger Einfall von mir. Die übrigen Gewässer werden denn auch nach der Devise „besser nasse Stiefel als erfrorene Füße" durchquert. Zu beiden Seiten des Gletschers breiten sich die für Spitzbergen so typischen Geröllwüsten aus. Dazwischen aber auch immer wieder kleine grüne Oasen mit Moosen, Flechten und

Zwerggräsern, mit den weißen Blütchen des Löffelkrauts und winzigen Blumen wie dem roten Steinbrech oder dem gelben Polarmohn: Futterkrippen für Rentiere. In der kargen Landschaft wagt man kaum darauf zu treten.

Gleichzeitig mit uns kommt Marius von einer Bergtour zur FREYDIS zurück und erzählt begeistert von steilen Hängen, die er nur mit Eispickel und Steigeisen bewältigen konnte, von Bergkuppen mit meterhohen Schneewehen, von einer Vulkan-Kaldera mit schwer begehbarem, porösem Tuffgestein, von einem – leider kalten – Kratersee und sogar von den terrassenförmig angeordneten Miniaturteichen mit warmem Wasser, von denen schon Isachsen berichtete. Frieder, Alfons und Wolfgang kehren ebenfalls von einem Ausflug zurück. Die vielen Knochen und Geweihe, die von allen Seiten angeschleppt werden, machen aus der FREYDIS langsam eine Art paläontologisches Museum. Zum vollständigen Glück fehlen uns nur großformatige Saurierknochen, aber sogar die soll es noch geben auf Spitzbergen.

Bei Wind um 2 bis 3 Bft aus Nordost laufen wir am Vormittag Richtung Grahuken aus. Als wir dort ankommen und mit dem Dingi übersetzen, hat es aufgehört zu schneien, und durch die Wolkendecke wagen sich sogar ein paar Sonnenstrahlen. Aber auch sie können der „Grauen Landspitze" ihre Trostlosigkeit nicht nehmen. Vor uns erstreckt sich eine weite leere Steinwüste bis zu den dunklen Bergen im Hintergrund. Dicht am Ufer steht die Hütte, in der die österreichische Malerin Christiane Ritter mit ihrem Mann und einem Trapper 1934/35 ein ganzes Jahr gelebt hat. Sie sieht noch genauso aus wie von Christiane Ritter in ihrem faszinierenden Buch „Eine Frau erlebt die Polarnacht" beschrieben. Hinter der Hütte stehen ein paar große Holzrahmen zum Trocknen der Bärenfelle und der „Bärenpfosten", ein weithin sichtbarer Pfahl, der die Bären vom Meereis her anlockt. In der Hütte dann die kleine Schiebeluke an der Wand, von der aus die Bären geschossen wurden. Nachdem wir uns ins Gästebuch eingetragen haben (Paula und Jan sind die letzten Gäste gewesen), verlassen wir die Ritter-Hütte und laufen weiter zur Insel Moffen, die 13 Seemeilen nördlich von Grahuken liegt, auf 80° N.

Vor einer breiten Packeisfront kommt Moffen erst spät in Sicht („Moffen" war übrigens früher ein holländischer Spitzname für deutsche Seeleute). Die Insel ist so flach und leuchtet so hell, daß sie sich kaum vom umgebenden Eis abhebt. Sie besteht nur aus einem schmalen Sand- und Geröllring um einen See. In früheren Jahrhunderten war diese Insel ein Sammelplatz für Walrosse und Geburtsort ihrer Jungtiere. Und für die Walroßjäger war sie eines der ertragreichsten Reviere Svalbards. Lange Zeit ließ sich danach auf Moffen kein Walroß mehr blicken. Erst in den letzten Jahren wurden hier wieder einige gesichtet. Moffen ist heute Naturschutzgebiet, aber immer noch mit Walroßknochen übersät. In den Sommermonaten, wenn die Vögel brüten und die Walrosse ihre Jungen werfen, ist das Betreten der Insel vernünftigerweise streng verboten. Wir dürfen nur heranfahren und Ausschau halten. Und tatsächlich haben wir wieder Glück. Wir entdecken am Südkap eine Gruppe von sechs Walrossen, die auf- und übereinander liegen wie Mehlsäcke und schlafen. Selbst vom Motorenlärm der FREYDIS lassen sie sich nicht stören. Nachdem wir uns an dem vielen Speck sattgesehen haben, umkreisen wir die Insel immer schön durchs Packeis hindurch.

Auf Schollen vor der Insel machen auch einige große Bartrobben ein Nickerchen. Sie sind nicht so gesellig wie die Walrosse, sondern meist Einzelgänger. Wie alle Robben in der Arktis sind sie sehr scheu (im Gegensatz zu den großen Wedellrobben der Antarktis, die sich von uns sogar streicheln ließen). Die Furcht vor Eisbären läßt sie außerordentlich wachsam reagieren. Sie können es sich einfach nicht erlauben, so tief zu schlafen wie ein Walroß. Übrigens fragen wir uns während der Dauer dieser Reise oft verwundert, wo eigentlich die Nummer eins der großen Fünf bleibt, der Wal. Wir haben noch keinen einzigen gesehen. Die Leviathane der Meere sind rar geworden.

Über den Tanzboden des Teufels

Eiland der Toten – Eroberung eines Luxusliners – Krabben satt
in Longyearbyen – Komfort unter dem Sowjetstern – Antennenwald über Kohlegruben – Ein Dakapo auf der Bäreninsel –
Als Abschiedsgruß des Nordens: ein Himmelsfeuerwerk

Mit achterlichen Winden laufen wir durch Treibeisfelder nach Westen. Luft −2° C. Es schneit, als wir in den Smeerenburgfjord einbiegen. Die Berge der Amsterdam- und der Däneninsel sind weiß wie im
letzten Jahr. Diesmal ankern wir zuerst im Virgohafen der Däneninsel, der Smeerenburg gegenüberliegt. Wir besuchen die kleine, nur
ein paar Kabellängen von der Virgobucht entfernte felsige Leichenin-
sel (Likholmen), den einstigen Friedhof Smeerenburgs. Diese Insel
beschrieb auch Friedrich Martens:

„In der Mitte dieses Hafens (Südbay) *lieget eine Insel, die wird des Todten
Mannes Eyland genennet, weil man die Todten darauff begrabet, auff
solche Weise: die Todten werden in einen Sarch gelegt, mit großen
Steinen wohl bedecket, werden dennoch von Weissen Bären gefunden
und auffgefressen . . . Es ist auch zu mercken, daß kein todter Cörper da
leicht verwese, denn man hat befunden, daß nach 10 Jahren einer in
vollkommener Gestalt dagelegen ist . . .“*

Heute ist die Insel ein Brutplatz für Eiderenten, die mit Vorliebe in den
Gräbern nisten, weil die noch teilweise mit Steinen bedeckten Mul-
den einen besonders guten Wetterschutz bieten. Menschliche Ge-
beine und Eierschalen liegen denn auch einträchtig nebeneinander,

256

sanft gebettet in Eiderdaunen. Leben und Tod vereint im Grab, ein symbolträchtiges Bild des sich ergänzenden Werdens und Vergehens in der Natur. In dieser Umwelt wirkt es anrührend echt und selbstverständlich.

Später werfen wir den Anker vor Smeerenburg. Damit hat sich der Kreis geschlossen, Svalbard ist umrundet. Wie zum Lohn sehen wir ein großes weißes Schiff in den Fjord einlaufen. Es ist das Kreuzfahrtschiff MS Europa. Sofort nehmen wir Kontakt über UKW auf und werden vom Kapitän an Bord eingeladen. Sie können hier zwar nirgends ankern, werden aber in der Mitte des Fjords auf uns warten. Wir starten mit dem Dingi zur Europa – ein Anlegemanöver mit der Freydis wäre wegen des starken Seegangs viel zu gefährlich. Unsere Fahrt in dem mit sechs Mann völlig überladenen Dingi durch die von Norden her fast ungehindert in den Fjord laufenden Seen wird zu einem gewagten Unternehmen, bei dem wir nur allzu leicht hätten kentern können. Aber was tut man nicht alles für ein bißchen Luxus?

Als wir uns dem Ozeanriesen nähern, dreht er sich langsam mit der Breitseite gegen den Wind und schafft uns dadurch eine ruhige Leeseite. Ungeheuer hoch erscheint uns die weiße Bordwand des Luxusliners, an der wir anlegen. Für die Passagiere bedeutet der Besuch einer Yachtcrew zusätzliche Unterhaltung, sie stehen oben an der Reling, winken uns zu und klatschen Beifall wie im Theater. Wir klettern die Jakobsleiter hoch und platzen in eine andere Welt. Die halbe Seemeile von den alten, kargen Walfangruinen bis zu dieser „weißen Stadt auf dem Meer" mit ihrer üppigen Ausstattung und dem eleganten Flair, mit wahrscheinlich mehr Einwohnern, als Smeerenburg jemals aufzuweisen hatte, bedeutet tatsächlich einen Zeitsprung über Jahrhunderte hinweg.

Nach einer kleinen Talkshow fürs bordeigene Fernsehen auf der Brücke – dort bekommen wir auch die neuesten Wetterkarten –, nach einem erfrischenden Cocktail in der Kapitänssuite und einer warmen Dusche im Bade- und Fitneßtrakt ist unser Kurzaufenthalt in dieser Ferienwelt schon wieder vorbei. Als Abschiedsüberraschung erwarten uns zwei riesige Freßpakete. So gut sie gemeint sind, bei unserem ohnehin überfüllten Dingi kommen sie mir vor wie Danaergeschenke. Aber keiner will auf die Delikatessen aus der Gourmetküche der Europa verzichten, und irgendwie schaffen wir es dann auch, sie zwischen uns zu quetschen und heil zurückzukommen.

Die EUROPA, die noch wartet, bis wir daheim gelandet sind, stößt zum Abschied in ihr Signalhorn und läuft dann aus. An der Packeisgrenze hat sie eine Verabredung mit dem deutschen Forschungsschiff POLARSTERN. Der Fjord ist wieder leer und einsam. Geradeso, als hätten wir dieses Traumschiff tatsächlich nur geträumt.

Nach Smeerenburg kommen wir in bekannte Gefilde. Wir wissen, daß der schwierigste Teil unserer Reise – vom seglerischen Standpunkt und von den Naturgegebenheiten her betrachtet – hinter uns liegt. Nach der langen Einsamkeit, die nur wenige Unterbrechungen erfuhr, freuen wir uns jetzt vor allem auf die Siedlungen und hoffen, daß wir dort einigermaßen willkommen sind.

Aber zunächst geht es durch den Sörgatt auf die Westseite Spitzbergens und von dort erst einmal in den Magdalenenfjord hinein, der uns mit dem Zauber seiner grandiosen Berg- und Gletscherwelt zwei Tage lang gefangen nimmt. Etwas weiter südlich drehen wir in der uns schon bekannten Hamburger Bai eine Ehrenrunde, schließlich haben wir ja in Alfons einen Hamburger an Bord, und wer weiß schon, ob nicht auch seine Familie irgendwie am Walfang beteiligt war?

Mit rauschender Fahrt unter Spinnaker geht's dann an der breiten Gletscherfront der Sieben Eisberge entlang weiter nach Süden. Eine Yacht kommt in Sicht, die sich mühsam gegen den Wind nach Norden hocharbeitet: die ELKOUBA mit Sarah und Lindsay. Leider ist beim Vorbeisegeln nur ein kurzer Gruß möglich, aber wir erfahren über UKW, daß die beiden zuvor Ny Alesund besucht haben und nun versuchen wollen, Moffen zu erreichen. Sollten sie es nicht schaffen, wollen sie an der Packeisgrenze umkehren und uns in Ny Alesund oder Longyearbyen treffen.

In diesem Jahr werden wir in Ny Alesund geradezu mit offenen Armen empfangen. Man erinnert sich gut an uns und stellt uns ohne viel Federlesen auch gleich wieder „unser" Nordpolhotel zur Verfügung. Im vergangenen Jahr hat sich in Ny Alesund einiges verändert. So sind die letzten Reste der alten Kohlengräberstadt nun endgültig verschwunden. Neue Wege sind angelegt worden, und mitten im Dorf steht ein gläsernes Gewächshaus, in dem das Wachstum verschiedener arktischer Pflanzen in Abhängigkeit von Licht und Temperatur untersucht wird.

Neu ist auch der Polarfuchszwinger am Rand des Ortes, in dem einige junge Füchse untergebracht sind. Untersucht werde die Energiebilanz der Tiere, aber auch ihr Gruppenverhalten, erklärt mir der

258

dafür zuständige Biologe. Auf meine Frage, ob das nun Weiß- oder Blaufüchse seien, holt er einen der kleinen verspielten Gesellen aus dem Zwinger, der genauso graubraun gefärbt ist wie alle anderen, die ich bisher auf Svalbard sah. Er erklärt mir, daß es ein Weißfuchs sei, da es in Svalbard fast nur noch Weißfüchse gebe. Im Sommer sind beide Arten gleich gefärbt. Die Lebensdauer der Svalbardfüchse beträgt etwa fünf Jahre. Schätzungsweise siebzig Prozent sterben allerdings noch vor Erreichen des ersten Lebensjahrs durch Unfälle oder Hunger. Außerdem dürfen sie von Oktober bis März gejagt werden. Es gibt zwar nur noch fünf Trapper, die dieser Jagd meist mit Fallen nachgehen, aber meiner Meinung nach sind auch das noch fünf zuviel.

Am Abend vor unserem Auslaufen legt die ELKOUBA auf der gegenüberliegenden Seite der Pier an. Sie war bis 80° N hochgekreuzt. Für Moffen war es allerdings zu spät. Im Gegensatz zu uns hatten sie ständig mit widrigem Wind und Nebel zu kämpfen. Die Zeit für Erlebnisse an Land ist entsprechend kurz ausgefallen. Eine solche Tour wollen sie deshalb nur noch mit Crew machen, also nicht mehr nur zu zweit. Lindsay reibt sich die vom Wind und vor Müdigkeit geröteten Augen.

Zum zweiten Mal passieren wir den Forlandsund – er kommt uns schon recht vertraut vor –, an dessen Ende wir dann in den größten Fjord Spitzbergens, den Eisfjord einbiegen, der etwa 55 Seemeilen weit ins Land schneidet. Raume Winde blasen uns schließlich bis nach Longyearbyen, der „Hauptstadt" Svalbards im kleinen Adventfjord. Im Hafen reges Ein- und Auslaufen von Schiffen. Das Gedrängel an der kleinen Pier ist so groß, daß wir zu den unmöglichsten Tages- und Nachtzeiten unsere FREYDIS verholen müssen, um einem Fischtrawler, einem Stückgutfrachter oder den Landungsbooten eines in der Bucht ankernden Kreuzfahrtschiffes Platz zu machen. Schließlich flüchten wir an eine seichte Stelle im Schlick, wo wir endlich unsere Ruhe haben. Longyearbyen ist eine Ansammlung kleiner und größerer, schmucker und weniger schmucker, bunter Holzhäuser, die sich an den Rändern eines Endmoränentals aneinanderreihen. Kein Baum, kein Strauch belebt das Bild. Nur ein paar hölzerne Drahtseilbahnmasten, Überreste ausgebeuteter Kohlegruben, ragen an steilen, nackten Geröllhängen in den grauen Himmel. John Munroe Longyear – ein Amerikaner – hat die Kohle hier entdeckt und 1906 die ersten Gruben erschlossen. Heute gehören alle dem norwegischen Staat.

Seltsamerweise gibt es eine ganze Menge Autos, obwohl doch keine der Schotterpisten weiter als bis zum Flugplatz führt. Im Sommer, wenn die Schneescooter nicht benutzt werden können, sind Schiffe und Helikopter die einzigen Transportmittel aus dem Ort.

Hinter dem repräsentativen Bungalow des Gouverneurs und der kleinen Seemannskirche liegt das Svalbard-Museum, das nördlichste Museum der Welt. Es ist die Domäne von Paulette Petri-Sutermeister, einer 67jährigen Österreicherin, die zwar in Kopenhagen lebt, aber jedes Jahr von Mai bis September das Museum leitet und alle Besucher liebevoll mit den zahlreichen Svalbardfunden vertraut macht. Zum Beispiel mit dem verrotteten Gewehr, das vor einigen Jahren von einer schwedischen Expedition in einem Seitenarm des Kongsfjords gefunden worden ist. Daneben lagen menschliche Knochen. Im Gewehr steckte noch eine eingekeilte Patrone. Der damals bekannte Trapper Georg Nilsen war an Weihnachten 1921 auf dem Weg von seiner Überwinterungshütte zu einer Wetterstation, um dort die Festtage mit Freunden zu verbringen. Es wird angenommen, daß er von einem Bären angegriffen wurde und sein Gewehr versagte. Viele dieser Funde erzählen von tragischen Unfällen, von waghalsigen Expeditionen, heroischer Tapferkeit und verbissenen Überlebenskämpfen. Sie erzählen die Geschichte des Archipels.

Vor dem Museum grasen friedlich ein paar Rentiere, die an Menschen gewöhnt sind. In den letzten Jahren haben sich die Rentiere in der Gegend des Eisfjords übrigens so stark vermehrt, daß seit drei Jahren wieder jährlich 300 Tiere zum Abschuß freigegeben sind. Das Unternehmen wird zur wissenschaftlichen Jagd erklärt. Unterkiefer und ein Hinterlauf müssen zur Untersuchung auf Alter und Krankheiten an die Rentierstation im Adventtal abgeliefert werden. Longyearbyen und die russische Siedlung Barentsburg teilen sich in die Abschußquote.

Longyearbyen hat zwar nur 1500 Einwohner, denen aber eine gute Infrastruktur zur Verfügung steht. Außer dem Museum gibt es Theater, Bibliothek, Krankenhaus, Kindergarten, Schule mit Schwimmbad, einige Kramläden (ohne Lebensmittel), in denen man auch recht gute Segelkleidung kaufen kann, und einen Campingplatz. Ein Hotel gibt es bisher noch nicht, aber seit kurzem ein Restaurant mit Café, in dem wir gut und preiswert essen können.

Vom Kapitän eines Fischtrawlers, bei dem ich ein paar Krabben kaufen will, bekommen wir gleich 10 kg geschenkt. Schön und gut, aber 10 kg ungepulte Krabben, die in den nächsten zwei bis drei Tagen gegessen werden müssen, arten ganz einfach in Akkordarbeit aus. Zum Glück sind inzwischen auch Sarah und Lindsay eingetroffen, die sofort mit herangezogen werden. Zur Vertilgung der leckeren Eismeerfrüchte bringen sie am Abend noch einige Bekannte mit auf die FREYDIS. Amüsante Svalbardgeschichten machen die Runde, wobei uns auffällt, daß die Inselgruppe wohl ein beliebter Aufenthaltsort für eine bestimmte Spezies Mensch ist – wie jene ältere Dame, die stets mit einem Regenschirm als Bärenschutz herumlief. Sie hatte in irgendeinem schlauen Buch gelesen, daß Tiere vor anderen Tieren Angst bekämen, sobald deren Augen größer seien als ihre eigenen. Deshalb malte sie riesige Augen auf ihren schwarzen Regenschirm und gedachte, ihn dann aufzuspannen, wenn sich ein Bär blicken ließ.

Der große Svalbardarchipel, in dem kaum 6000 Menschen leben, kommt mir wie ein Dorf vor, jedenfalls was die Verbreitung von Gerüchten, Neuigkeiten oder Klatsch angeht. Jeder scheint über jeden Bescheid zu wissen. Von Radio zu Radio, von Hütte zu Hütte und Schiff zu Schiff erzählt man sich Geschichten, über die man dann gemeinsam lacht, trauert oder sich erregt – eine Kommunikationstradition, die schon im Altnordischen zur Entstehung der Sagas geführt hat.

Natürlich wollen wir auch Barentsburg besuchen, die russische Hauptsiedlung auf Spitzbergen (es gibt noch zwei kleinere), die in einem westlichen Seitenarm des Eisfjords liegt, 25 sm von Longyearbyen entfernt. Offiziell nehmen die Sowjets hier die ihnen 1920 vertraglich zugesicherten Nutzungsrechte an der Svalbardkohle wahr. Aber natürlich ist es ein offenes Geheimnis, daß die kostenintensive Kohleförderung ihnen nur zur Tarnung ihrer strategischen Interessen dient (der Archipel liegt nahe der eisfreien Schiffsroute, die von ihrem militärischen Stützpunkt Murmansk zum Atlantik führt). Die Zahl der Russen auf Svalbard ist etwa doppelt so hoch wie die der Norweger.

Auf unsere Anfrage beim Sysselman, ob ein Besuch Barentsburgs für uns Yachtsegler überhaupt möglich sei, erhalten wir die Auskunft, daß uns niemand hindern könne, Barentsburg anzulaufen. Wir befänden uns schließlich auf norwegischem Territorium. Barentsburg sei allerdings Privatbesitz der Russen, so daß es allein in ihrer Hand läge, ob sie uns willkommen hießen oder nicht. Nun, wir wollen es auf einen Versuch ankommen lassen.

Bei westlichen Winden kreuzen wir den Eisfjord hoch. Als wir uns dem Eingang des Grönfjords nähern – dort liegt der Hubschrauberlandeplatz der Sowjets –, empfinden wir die vielen Hubschrauber, die plötzlich über uns kreisen und den sonst so ruhigen Eisfjord mit ihrem Höllenlärm erfüllen, geradezu wie eine unmittelbar drohende Gefahr. Wir werden abrupt an unsere Welt erinnert, in der es nicht so friedlich ausschaut wie in den arktischen Gefilden, die wir nun schon wochenlang genießen. Immer wieder fragen wir uns gespannt, wie wir wohl in Barentsburg aufgenommen werden. Natürlich hat man uns darüber unterrichtet, daß nur wenigen fremden Schiffen ein Anlegen gestattet wird. Auch dem Schiff, mit dem Geir aus Hopen und einige andere Expeditionsteilnehmer im letzten Jahr Barentsburg besuchen wollten, war dies nicht gelungen. Die Festmacherleinen, die sie auf die Pier warfen, wurden sofort wieder zurückgeworfen. Andererseits haben wir von dem Trick eines schlitzohrigen holländischen Kapitäns gehört, der im vorigen Jahr mit einigen Wissenschaftlern unterwegs war. Als er bei der Ankündigung seines Besuchs über UKW eine barsche Abfuhr erhielt, antwortete er freundlich: „Ihre Stimme kommt schlecht durch, aber ich denke, ich habe verstanden. Wir sollen also bei Pier 3 anlegen. Herzlichen Dank, wir kommen!" Dieser Dialog wiederholte sich noch einige Male in ähnlicher Weise. Sie gewannen dadurch soviel Zeit, daß sie klammheimlich längsseits gehen konnten. Trotz dieses ungewöhnlichen Beginns soll es dann ein netter Aufenthalt geworden sein.

Aufgrund all dessen, was wir über Barentsburg erfahren haben, denken wir uns auf Fahrt alle möglichen Tricks aus, aber schließlich einigen wir uns auf eine Taktik, in der ich eine wichtige Rolle spiele. Kaum haben wir die Hafenanlage erreicht, schubsen mich meine Bordkameraden auf die Pier. Wir spekulieren auf den Nationalstolz der Russen. „Please, where is your museum?" ist deshalb meine erste Frage. Sie wird dann auch der Schlüssel zum Erfolg.

Laute westliche Diskomusik dröhnt über die Pier. Einige Kumpels mit schönen Fellmützen bedeuten uns zu warten, da sie erst telefonieren wollen. Natürlich müssen Weisungen „von oben", vom Konsul, eingeholt werden. Vor uns können wir einen Schrägaufzug sehen, der die Kumpels zum Stollen transportiert. Graue Stein- und Holzhäuser ziehen sich den Hang hinauf. Oben am Berg prangt neben dem Sowjetstern ein riesiges Transparent in kyrillischen Lettern, darunter die Übersetzung: „World Peace". Nach kurzem Warten kommt eine sympathische junge Dame auf uns zu und stellt sich mit freundlichem Lächeln als unsere zukünftige Begleiterin vor. Sie heiße Jelena und wolle uns alles Wichtige in der Siedlung zeigen.

Gemeinsam steigen wir über eine Holztreppe zum Sport- und Kulturzentrum der 3000-Einwohner-Siedlung hinauf, das – wie sie uns erzählt – erst vor zwei Monaten fertiggestellt wurde. Es entpuppt sich als ein wahrer Sportpalast, dessen sich auch eine mittelgroße deutsche Stadt nicht zu schämen brauchte: mit großem Schwimmbad, Hallen für Leichtathletik und Ballspiele und einem Raum für Brettspiele. Zweimal im Jahr treffen sich Sowjets und Norweger hier zu einer „Svalbard-Olympiade" in den Disziplinen Schach, Tischtennis und Skilanglauf. Die Russen gewinnen meist das Schachturnier, die Norweger den Skilanglauf. Auf der anderen Seite des Gebäudes gibt es ein Kino und eine Bühne für Theater- und Konzertveranstaltungen. Im Foyer hängen Fotos von Freundschaftstreffen mit Volkstanzgruppen und einem festlichen Essen in Ny Alesund, das erst eine Woche zuvor stattgefunden hat. Jelena äußert sich ganz begeistert darüber: Freundschaften hätten sich angebahnt, und man würde sich sicherlich schreiben. Bei der Rückfahrt sei sie aber so schrecklich seekrank geworden, daß sie sich geschworen habe, nie mehr ein Schiff zu betreten.

Gegenüber dem Sportzentrum liegen ein großer grauer Kantinenbau und etwas weiter oben die Schule, auch mit Fortbildungsmöglichkeiten für Erwachsene. Dort arbeitet Jelena als Lehrerin für Englisch und Deutsch. Unterhalten will sie sich aber lieber auf englisch mit uns, weil sie diese Sprache besser beherrsche. Wir besuchen die Bibliothek mit ihrem reichhaltigen Bücherangebot. Neben russischer Belletristik und Sachbüchern stehen viele Werke ausländischer Polarforscher in Übersetzungen. Hinter der Bibliothek dann das besagte Museum mit ausgestopften Bären und anderem Arktisgetier. Auch hängen da Bilder russischer Expeditionen ins Eis, zum Beispiel von der Papanin-Expedition, die sehr wertvolle Untersuchungsergebnisse über Wind-, Eis- und Driftverhältnisse am Nordpol lieferte. Der Expeditionsleiter Iwan Papanin und drei Wissenschaftler waren im Mai 1937 von Flugzeugen am Nordpol abgesetzt worden, wo sie eine provisorische Station errichteten. Neun Monate verbrachten sie auf dem treibenden Eis, bevor sie im Februar 1938 wohlbehalten an einer Stelle zwischen Scoresbysund und Jan Mayen von Eisbrechern wieder aufgenommen wurden. Auch Bilder Amundsens und Nansens zieren die Wände, dazu eine Karte Spitzbergens, auf der die ehemaligen Hütten russischer Trapper eingezeichnet sind (sie kamen bis 1850 auf die Insel), und Fotos vom einstigen holländischen Barentsburg und vom heutigen: Die Russen haben es 1931 den Holländern abgekauft. Seinen Namen – nach dem holländischen Entdecker Spitzbergens – hat der Ort beibehalten (die Entdeckungsgeschichte Spitzbergens sieht nach russischer Version zwar etwas anders aus als die westliche – aber wer wird sich schon über Lappalien streiten?).

Wenn wir wollen, wird uns Jelena jetzt den landwirtschaftlichen Teil Barentsburgs am Rand der Siedlung zeigen. Natürlich wollen wir. Kühe in Spitzbergen sind schließlich fast so ungewöhnlich wie Eisbären am Strand von Norderney. Im Ort, den wir nun durchqueren, sind die meisten Häuser solide gemauert. Sie machen im Vergleich zu den norwegischen Holzhäusern, die dagegen wie Pappschachteln wirken, den Eindruck, als seien sie für die Ewigkeit gebaut. Alles scheint ordentlich und blitzsauber. Auf das Wohlbefinden der Sowjetbürger wird hier offensichtlich großer Wert gelegt. Die Einwohner sind laut Jelena meist Minenarbeiter aus der Ukraine. Sie bleiben mindestens zwei Jahre ununterbrochen hier, so lange läuft ihr Vertrag. Erst anschließend können sie ihren angefallenen Urlaub in der Heimat nehmen. Sicherlich ist auch das ein Grund für die vielen Annehmlichkeiten und die großzügigen Möglichkeiten der Freizeitgestaltung. Nur einen Laden kann ich nirgends entdecken. Jelena bestätigt: Es gibt keinen. „Was sollten wir hier auch kaufen?" lacht sie. „Wir essen alle in der Kantine, und unsere Kleidung bringen wir von zu Hause mit. Geld brauchen wir eigentlich nur für einen Kinobesuch, alles andere ist sowieso kostenlos."

Am westlichen Rand der Siedlung erreichen wir den landwirtschaftlichen Teil Barentsburgs, wo Gurken, Tomaten und Salat in Treibhäusern unter der fortwährend scheinenden Sonne des Polarsommers reifen und 180 Kühe den Bedarf an Frischmilch decken. Geschlachtet werden nur Schweine und Hühner, Rindfleisch wird importiert. Wir hätten gern ein wenig persönlichen Kontakt auch mit anderen Bewohnern der Siedlung (soweit das bei den Sprachschranken möglich gewesen wäre), aber wenn man als ausländische Delegation empfangen und herumgeführt wird, gibt es eben nur offizielle Kontakte. Überraschend entgegenkommend ist man beim Fotografieren. Wir haben zuerst aus Sorge vor möglichen Schwierigkeiten unsere Kameras an Bord gelassen, holen sie dann aber schnell, als wir die Erlaubnis bekommen, alles zu fotografieren, was wir wollen. Das gilt allerdings nicht für das, was hinter den Hügeln nach Norden zu liegt, wo ein ganzer Antennenwald ziemlich klar erkennen läßt, daß es den Sowjets hier nicht nur um die Ausbeutung von Kohlevorkommen geht. Aber das ist ja nichts Neues.

Mit Jelena haben wir uns in den paar Stunden schon ein wenig angefreundet. Sie ist sichtlich gerührt, als Alfons und Frieder ihr ein kleines Abschiedsgeschenk überreichen. Auf ein Teestündchen zu uns an Bord kommen will sie aber doch nicht. Wünscht sie keine zu engen Kontakte zum „Klassenfeind", oder liegt's am Schwur, nie wieder ein Schiff zu betreten? Sei's drum, wir haben uns jedenfalls gut verstanden, und Marius ist ganz besonders begeistert von der charmanten Russin. Er lädt sie gleich nach Deutschland ein. Ihre Einwände, das sei wohl doch nicht so einfach, wischt er lässig beiseite: „I'll write to Gorbatschow, then you can visit us."

Trotz des ungünstigen Windes – er hat auf Südost gedreht – segeln wir unter Groß und Fock nahezu auf Sollkurs Richtung Bäreninsel. Es ist wärmer geworden, +6° C, und es regnet. Erich hat das Steuer festgezurrt, die FREYDIS läuft so, als wüßte sie von sich aus, wo's lang geht. Trotz der holprigen See schieben wir recht gemütlich Wache. Ich backe sogar Brot dabei. Es duftet herrlich und findet wenig später, mit Schmalz bestrichen, reißenden Absatz. Aber natürlich bleibt's nicht lange so behaglich. In den nächsten beiden Tagen macht uns eine üble Altsee das Leben schwer. Irgendwo muß ein Sturm gewütet haben, und die Ausläufer, 6 bis 7 Bft, wirbeln die FREYDIS in einem harten Rock-and-Roll – zum Glück ohne Überschlag – über den „Tanzboden des Teufels", wie die flache Barentssee genannt wird.

Die Nächte werden allmählich dunkler. Ein seltsames Dämmerlicht läßt alles grau in grau erscheinen. Bald müssen wir wieder durch zähen Nebel lavieren. Da aber nun das Decca-Gerät arbeitet, können wir wenigstens unseren Sat-Nav kontrollieren. Zu unserer Beruhigung sind sich beide Apparate über unsere Position ziemlich einig. Fünfzehn Meilen vor der Bäreninsel haben wir Flaute. Langsam motoren wir an ihre Steilküste heran.

Auch in diesem Jahr wird uns das Landen nicht gerade leicht gemacht. Plötzliche Winddrehungen und sich rasch aufbauende, hohe Grundseen vertreiben uns immer wieder von unseren Ankerplätzen. Vom Nordhafen flüchten wir zum Herwighafen und von dort an der Ostküste entlang zur Walroßbucht. Im Gegensatz zum vergangenen Jahr gelingt es diesmal der gesamten Mannschaft, an Land zu gehen, ja die Insel regelrecht zu erwandern. Nachdem wir die Reste einer alten Dampfwinde, die Wal- und Walroßknochen hinter uns gelassen haben, geht es in einem Vierzig-Kilometer-Marsch über schier endlose Geröllebenen, spärlich begrünte Hochplateaus und Schluchten mit verharschtem Altschnee entlang kristallklarer, forellenreicher Seen. Marius, unser Bergsteiger, erweist sich wieder einmal als hervorragender Führer. Wir besuchen nicht nur die moderne norwegische Radio- und Wetterstation mit Nordlicht-Observatorium, sondern auch die seit 1925 verlassene Bergarbeitersiedlung Tunheim mit ihren verrosteten Grubenlokomotiven und zerfledderten Häusergerippen. Ganz nebenbei stoßen wir auch auf die Spuren eines exzentrischen Landsmannes, der sich um die Jahrhundertwende an der Walroßbucht niederließ, um die Insel für das Deutsche Reich in Besitz zu nehmen. Offensichtlich in der Absicht, ihr eine anständige Infrastruktur angedeihen zu lassen, baute er eine „Straße" durch die Steinwüste, die uns am Ende unseres Ausflugs zur Walroßbucht zurückbringt.

Auf der FREYDIS finden wir in den nächsten Tagen genügend Zeit, die dicken Blasen an unseren Füßen auszukurieren. Denn auf See hat es sich inzwischen erfreulicherweise ausgerockt. Achterliche Winde führen uns in sanftem Swing Richtung Tromsö. Am Abend des 1. September, dem Tag vor unserer Ankunft, sehen wir bei wolkenlosem Himmel zum ersten Mal wieder die Sonne untergehen. Als es fast dunkel ist, wird uns das farbenprächtigste Nordlicht beschert, das ich bisher gesehen habe. Nochmals bestaunen wir dieses einzigartige Naturschauspiel, über das wir uns freuen, als sei es eigens für uns inszeniert: ein himmlisches Feuerwerk als Gruß des Nordens zum Ausklang unserer zweiten Reise in die Arktis.

Dank und Gedenken

Bedanken möchte ich mich bei all jenen, die uns während unserer Landaufenthalte freundschaftlich und hilfreich zur Seite standen und bei allen Mitseglern der FREYDIS und der LAGA, die als begeisterte Mitakteure diesem Segelunternehmen zum Erfolg verhalfen. Betonen muß ich dabei, daß unser langjähriger Freund und Segelkamerad Folkmar Ukena ganz entscheidend zum guten und glücklichen Verlauf der Reise beigetragen hat. Er führte die FREYDIS nicht nur auf den ersten drei Etappen bis St.John's, sondern war auch ein idealer Co-Skipper auf dem ersten Arktistörn.

Mein Dank gilt auch allen Personen, die mich anderweitig mit Rat und Tat unterstützt haben, insbesondere meinem Freund Karl Segitz, der das erste Lektorat übernahm, und den Alpinisten Michael Vogelei und Walter Obster, die mir zusammen mit Uwe Hollenbach und Udo Helwig freundlicherweise ihre Tagebuchaufzeichnungen von dieser Reise zur Verfügung stellten.

Am stärksten verbunden aber bin ich meinem Mann, durch den all die Erlebnisse, die ich beschrieben habe, erst möglich wurden.

Wir trauern um unseren lieben Freund und Segelkameraden Bruno Staufer, der kurz nach Beendigung unserer Segelreise 1986 bei einem Überführungstörn im Mittelmeer den Tod fand.

Die erste große Reise der FREYDIS führte tief in den Süden. Die Antarktis war ihr Ziel.

Besonders ungewöhnlich war der Kurs, auf dem das Ehepaar Wilts die Yacht steuerte: um Südamerika herum und in die lebensfeindlichen Gletschermeere des südlichen Polargebietes. Die lange Reise war gut vorbereitet und verlief — auch schon mit Unterstützung durch wechselnde Mitsegler — so planmäßig, daß sie hinterher mit dem Kronenkompaß und dem Trans-Ocean-Preis ausgezeichnet wurde.

Heide Wilts erzählt vom seglerischen Geschehen und von vielen Landaufenthalten auf dem südamerikanischen Kontinent und im Bereich des ewigen Eises. Ein Leseabenteuer, das nicht alltäglich ist.

Heide Wilts
Weit im Norden liegt Kap Hoorn
246 Seiten mit 38 Farbfotos, 10 Zeichnungen und 1 Routenkarte, kartoniert DM 16,80

Delius Klasing Verlag

Segeln
und Abenteuer
Spannung
und
Unterhaltung
in preiswerten
Ausgaben

Burghard Pieske

Shangri-La

Mit dem Wind um die Welt

Frisch und lebendig erzählt der viel
gelesene Autor von seiner großen
Reise abseits der sogenannten
Barfußroute, von Erlebnissen auf
dem Wasser und an Land.

Wolfgang Hausner

Taboo

Eines Mannes Freiheit

Die Erlebnisse des bekannten
österreichischen Seglers, der auf alle
bürgerliche Sicherheit verzichtet und statt
dessen im selbstgebauten Boot die
Weltmeere befährt.

Saint-Loup

Yachten in geheimer Mission

Segler im Dienste der Abwehr

Mit getarnten Yachten brachten eigens dafür
verpflichtete Sportsegler in monatelangen
Fahrten deutsche Agenten und Spione zu
ihren überseeischen Einsatzgebieten.

Joshua Slocum

Allein um die Welt

Er wagte es als erster

1899 zum ersten Mal veröffentlicht, ist
dieser Bericht des „Vaters der Einhandseg-
ler" immer wieder ein spannender und
erregender Lesegenuß.

Jeder Band
DM 16,80

Delius Klasing
Verlag

Der Videofilm zum Buch

Produktion: VIDEOSAIL®

Haben Sie Interesse, dieses Abenteuer bildlich zu erleben? Dann sehen Sie sich diesen Video an! Der Film zeigt eindrucksvoll den Törn ins Nordmeer und in die Gewässer südlich Grönlands.

Das Ehepaar Wilts ist mit seiner Yacht „Freydis" in das Stammrevier der Wikinger vorgestoßen. Abenteuer im Nordpolarmeer, ein Abenteuer unserer Tage, Segeln an der Grenze des ewigen Eises. 10.000 Seemeilen unter zum Teil extremen Bedingungen bis zum 80. Breitengrad.

Erleben Sie mit der Freydis-Crew die Faszination, die vom Segeln im Eis ausgeht.

Eisiges Abenteuer – 80° Nord
Von Heide Wilts
Laufzeit: ca. 60 Minuten
Preis: DM 148,– (unverbindl. Preisempfehlung)

Erhältlich im Buchhandel oder beim Delius Klasing Verlag

Siekerwall 21 · 4800 Bielefeld 1